동아시아의 시간관

동아시아고대학회 편

景仁文化社

목 차

韓·中·日 漢詩에 內在된 時間觀

김 상 홍*

1. 序 論

時間의 流速은 緩急이 없이 일정하다. 그러나 사람마다 처한 환경과 사연에 따라 시간의 속도에 대한 느낌에 遲速이 있다. 즉 사람에 따라 시간이 빠르게 가고, 더디게 가기도 한다.

1921년 노벨 물리학상을 받은 알버트 아인슈타인(Albert Einstein, 1879~1955)은 "상냥한 여자와 함께 보내는 2시간은 2분처럼 가고, 뜨거운 난로 위에서 보내는 2분은 2시간처럼 간다"고 하였다. 이 말씀 속에 '시간'의 핵심이 담겨있다. 시간의 흐름에 대한 인식은 상대적이라는 것이다. 슈테판 클라인(Stefan Klein)은 그의 저서 『시간의 놀라운 발견』에서, "우리는 예나 지금이나 시간을 우리 외부에서 우리를 조종하는 독재자로 느끼며 시간의 박자가 우리 안에서 생겨나고 있음을 깨닫지 못한다. 그리하여 우리는 하루하루를 마치 기성복처럼 받아들인다. 충분히 맞춤복을 마련할 수 있는 데도 말이다"라고 하였다. 1962년 프랑스 지질

* 단국대학교 교수

학자 미셸 시프레가 조명도 시계도 없는 동굴에 25일간 스스로를 가두고 나서 내린 결론이 바로 "하루의 길이와 리듬은 사람마다 각각 다르다"는 것이었다.[1]

일찍이 晉나라 王羲之(321~379)는 "조금 전에 기뻐하던 것이 고개를 숙였다 드는 사이에 이미 옛 자취가 되어버리니, 더더욱 이 때문에 감회를 일으키지 않을 수 없다"[2]고 시간의 빠름을 한탄하였다.

이처럼 시간에 대한 인식은 時空을 초월하여 비슷하다. 중국·한국·일본의 수많은 한시 중에서 몇몇 首를 분석하여 옛 사람들의 시간관을 운위하는 것은 한계와 무리가 있다. 그러나 한중일의 한시에 내재된 시간의 인식을 조명하는 것은, 동아시아인들의 사유세계의 片鱗을 이해하는데 작은 기여가 있을 것이다.

2. 韓國 漢詩의 時間觀

한국 한시에서 시간에 관련된 가장 오래된 시는 고구려 瑠璃王의 「黃鳥歌」(BC.17)이다. 이 「황조가」는 雉姬가 禾姬와 싸우고 漢나라로 돌아가자, 유리왕이 가버린 雉姬를 그리워하여 노래한 것으로, 고대 한국인의 시간관을 이해하는데 좋은 자료가 된다.

翩翩黃鳥　훨훨 나는 저 꾀꼬리
雌雄相依　암수 서로 정답구나

---

1) 슈테판 클라인 지음, 유영미 옮김, 『시간의 놀라운 발견』, 웅진 지식하우스, 2007(김수혜, 「왜 데이트 시간은 짧고, 일하는 시간은 길게 느껴질까?」, 『조선일보』, 2007.6.9).
2) 王羲之, 「蘭亭記」, 『古文眞寶』 後集, 권1. "向之所欣, 俛仰之間, 以爲陳迹, 尤不能不以之興懷."

念我之獨　　외로울사 이 내 몸은
誰其與歸3)　뉘와 함께 돌아갈꼬

　유리왕은 雉姬와 함께 있던 시간은 정다웠고(雌雄相依) 이제 雉姬가 없는 시간은 외롭다(念我之獨)고 하였다. 남녀 情人 사이의 시간관이다. 지희와 함께 있는 시간과 없는 시간은 크게 다르다. 아인슈타인이 "상냥한 여자와 함께 보내는 2시간은 2분처럼 가고"의 시간관과 같다.
　고려의 李奎報(1168~1241)는 자질들에게, 사후의 효도를 원하지 않고 살아 생시에 작은 효도라도 부지런히 해달라고 하였다.

可憐此一身　　　　　가련해라 이 한 몸
死作白骨朽　　　　　죽고 나면 백골이 썩어지리니
子孫歲時雖拜塚　　　자손들 철 따라 무덤 찾아와 절한다 해도
其於死者亦何有　　　죽은 자에게 그것이 무슨 상관인가
何況百歲之後家廟遠　게다가 백년 뒤에 가묘에서 멀어지면
寧有雲仍來省一廻首　어느 자손이 찾아와 성묘하고 돌보겠나
前有黃熊啼　　　　　무덤 앞에선 누런 곰이 와서 울고
後有蒼兕吼　　　　　무덤 뒤엔 푸른 외뿔소가 부르짖겠지
古今墳壤空纍纍　　　고금의 무덤들이 다닥다닥 쌓여 있지만
魂在魂無誰得究　　　넋이 있고 없는 것을 뉘라서 알겠나
靜坐自思量　　　　　조용히 앉아서 혼자 생각해 보니
不若生前一杯濡　　　살아생전 한 잔 술로 목을 축이는 것만 못하네
我口爲向子姪謷　　　내가 아들과 조카들에게 말하노니
吾老何嘗溷汝久　　　이 늙은이가 너희를 괴롭힐 날 얼마나 되겠는가
不必繫鮮爲　　　　　꼭 고기 안주 놓으려 말고
但可勤置酒　　　　　술상이나 부지런히 차려다 주렴
紙錢千貫奠觴三　　　천 꿰미 지전을 불사르고 술 석잔 바친다마는
死後寧知受不受　　　죽은 뒤에야 받는지 안 받는지 내 어찌 알랴
厚葬吾不要　　　　　호화로운 장례도 내 바라지 않노라
徒作摸金人所取4)　　무덤 파 가는 도둑에게 좋은 일시키는 것을

───────────

3) 瑠璃王,「黃鳥歌」, 金富軾,『三國史記』권13, 고구려본기 제1 유리왕조.

이규보는 사람이 죽은 후에 "넋이 있고 없는 것을 뉘라서 알겠나"라고 하여, 사후보다는 "살아생전에 한 잔 술로 목을 축는 것만 같지 못하네"라고 하였다. 삶의 종착역에 들어선 노인인지라 자손들을 괴롭힐 날이 얼마 남아 있지 않았으니 고기 안주 장만하려 하지 말고 술상이나 부지런히 차려 달라고 하였다. 또한 죽은 후 호화롭게 장사지내는 것은 도굴꾼들에게 좋은 일만 시키는 일이니 하지 말라고 하였다. 사후의 시간보다 살아 있는 시간을 소중하게 여기는 것은 인간의 원초적 본능이다.[5]

고려의 鄭誧(1309~1335)는 님과 이별한 후 시간이 빠르게 흘러감을 노래하였다.

妾年十五嬌且癡	제 나이 열다섯 어리광에 철 없을 때
見人惜別常發嗤	남의 이별 설워함 보곤 항상 비웃었네
豈知吾生有此恨	어찌 알았으리 내 평생에 이런 한이 있고
靑鬢一夜垂霜絲	검은 귀밑머리 하룻밤에 흰 실이 날릴 줄을
愛君無術可得留	님을 사랑했으나 붙들 길이 전혀 없어
滿懷都是風雲期	가슴에 가득 풍운의 기약이 있었기에
男兒功名當有日	남아의 공명은 마땅히 떨칠 날 있으련만
女子盛麗能幾時	여자의 고운 얼굴 얼마나 오래 가리
呑聲敢怨別離苦	울음 삼키면서 원망하며 이별을 괴로워하니
靜思悔不相逢遲	조용히 생각니 후회스러워라 늦게 만나지 못한 것이
〈중략〉	
天涯魂夢不識路	하늘 가 꿈속 넋도 길 몰라 헤매 도니
人生何以慰相思[6]	인생에 무엇으로 그리운 맘 달래 보나

님과 이별한 후 검은 머리가 하룻밤 만에 흰머리가 되었다(靑鬢一夜垂霜絲)는 것은, 이별 후 하룻밤의 시간이 무척 고통스럽고 길게 느낀

---

4) 李奎報, 「示子姪長短句」, 『東國李相國集』(한국문집총간 2) 권3, pp.157~158.

5) 金相洪, 『한국 한시의 향기』, 박이정, 1999, p.110.

6) 鄭誧, 「怨別離」, 『雲谷集』(한국문집총간 3), pp.253~254.

것을 뜻한다. 남아는 功名을 떨칠 날이 있지만 여자의 고운 얼굴 얼마나 오래 가겠느냐(女子盛麗能幾時)는 이별후의 시간은 빨리 흐른다는 것을 의미한다.

李達衷(?～1358)이 남편에게 버림받는 조강지처의 哀恨을 그린 시에서 시간의 의미를 보자.

贈君同心結	저는 님께 동심결을 맺어 드렸고
貽我合歡扇	님은 저에게 합환선을 주었지요
君心竟不同	님의 마음 마침내 달라지셔서
好惡千萬變	날 사랑하고 싫어함이 천만 번 변하니
我歡亦何成	내 기쁨 무엇으로 이루오리까?
憔悴日夜戀	밤낮으로 님 생각에 야위워만 가네
棄捐不怨君	날 버리셨어도 님을 원망을 안 해요
新人多婉孌	새로 맞은 첩은 젊고 아름다울 테니
婉孌能幾時	하지만 그 고움이 얼마나 갈까요
光陰嫉於箭	시간은 화살보다 빨리 가는 것을
焉知如花人	어찌 알리요 꽃과 같은 저 여인이
亦有斯皺面[7]	얼굴에 주름질 날 있을 줄을

새로이 맞이한 첩은 젊고 아름답지만, 그 젊고 고움이 얼마가지 못하는 것은 시간(光陰)이 화살보다 빨리 가기(光陰嫉於箭) 때문이다. 꽃과 같은 아름다운 첩의 얼굴도(焉知如花人) 주름질 날이 있다(亦有斯皺面)고 한 것은, 話者인 조강지처만 늙은 것이 아니라 첩도 시들면 남편이 버린다는 의미이다. 우리 인간은 그 누구도 시간의 흐름을 거역할 수 없다는 것을 노래한 것이다.

圃隱 鄭夢周(1337～1392)는 「征婦怨」에서, 出征한 남편과의 이별한 후 시간이 흘러 일어난 일을 그렸다.

---

7) 李達衷, 「閨情」, 『霽亭集』(한국문집총간 3), p.276.

一別年多消息稀   떠난지 몇 년인가 소식도 드므니
寒垣存沒有誰知   추운 곳에 있는 님의 생사 그 누가 알까
今朝始期寒衣去   오늘 아침에야 처음으로 겨울옷을 보내니
泣送歸時在腹兒[8]   울면서 떠나실 때 뱃속에 있던 아이 편에

　　남편이 전쟁터로 끌려간 지 여러 해가 되었으나 소식이 드물지만, 남편을 위해 겨울옷을 새로 지어 아들 편에 보낸다. 남편이 울면서 출정할 때 뱃속에 있던 아이가 장성하여 이제 옷을 가지고 아비를 찾아간다. 이별한 지 오래되어 뱃속의 아이가 장성한 것이다. 부부간의 긴 이별의 시간(一別年多)이 낳은 비극이다.

　　고려말 吳璘(?)의 시「有所思」에 내재된 시간의 의미를 보자.

玉人逢時花正開   님을 만날 때는 꽃이 한창 피었는데
玉人別後花如掃   님과 이별한 뒤 쓸어버린 듯 꽃은 사라졌네
花開花落無了期   꽃은 피고지고 그칠 때가 없는데
使我朱顏日成耄   내 젊은 얼굴 날마다 늙어 가네
顏色難從鏡裏回   얼굴빛은 거울 속에서 돌아오기 어려운데
春風還向花枝到   봄바람은 다시 꽃가지로 돌아오는구나
安得相逢勿寂寞   어찌해야 서로 만나 적막하지 않고
與子花前長醉倒[9]   그대와 꽃 앞에서 오래 취해 누울 수 있나

　　님을 만날 때는 꽃이 피었으나 이별한 후 꽃이 진 것은 만남의 시간이 짧았음을 뜻한다. 해마다 꽃은 피고 지지만, 님 떠난 후 내 젊은 얼굴이 날마다 늙어가는 것은 이별의 시간이 길고 긴 아픔 때문이다.

　　李石亨(1415～1477)이 시집 못간 노처녀의 신세를 그린 시에 내재된 시간의 의미를 보자.

---

8) 鄭夢周,「征婦怨」1,『圃隱集』(한국문집총간 5), p.578.
9) 吳璘,「征婦怨」,『東文選』一, 권6, 太學社 影印, 1975, p.185.

妾薄命 妾薄命	내 운명 기구해라 이내 몸 운수도 기구해라
妾命何甚薄	내 운명이 이다지도 기구한지
憶昨十五兒女時	옛적 열다섯 꽃다운 시절 생각하니
雲鬢雪膚顏如玉	아름다운 삼단 머리 흰 살결 옥 같은 얼굴
粧成宛轉照靑春	화장을 하고 나면 아름답기 그지없어
靑春桃李無顏色	복사꽃 오얏꽃도 무색하였다오
金鞍玉勒美少年	금 안장에 옥 굴레를 한 미소년이
幾人斷腸空送目	마음 졸이며 윙크한 적이 수도 없었네
千媒萬理不頷頭	수많은 중매쟁이 날 달랬으나 끄덕도 안 하니
重身不啻連城璧	내 몸은 화씨의 구슬보다 비쌌었지요
秋風颯颯吹一夜	하룻밤에 우수수 가을바람 불어오니
一夜蒨蔥盡凋落	파랗던 온갖 풀들 모두 시들었다네
不知此時我何人	이제 나는 모르겠네 무엇 하는 사람인지
追思昔日復可得	지난날을 뉘우쳐도 다시 돌이킬 수 없네
人昔求我兮我不欲	님이 날 원할 적엔 내가 싫더니
我今思人兮人不樂	내 이제 님을 사모하나 님이 날 싫어하네
嗚呼可奈何	아아 어찌할거나
歲月如流頭已白[10]	세월은 덧없이 흘러가 머리는 이미 세었다네

지금은 비록 노처녀이지만 15세 때에는 꽃보다도 아름다워 황금 안장에 옥 굴레를 씌운 말을 타고 온 미소년들이 가슴을 졸이었다. 중매가 들어왔으나 15개의 城과 바꾼 連城璧보다도 더 귀한 존재라고 생각하고 거절하였다. 시간이 흘러 어느 날 하룻밤 사이에 秋風이 부니 파랗던 풀들이 凋落하고 노처녀가 된 것이다. "님이 날 원할 적엔 내가 싫더니 / 내 이제 님을 사모하나 님이 날 싫어하네 / 아아 어찌할거나 / 세월은 덧없이 흘러가 머리는 이미 세었다네"라고 하여, 흐르는 세월을 탓하였다. 노처녀에게 시간은 원망의 존재이다.

端宗(1441~1457, 在位 1452~1455)이 강원도 영월 유배지에서 쓴 시를 보자.

---

10) 李石亨, 「妾薄命」, 『樗軒集』(한국문집총간 9), p.393.

一自冤禽出帝宮　　한 번 원통한 새가 궁궐을 쫓겨난 후
孤身隻影碧山中　　외로운 몸과 그림자 푸른 산 속에 있네
假眠夜夜眠無假　　밤마다 잠을 자려 해도 잠은 오지 않고
窮恨年年恨不窮　　무궁한 한은 세월이 가도 끝이 없네
聲斷曉岑殘月白　　소쩍새 울음소리 끊어진 새벽 산봉우리엔 달만 밝고
血流春谷落花紅　　피눈물 흘러가는 봄 골짜기에 꽃이 붉게 떨어졌네
天聾尙未聞哀訴　　하늘은 귀먹었는지 애절한 하소연을 듣지 못하고
何奈愁人耳獨聰11)　어찌하여 수심에 쌓인 내 귀에만 들리게 하느뇨

　첩첩산중에 갇혀 있어 잠을 자려해도 잠을 이룰 수 없고 끝없는 恨은
세월이 가도 끝일 날이 없다고 하였다. "시간의 흐름"이 원통함을 해소
해 주는 것이 아니라 오히려 그 고통을 심화시킨다. 경련에서 소쩍새 울
음소리 끊어진 새벽 산봉우리엔 달만 밝고 피눈물 흘러가는 봄 골짜기에
꽃이 붉게 떨어졌다고 한 것은 자신의 운명이 마치 떨어진 꽃잎처럼 "죽
음의 시간"이 눈앞에 다가오고 있음을 암시하였다. 시간이 흐르면 자신
의 생명이 꽃잎처럼 산산이 부서져 흩날리어야 하는 비극적인 운명 즉
죽음을 예견한 것이다. 유배된 단종에게는 '시간의 흐름'은 곧 죽음을 다
가옴을 의미한다.
　成俔(1439∼1504)이 궁녀들의 생활을 묘사한「宮詞十首」중 한 수
를 보자.

午漏遲遲日似年　　봄날은 길고 길어 일 년 같은데
繡針慵把坐頻顚　　융단 위에 앉아서 수놓는 느린 손길
紛紛花蝶許多種　　꽃나비 어지러운 소재도 많건마는
獨刺彩鴛交頸眠12)　원앙이 목 감고 조으는 수를 놓는구나

　궁녀들의 일상은 한적한 변화 없는 단조로운 생활의 연속이다. 궁녀들

---

11) 端宗,「寧越郡樓作」,『列聖御製』, 民昌文化社 影印, p.32.
12) 成俔,「宮詞十首」5,『虛白堂集』(한국문집총간 14), p.395.

에 있어서 봄날 오후의 시간은 길고 길어 마치 하루가 1년과 같다고 한
것은 시간이 더디게 흐름을 탓한 것이다.

다음은 광해군 때 필화사건으로 죽음을 당한 石洲 權韠(1569~
1612)의 「述懷」를 보자.

> 朝日自何來　아침 해는 어디서 왔고
> 夕日向何去　저녁 해는 어디로 가는가
> 一朝復一夕　하루아침 지나고 하루 저녁 지나니
> 白髮遽如許[13]　문득 백발이 되어가네

아침 해는 어디서 왔고 저녁 해는 어딜 향해 가느냐는 것은 시간의 흐
름이 빠름을 의미한다. 조석의 변화가 반복되다보니 어느덧 백발이 되었
다는 것은 빠르게 흘러가는 시간을 원망한 것이다.

조선 영조시대 鄭象觀(? 延日人)이 과부의 슬픔을 핍진하게 형상화
하였다.

> 寡婦當秋夕　과부가 추석을 맞아
> 靑山盡日哭　청산의 남편 무덤에서 온종일 통곡 하네
> 下有黃稻熟　발치 아래에 벼가 누렇게 익었는데
> 同耕不同食[14]　함께 농사짓곤 같이 먹지 못하기 때문

과부가 통곡하는 것은 풍성한 추석이 왔건만, 봄에 함께 농사를 지었
던 남편과 함께 먹을 수 없기 때문이다. 봄여름이 가고 가을이 오는 사이
남편은 운명하였다. 이 과부에게 봄여름이 가고 가을이 오는 사이의 시
간은 死別의 슬픔을 준 원망의 존재이다.

茶山 丁若鏞(1762~1836)은 결혼 60주년을 맞아 지난 세월을 회상

---

13) 權韠, 「述懷」의 앞부분, 『石洲集』(한국문집총간 75), p.8.
14) 張志淵, 『大東詩選』 권7, p.68.

한 시를 썼다.

> 六十風輪轉眼飜　　결혼 육십 년 세월이 잠깐 사이 흘러가
> 穠桃春色似新婚　　복숭아나무 봄빛은 신혼 때와 같누나
> 生離死別催人老　　생이별이나 사별은 사람을 늙게 재촉하지만
> 戚短歡長感主恩　　슬픔 짧고 기쁨 길었으니 임금 은혜에 감사하네
> 此夜蘭詞聲更好　　이 밤 목란사 소리 더욱 다정하고
> 舊時霞帔墨猶痕　　유배시절 님의 치마폭에 쓴 먹 흔적 남아있네
> 剖而復合眞吾象　　헤어졌다 다시 만난 것이 우리들의 모습
> 留取雙瓢付子孫[15]　　한 쌍의 표주박을 자손에게 남겨 주노라

　다산은 15세(1776) 때인 2월 22일 豊山洪氏와 결혼하여 결혼 60주년일인 1836년 2월 22일 75세로 운명하였다. 결혼 60년간의 세월(六十風輪)이 눈 깜짝할 사이(轉眼飜)처럼 흘러갔다고 회상하였다. 결혼 때와 같이 복숭아나무에 봄빛이 완연하였다. 그러나 60년전 결혼 당시의 그 모습이 아니다. 60년 세월이 빠르게 가버린데 대한 哀傷이다.[16]
　秋史 金正喜(1786~1856)가 제주도 유배지에서 부인의 운명 소식을 듣고 다음과 같이 시를 썼다.

> 那將月老訟冥司　　어떻게 하면 저승의 月老께 애원하여
> 來世夫妻易地爲　　내세에 그대는 남편 되고 나는 아내가 되고
> 我死君生千里外　　나 죽고 그대 천 리밖에 산다면
> 使君知我此心悲[17]　　그대 나의 이 슬픈 마음을 알리라

　김정희는 유배지 제주도에서 부인 禮安李氏가 별세(1842.11.13)한 소식을 1개월 2일이 지난 12월 14일에 접하고 이 시를 썼다.[18] 내세에는

---

15) 丁若鏞, 「回졸詩」, 『與猶堂全書』, 경인문화사 영인, 1-7, 16a, p.132.
16) 金相洪, 『茶山 丁若鏞 文學硏究』, 단국대학교 출판부, 1985, p.242.
17) 金正喜, 「配所輓妻喪」.

月下老人에게 애원하여 부부가 서로 바뀌어 태어나 자신은 아내가 되고 부인은 남편이 되게 할 수 없겠느냐고 슬퍼하였다. 내세에는 부인이 남편이 되어 천리 밖 絶海孤島 제주도에서 귀양살이를 하고, 나는 아내가 되어 그대처럼 고향 예산에서 운명한다면 그때서야 지금의 내 슬픔을 알 것이라고 한 것은 易地思之이다. 悼亡의 슬픔을 가상의 시간과 공간으로 확대하여 곡진하게 형상화하였다.

풍자시인 金炳淵(김삿갓, 1807∼1863)이 서당 훈장의 삶과 애환을 노래한 시에서 시간의 의미를 보자.

世上誰云訓長好　　세상에 누가 훈장이 좋다고 말하느뇨
無烟心火自然生　　연기 없는 심화가 저절로 생기는데
曰天曰地靑春去　　하늘天 따地 가르치다 청춘이 가고
云賦云詩白髮成　　賦와 詩를 가르치다 보니 백발이 되었네
雖誠難聞稱道語　　정성 다해 가르쳐도 칭찬하는 말 듣기 어렵고
暫離易得是非聲　　잠시라도 도를 떠나면 시비하는 소리 듣기 쉽네
掌中寶玉千金子　　손바닥 안의 보배와 천금 같은 자식을
請囑撻刑是眞情[19]　　종아리 쳐서 가르쳐 달라는 것이 진정인가

이 시는 훈장의 삶과 길이 쉽지 않음을 그렸다. 함련에서 "하늘天 따地 가르치다 청춘이 가고 / 賦와 詩를 가르치다 보니 백발이 되었네"라고 하였다. 훈장에게 있어서 시간은 "靑春"을 가게하고 "白髮"만을 얻게 하는 존재이다.

이와 같이 시인들이 처한 환경과 감정에 따라 시간은 다르게 그려져 있다. 과거보다 현재 시간의 소중함, 화살보다 빠르게 가는 시간을 잡을 수 없는 한계, 시간으로 인한 자연과 인간의 변화 등을 다양하게 노래하였다.

---

18) 金相洪, 『한국한시의 향기』, 박이정, 1999, pp.98∼101.
19) 徐日權·蔡美花 編, 『김립조수삼시집』, 중국 민족출판사, 1992, p.17.

3. 中國 詩의 時間觀

중국인들의 시간관을 알 수 있는 대표적인 시는 『시경』의 「采葛」이다. 이 「채갈」은 애정시로 연인을 그리는 애틋한 마음을 점층법으로 형상화 하였다.

　　彼采葛兮　　칡을 캐는 이여
　　一日不見　　하루를 보지 못함이
　　如三月兮　　석달 같도다

　　彼采蕭兮　　저 쑥을 캐는 이여
　　一日不見　　하루를 보지 못함이
　　如三秋兮[20]　아홉 달과 같도다

　　彼采艾兮　　약쑥을 캐는 이여
　　一日不見　　하루를 보지 못함이
　　如三歲兮　　삼년 같도다

님을 보지 못하는 하루의 시간은 3일을 보지 못한 것 같고, 9개월을 보지 못한 것 같고, 3년을 보지 못한 것 같다고 하였다. '하루'가 '3일 같다'에서 '9개월 같다'로, 다시 '3년 같다'로 확대된 것은 님을 보지 못하는 하루의 시간이 너무나 더디게 간다고 느꼈기 때문이다. 하루 24시간의 流速은 緩急이 없이 일정한 속도로 흘러간다. 그러나 사람마다 처한 환경과 사연에 따라 流速에 遲速을 느끼며 탄식을 한다.

---

20) http://dns.ctjh.chc.edu.tw. 「一日三秋」, 三秋則有三種解釋, 第一種說法是
以一秋爲一年, 穀子在秋天成熟, 且除南方外多一年一熟, 故三秋便可
說是三年. 第二種說法是三季, 亦卽九個月. 第三種說法僅指秋天的三
個月爲三秋.

『시경』 3백편 중에서 문학성이 최고의 백미로 평가 받는「采薇」가 있다.21)「채미」제6장은 시간의 흐름에 따라 자연과 생태가 변화되는 것을 빌어서 변방의 요새를 지키는 병사들의 아픔을 노래하였다.

我昔往矣	옛날 내가 떠날 때엔
楊柳依依	수양버들 휘영청 푸르더니
念兒來思	지금 내 돌아보니
雨雪霏霏	흰 눈 펄펄 날리네
行道遲遲	가는 길 멀고멀어
載渴載飢	목마르고 배고파 죽겠네
我心傷悲	내 마음 이토록 아프고 슬픈데
莫知我哀	내 애달픔 아는 이 없네

자연변화에 초점을 맞춰 변방의 수자리를 지키는 병사의 괴로움과 애한을 절묘하게 노래하였다. 내가 옛적에 집을 떠날 때는 수양버들이 휘영청 푸른 봄이었으나, 어느덧 시간이 흘러 수양버들 푸르른 그 봄이 가고 여름도 가서 흰 눈이 펄펄 날리는 매서운 겨울이 왔다. 그러나 추운 겨울 수자리 사는 병사들의 고통을 아는 이가 없다고 탄식 하였다. 시간의 흐름, 계절의 변화는 邊塞의 병사에게는 더욱 고통을 안겨주는 존재가 된 것이다.

漢 武帝(B.C. 157～87)의「秋風辭」를 보면, 천하의 帝王도 시간의 流速에 대하여 민감하게 반응한 것을 알 수 있다.

秋風起兮白雲飛	가을바람 불고 흰 구름 나니
草木黃落兮雁南歸	초목이 누렇게 시들고 기러기 남쪽으로 돌아가네
蘭有秀兮菊有芳	난초는 빼어나고 국화는 향기로우니
懷佳人兮不能忘	아름다운 분을 그리워 잊을 수 없도다

---

21) 水心·董乃斌·全理群 著, 김태만·하영삼·김창경·장호득 옮김,『그림으로 읽는 중국문학 오천년』, 예담, 2000, p.42.

　　泛樓船兮濟汾河　　다락배를 띄워 분하를 건너가는데
　　橫中流兮揚素波　　중류를 가로질러 가니 흰 물결 날리도다
　　簫鼓鳴兮發棹歌　　퉁소소리와 북소리 울리고 뱃노래를 부르니
　　歡樂極兮哀情多　　환락이 지극하나 슬픈 마음도 많도다
　　少壯幾時兮奈老何[22]　젊은 날이 얼마나 되는가 늙음을 어이하리

　　漢 武帝는 가을바람에 초목이 시들고 기러기가 남쪽 날아가는 凋落의 계절을 맞아 凡人과 같이 애상에 젖었다. 그래서 "젊은 날이 얼마나 되는가 늙음을 어이하리"(少壯幾時兮奈老何)라고 한탄하였다. 젊은 시절은 빠르게 흘러가 어느 사이 노인이 된데 대하여 서글퍼하는 것은 빈부귀천이 다르지 않다.

　　陶淵明(365~427)은 한번 흘러간 시간과 가버린 젊음은 다시 돌이킬 수 없다고 하였다.

　　人生無根蔕　　인생은 뿌리도 없고 꼭지도 없어
　　飄如陌上塵　　언덕 위의 티끌처럼 바람에 나부끼네
　　分散逐風轉　　나뉘어 흩어져 바람 따라 굴러다니기에
　　此已非常身　　이 몸은 이미 사는 곳이 일정하지 않네
　　落地爲兄弟　　세상에 태어나면 다 형제가 되나니
　　何必骨肉親　　어찌 반드시 골육의 친척을 따질 건가
　　得歡當作樂　　기쁨을 얻으면 즐겨야 하나니
　　斗酒聚比隣　　말 술로 가까운 이웃들 모아 마신다오
　　盛年不重來　　젊은 시절은 거듭 오지 않고
　　一日難再晨　　하루에 새벽이 두 번 있기 어려워라
　　及時當勉勵　　제때에 마땅히 힘써 노력해야 하나니
　　歲月不待人[23]　세월은 사람을 기다려주지 않는다네

　　이 시의 마지막 4구는 勸學詩로 널리 알려져 있다. 우리 인생은 광대

---

22) 漢 武帝, 「秋風辭」, 『古文眞寶』 後集, 권1.
23) 陶淵明, 「雜詩」 1, 『古文眞寶』 전집, 권2.

무변한 우주 속의 작은 존재에 불과하여 바람에 나부끼는 티끌과 같은 존재와 다름없다. 이 땅 위에 태어난 우리는 모두가 형제인 만큼 親不親을 따지지 말고, 형제처럼 지내며 술을 빚어 놓고 이웃들과 마시며 화목하게 지내자는 것이다. 그리고 젊은 시절은 두 번 다시 오지 않고 하루에 새벽이 두 번 오지 않듯이 세월은 사람을 기다려 주지 않는 다는 것은 지금 현재의 시간이 소중함을 노래한 것이다.

다음은 初唐의 시인 宋之問(665?～712)의 「有所思」를 보자.

洛陽城東桃李花	낙양성 동쪽 복숭아꽃과 오얏꽃이
飛來飛去落誰家	이리저리 날아가 뉘 집에 떨어지는가
幽閨兒女惜顔色	깊은 규방의 아가씨는 얼굴빛이 변해
坐見落花長歎息	앉아서 떨어지는 꽃을 보곤 길게 탄식하누나
今年花落顔色改	올해 꽃이 지면 얼굴이 변하리니
明年花開復誰在	내년 꽃 필적에 다시 누가 그대로 있을 건가
已見松柏摧爲薪	이미 소나무 잣나무가 꺾이어 땔나무가 된 것 보았고
更聞桑田變成海	또 뽕나무밭이 변하여 바다가 되었다는 말 들었네
古人無復洛城東	옛 사람은 낙양성 동쪽으로 다시 돌아오지 못하는데
今人還對落花風	지금 사람은 꽃을 지게 하는 바람을 대하고 있네
年年歲歲花相似	해마다 피는 꽃의 모습은 같으나
歲歲年年人不同	해마다 꽃을 보는 사람은 같지 않구나
寄言全盛紅顔子	젊은 홍안 소년들에게 말하노니
須憐半死白頭翁	반쯤 죽은 흰머리 노인을 불쌍히 여겨라
此翁白頭眞可憐	이 노인 흰머리는 정말 가엾은 것이니
伊昔紅顔美少年	그도 옛날엔 홍안의 미소년이었단다
〈중략〉	
一朝臥病無相識	하루아침에 병들어 누우니 알아주는 이 없고
三春行樂在誰邊	춘삼월 행락을 누구 곁에서 하리오
婉轉蛾眉能幾時	아리따운 미인도 얼마나 갈 수 있겠는가
須臾鶴髮亂如絲	잠깐 사이 흰머리가 실처럼 어지러이 날리네
但看古來歌舞地	옛적부터 노래하고 춤추던 곳에
惟有黃昏鳥雀飛24)	오직 황혼에 새들만이 날고 있는 것만 보이누나

꽃은 변함이 없이 해마다 옛 모습 그대로 피건만 그 꽃을 보던 사람은 옛 모습이 아니다. 젊은이에게 지금은 백발의 반쯤 죽어가는 노인이지만 옛적에는 홍안의 미소년이었다고 하였다. 젊은 미인도 얼마 가지 않아 노인이 되어 흰머리가 헝클어진 실타래처럼 되었다는 것은 시간의 흐름이 빠른 것을 슬퍼한 것이다. 옛적에 귀공자와 왕손들과 노래하고 춤추며 즐기던 곳엔 쓸쓸한 황혼녘에 무심히 새들만이 날고 있다는 인생의 무상에 대한 탄식이다. 紅顔의 美少年을 白頭翁으로 만든 것은 시간이다. 그런 시간을 원망하였다.

盛唐의 崔敏童은 「宴城東莊」에서 현재 시간의 소중함을 노래하였다.

一年始有一年春	한 해 가면 다시 한 해의 봄이 오고
百歲曾無百歲人	인생 백년이지만 백년을 산 사람은 없네
能向花前幾回醉	꽃 앞에서 마음껏 취할 때가 몇 번이나 되겠는가
十千沽酒莫辭貧	가난타 말고 만 냥하는 좋은 술을 사시오

한 해가 가면 다시 한 해가 오지만 사람은 백년을 사는 이가 없다면서 유한한 인생을 슬퍼하였다. 꽃 앞에서 마음껏 취할 때가 얼마나 되겠느냐면서 가난타 말고 좋은 술을 사서 마시자는 것은, 현재의 시간을 허송하지 말고 실컷 즐기자는 것이다.

李白(701~762)은 「把酒問月」에서 무한한 달과 유한한 인간을 노래하였다.

青天有月來幾時	푸른 하늘의 달아 언제부터 있었느뇨
我今停杯一問之	난 지금 술 잔 멈추고 달에게 한 번 묻노라
人攀明月不可得	사람은 저 밝은 달을 잡을 수 없건만
月行却與人相隨	달은 오히려 사람을 따르고 있네
皎如飛鏡臨丹闕	환하기가 날아다니는 거울을 선궁에 건 듯

---

24) 宋之問, 「有所思」, 『古文眞寶』 전집, 권6.

綠煙滅盡淸輝發　　밤안개 사라진 뒤 밝은 빛을 발하네
但見宵從海上來　　다만 밤에 바다에서 솟아남을 볼 뿐
寧知曉向雲間沒　　새벽 구름 사이로 사라짐을 어찌 알리
白兎搗藥秋復春　　옥토끼는 갈 봄 없이 불사약 찧는데
姮娥孤栖與誰隣　　항아는 외로이 살거니 뉘와 이웃하는고
今人不見古時月　　지금 사람 옛날 달을 보지 못했지만
今月曾徑照古人　　지금 저 달은 옛 사람을 비췄다네
古人今人若流水　　옛 사람 지금 사람 흐르는 물 같건만
共看明月皆如此　　다 같이 밝은 달 이렇게 보았으리
惟願當歌對酒時　　오직 원하는 것 노래하고 술 마실 때
月光長照金樽裏25)　달빛이 언제나 술통을 비추기를

　오늘을 사는 우리들은 옛날의 달을 보지 못했으나 저 달은 옛사람들을
비췄다. 古人과 今人 모두 흐르는 물과 같이 흘러가지만 저 달을 보았
다. 달은 시공을 초월하여 존재하지만 인간은 유한적인 시간을 사는 존
재임을 슬퍼하였다. 유한한 인생이기에 이백은 한 순간이라도 무궁한 달
과 함께 있고자 하였다. 그래서 노래하고 술 마실 때 달빛이 언제나 술통
을 비추기를 원하였다. 이는 현재의 시간이 소중함을 뜻한다.

　李白은 「將進酒」에서, 황하의 물이 하늘에서 내려와 흘러간 후 다
시는 돌아오지 못하는 것과, 거울을 보며 아침에 푸른 실 같은 머리가 저
녁에 백발이 된 것을 슬퍼하는 것을 보지 못했느냐고 하였다. 또한 "인
생은 뜻을 얻었을 때 모름지기 기쁨을 누릴지니 / 금 술잔을 비운 채로
달님을 대하지 말라"고 하였다.26) 시간이 빠르게 가는 데에 대한 안타까
움이자, 술 마시는 지금 시간을 소중하게 여긴 것이다.

　이백은 시간의 흐름을 막을 수 없는 것과 인생만사가 뜻대로 되지 않

---

25) 李白, 「把酒問月」, 『古文眞寶』 전집, 권5.
26) 李白, 「將進酒」, 『古文眞寶』 전집, 권7. "君不見黃河之水天上來, 奔流
　　到海不復迴. 君不見高堂明鏡悲白髮, 朝如靑絲暮成雪. 人生得意須盡
　　歡, 莫使金樽空對月."

음을 노래하였다.

棄我去者	나를 버리고 가버린
昨日之日不可留	어제의 날은 붙들 수가 없고
亂我心者	내 마음 어지럽히는
今日之日多煩憂	오늘의 날은 번뇌와 근심이 많네
〈중략〉	
抽刀斷水水更流	칼 빼어 물을 베어도 물은 다시 흐르고
擧杯銷愁愁更愁	술잔 들어 시름을 삭이나 시름 더욱 깊어지네
人生在世不稱意	인생에서 세상사는 뜻대로 되지 않나니
明朝散發弄扁舟27)	내일아침 머리 풀고 조각배 타려네

　나를 버리고 간 어제의 날을 붙잡을 수 없다는 것은, 시간의 흐름을 停滯시킬 수 없는 인간의 한계를 말한 것이다. 칼 빼어 물을 베어도 물은 다시 흐르고(抽刀斷水水更流) 시름이 사라질까하여 술을 마셨는데 오히려 시름이 더욱 깊어진다(擧杯銷愁愁更愁)는 것도 역시 같은 의미이다. 시간은 인간의 의지와 무관하게 흐르는 것을 노래하였다.

　杜甫(712~770)가 20년 전에 헤어졌던 친구를 방문한 후 뜨거운 우정과 피아가 변한 모습을 노래한 시를 보자.

人生不相見	우리 인생 서로 만나지 못했으니
動如參與商	영원히 못 만나는 삼성과 상성 같아라
今夕復何夕	오늘밤은 어떤 밤인고
共此燈燭光	둘이 함께 촛불 아래 모였구나
少壯能幾時	젊은 청춘 시절 얼마였던가
鬢髮各已蒼	귀밑머리 둘 다 허옇게 세었구나
訪舊半爲鬼	옛 친구 찾아가면 반이나 귀신 되어서
驚呼熱中腸	놀라 울부짖으며 창자가 후끈거렸네
焉知二十載	어찌 알았으리 이십년 만에

---

27) 李白,「宣州謝朓樓餞別校書叔雲」,『唐詩三百首』.

重上君子堂	다시 그대 집을 찾아올 줄을
昔別君未婚	옛날 이별할 때 그대 미혼이더니
男女忽成行	어느새 아들 딸 많이 두었네
〈중략〉	
主稱會面難	주인은 "만나기 어렵다" 말하고
一擧累十觴	잔 들어 열 잔이나 마시게 하네
十觴亦不醉	열 잔에도 또한 취하지 않는 것은
感子故意長	그대의 깊은 정에 감격했기 때문일세
明日隔山岳	내일이면 산이 가로막을 터이니
世事兩茫茫28)	세상사 둘 다 아득해 헤아릴 수 없어라

두보는 벼슬을 구하려 長安에서 세월을 보냈고 친구 衛八은 隱者여서 산수에 묻혀 살았으므로, 서로의 처지가 동쪽에서 뜨는 參星과 서쪽에서 뜨는 商星과 같아 서로 만날 수 없었다. 그러나 막상 만나고 보니, 둘 다 청춘은 가고(少壯能幾時) 각각 귀밑머리가 흰 노인이 되었다(鬢髮各已蒼). 옛 친구들을 찾아가 보면 벌써 반이나 귀신이 되었기에 통곡하였다(訪舊半爲鬼 驚呼熱中腸). 20년 전 이별할 때는 위팔은 총각이었는데(昔別君未婚) 아들 딸 많이 둔 노인이 되었다(男女忽成行). 20년의 시간이 그들을 그렇게 변화시켰으나 우정은 변하지 않았다.29) 무상한 시간의 흐름을 그대로 수용할 수밖에 없는 슬픔이다.

韓愈(768~824)는 「贈鄭兵曹」에서, 흘러간 10년의 세월을 회상하며 인생무상을 노래하였다.

罇酒相逢十載前	술잔 들며 서로 만난 10년 전에는
君爲壯夫我少年	그대는 장부였고 나는 소년이었는데
罇酒相逢十載後	술잔 들며 서로 만난 10년 뒤에는

---

28) 杜甫, 「贈衛八處士」, 『古文眞寶』 전집, 권3.
29) 金相洪, 『꽃에 홀려 임금을 섬기지 않았네』(중국명시산책), 새문사, 2007, pp.205~209.

我爲壯夫君白首   나는 장부가 되고 그대는 백발이 되셨구려
我材與世不相當   나의 재능 세상과 서로 맞지 아니하여
戢鱗委翅無復望   지느러미 움츠리고 날개를 접어 다시는 희망이
                 없다오
當今賢俊皆周行   지금 훌륭한 사람들 모두 높은 벼슬에 있거늘
君何爲乎亦遑遑   그대는 어찌하여 또 경황이 없이 허덕이시는가요
盃行到君莫停手   술잔을 그대에게 권하니 손을 멈추지 말고 드소서
破除萬事無過酒[30]   만사를 잊어버리는 데에는 술보다 나은 것이 없나니

10년 전에 서로 만나 술 마실 때에는 그대는 혈기왕성한 장부였고 나는 소년이었으나, 10년 후 다시 만나 술을 마시는데 나는 장부가 되었고 그대는 백발의 노인이 되었다. 10년이란 시간이 그렇게 만들었음을 한탄하였다. 시간은 흐름에 따라 저절로 우리 인간들은 변모되는 것을 막을 수 없는 무기력한 존재임을 노래하였다.

白居易(772~846)는 「商山路有感」에서, 시간은 우리 인간들을 빠르게 변화시킨다고 노래하였다.

萬里路長在   만 리 길 항상 그대로 인데
六年今始歸   6년이 지난 지금에야 비로소 돌아오네
所經多舊館   지나는 곳마다 옛 여관이 많은데
太半主人非[31]   태반은 옛 주인이 아니로세

6년 전에 지나갔던 商山의 길을 다시 돌아오는데 지나는 곳마다 여관은 옛적 그대로 많이 있었다. 그러나 여관의 주인은 太半이 6년 전의 그 사람이 아니었다. 6년의 시간이 여관 주인의 절반을 저 세상 사람으로 만든 것이다. 시간은 흔적 없이 흘러가는 것 같지만, 인간들을 生과 死로 갈라놓는다고 슬퍼하였다.

---

30) 韓愈, 「贈鄭兵曹」, 『古文眞寶』 전집, 권5.
31) 白居易, 「贈衛八處士」, 『古文眞寶』 전집, 권1.

白居易가 늙은 退妓의 비파 연주와 그녀의 恨 많은 사연을 듣고 쓴 「琵琶行」의 2단락을 보자.

沈吟收撥揷絃中	침울한 채 발을 거두어 줄 가운데에 꽂고
整頓衣裳起斂容	옷깃을 정돈하고 일어나 용모를 가다듬고
自言本是京城女	스스로 말하기를 "저는 본래 서울의 여자로
家在蝦蟆陵下住	집이 하마릉 아래에 살았다오
十三學得琵琶成	열세 살에 비파를 배워 익혔는데
名屬敎坊第一部	이름이 교방의 제1부에 속했다오
曲罷常敎善才服	곡을 끝내면 항상 스승들도 뛰어난 재주에 탄복하였고
妝成每被秋娘妒	단장을 하면 예뻐서 매번 기생들의 질투 받았지요
五陵年少爭纏頭	오릉의 젊은이들 다투어 비단을 머리에 묶어주니
一曲紅綃不知數	한 곡조 끝나면 붉은 비단의 수를 알 수 없었고
鈿頭銀篦擊節碎	금비녀 은비녀가 장단에 맞추다가 부러졌으며
血色羅裙飜酒汚	붉은 비단 치마에 술이 쏟아져 얼룩졌다오
今年歡笑復明年	금년에도 웃고 즐기며 이듬해도 거듭하여
秋月春風等閑度	가을 달 봄바람을 등한히 보냈지요
弟走從軍阿姨死	아우는 달려가 군대에 가고 계모도 죽었으며
暮去朝來顔色故	저녁이 가고 아침이 오자 얼굴이 시들어 갔다오
門前冷落鞍馬稀	문전에 말 타고 찾아오는 이 드물어 쓸쓸해지니
老大嫁作商人婦	나이 들어 시집 가 장사꾼의 아내가 되었다오
商人重利輕別離	장사꾼은 돈만 중히 여기고 이별을 가벼이 여겨
前月浮梁買茶去	지난 달 부량현으로 차를 사러 갔답니다
去來江口守空船	오고 가는 포구에 빈 배만 지키고 있는데
遶船明月江水寒	맴도는 밝은 달과 차가운 강물뿐
夜深忽夢少年事	밤이 깊어 홀연히 젊었을 적 일을 꿈꾸니
夢啼粧淚紅闌干[32]	꿈속에서 우니 눈물이 붉게 흘렀답니다

달밤에 潯陽江의 舟中에서 비파를 연주하던 退妓는, 젊은 시절 수도 장안에서 최고의 인기를 누렸던 스타였다. 그러나 저녁이 가고 아침

---

32) 白居易, 「琵琶行」, 『古文眞寶』 전집, 권11.

이 오자 얼굴은 시들고(暮去朝來顔色故) 인기가 하락하게 되자(門前
冷落鞍馬稀) 할 수 없이 늙어서 茶를 파는 상인에게 시집갔는데, 남편
은 돈만 중하게 여기고 부부간의 이별을 가볍게 여겼다. 독수공방 깊은
밤 화려했던 젊은 시절을 꿈을 꾸니(夜深忽夢少年事) 꿈속에서 하염
없이 눈물을 흘렸다(夢啼粧淚紅闌干). 여인을 이렇게 기구하게 만든
것은 타고난 운명과 시간의 흐름, 세월이었다. 시간의 흐름은 이 퇴기에
게 시리고 아린 상처를 남겼다. 백거이는 이를 핍진하게 노래하였다.

北宋의 東坡 蘇軾(1037~1101)은 大文豪답게 봄밤의 아름다운 시
간을 돈으로 계산하였다.

> 春宵一刻值千金　　봄밤의 한 시각은 값이 천금이니
> 花有淸香月有陰　　꽃에서 맑은 향기 나고 달그림자 비치누나
> 歌管樓臺聲細細　　누대에선 노래와 피리 소리 가늘게 들려오고
> 鞦韆院落夜沈沈[33]　그네만 남은 정원에 밤은 점점 깊어가누나

아름다운 봄밤의 시간이 흘러감을 아쉬워하여, 一刻이 千金에 해당
한다고 하였다. 一刻은 15분으로 짧은 시간이다. 봄밤의 一刻을 돈으로
환산하면 千金의 값에 해당한다고 한 것은, 꽃과 달이 있는 봄밤의 시간
이 속절없이 흘러가는 것이 너무나 아까웠기 때문이다.

이어서 蘇軾의 「薄薄酒」에서 시간의 의미를 살펴보자.

> 薄薄酒 勝茶湯　　묽고 묽어 맛없는 술이라도 끓인 차보다 낫고
> 麤麤布 勝無裳　　거친 베옷이라도 치마 없는 것 보다 나으며
> 醜妻惡妾勝空房　　못생긴 아내 악한 첩이라도 독수공방 보단 낫다네
> 五更待漏靴滿霜　　새벽에 대궐문 열리기 기다리는 신발에 서리 가득한
> 　　　　　　　　　　벼슬살이는

---

33) 蘇軾, 「探春」, 楊家駱 主編, 『蘇東坡全集』 下, 世界書局印行, 中華民
國 74, p.64.

不如三伏日高睡足北窓涼　삼복에 해가 높이 뜨도록 자며 시원한 북창
　　　　　　　　　　　에 발 뻗고 사는 것만 못하다네
珠襦玉匣萬人祖送歸北邙　비단 옷 입혀 옥관에 뉘어 만인의 전송 받으
　　　　　　　　　　　며 북망산 가는 것은
不如懸鶉百結獨坐負朝陽　누더기 입고 홀로 앉아 아침 햇빛 등에 받으
　　　　　　　　　　　며 사는 것만 못하지
生前富貴　　　생전에 부귀 누리려하고
死後文章　　　사후에 문장 남기려 하나
百年瞬息萬世忙　백년도 순식간이요 만년도 바삐 지나가는 것을
夷齊盜蹠俱亡羊　어진 백이숙제와 강도인 도척도 다 같이 실패했나니
不如眼前一醉　눈앞에 크게 술 취해
是非憂樂都兩忘[34]　시비와 근심과 즐거움을 모두 잊는 것만 못하다네

　살아생전 부귀를 누리려 하고 죽은 후에 문장가로 이름이 천추에 전해
지기를 원하는 이들에게, 백년 세월도 찰나이며 만년의 긴 세월도 바삐
지나가는 것(百年瞬息萬世忙)이라고 노래하였다. 훌륭한 伯夷 叔齊
와 천하의 강도인 盜跖이도 모두 실패하고 한 줌의 흙으로 돌아간 만큼,
살아생전 눈앞의 술을 마시고 취하여(不如眼前一醉) 是非와 근심과
즐거움을 모두 잊어버리는 것만 못하다(是非憂樂都兩忘)고 하였다. 현
재의 시간을 즐기자는 것이다.[35]

　송나라 戴益은「探春」에서, 시간의 흐름을 다음과 같이 노래하였다.

終日尋春不見春　온 종일 봄을 찾았으나 봄을 보지 못했네
杖藜踏破幾重雲　지팡이 짚고 구름 있는 곳까지 갔건만
歸來試把梅梢看　집에 돌아와서 시험 삼아 매화 가지를 보니
春在枝頭已十分[36]　봄은 매화가지 끝에 벌써 와 있었네

---

34) 蘇軾,「薄薄酒二首」1, 楊家駱 主編,『蘇東坡全集』上, 世界書局印行,
　　中華民國 74, p.119.
35) 金相洪,『꽃에 홀려 임금을 섬기지 않았네』(중국명시산책), 새문사, 2007, p.434.
36) 戴益,「探春」, 鎌田正·米山寅太郎,『漢詩名句辭典』, 昭和 55, p.627.

하루 종일 지팡이 집고 봄을 찾아 구름이 머물고 있는 산 정상까지 가서 보았으나 봄을 찾지 못하였다. 집에 돌아와 뜰 안의 매화 가지에 피어난 꽃망울을 뒤늦게 보고 봄이 벌써 가지 끝에 와 있었음을 발견하였다. 시간은 이렇게 소리 없이 지나가 겨울이 가고 어느 사이 봄이 벌써 찾아온 것이다. 시간은 인간이 원하든 원하지 않더라도 저절로 흘러가고 흘러온다. 다만 우리가 이를 제대로 느끼지 못할 뿐이라고 노래하였다.

宋나라 女流詩人 李淸照(1081∼1150?)의 「偶成」은 15년 전과 후를 절묘하게 노래하였다.

十五年前花月底	15년 전 달빛 어린 꽃 아래서
相從曾賦賞花詩	함께 꽃을 보면서 시를 지었었지
今春花月渾相似	금년 봄 핀 꽃과 그 달은 예전 그대로인데
安得情懷似往時	이내 마음 어찌 옛날과 같겠는가

15년 전에는 달빛 어린 꽃 아래에서 님과 함께 꽃을 감상하며 시를 지었다. 15년 후인 금년 봄꽃과 달은 옛 모습 그대로인데 어찌 내 마음이 15년전 그때와 같겠느냐고 하였다. 꽃과 달은 15년과 변함이 없건만 내 마음은 변한 것이다. 시간은 이렇게 인간의 마음을 변하게 한다고 노래하였다.

또한 李淸照는 「浣溪沙」(周邦彦 작이란 說이 있음)에서 시간의 흐름이 빠름을 노래하였다.

樓上晴天碧四垂	집 위 푸른 하늘 온통 파랗고
樓前芳草接天涯	집 앞 우거진 풀 하늘 끝까지 어어졌네
勸君莫上最高梯	그대에게 권하노니 다락 높이 오르지 마시게
新竹已成堂下竹	새 죽순은 이미 집 앞에 대가가 되었고
落花都入燕巢泥	꽃이 떨어져 제비집에 날아드는데

忍聽林表杜鵑啼　　어이 들으랴 나무 위에 두견새 울음소리를

온천지가 푸르른 봄날 어찌하여 다락을 높이 오르지 말라고 하였을까?
죽순이 자라 큰 대나무가 되었고 꽃은 떨어지고 강남에 갔던 제비들이
엊그제 돌아온 것 같은데, 어느 사이 새끼를 낳아 키우느라 바삐 날아다
닌다. 밤에는 두견새 피를 토하듯 슬피 울어 들기가 괴로웠다. 봄이 가고
여름이 소리 없이 다가오자 시간의 流速이 빠름을 보고 눈으로 확인하
고 싶지 않아 다락에 높이 오르지 말라고 하였다. 시간의 흐름이 덧없음
을 슬퍼한 것이다.

　이와 같이 중국 시에서도 시간은 자연과 인간 모두를 변화 시키는 만
큼, 과거의 시간보다 현재 시간이 더 소중함 등을 다양하게 노래하였다.
그리고 시간이 흐르는 속도에 대하여 느끼는 哀傷은 제왕이나 필부필부s,
그리고 貧富貴賤이 같다.

4. 日本 漢詩의 時間觀

　일본의 한시에 내재된 시간관도 한국 한시나 중국 시의 세계와 크게
다르지 않다. 과거의 시간에 대한 哀傷을 노래한 것이 가장 많다.
　에도(江戶)시대 詩豪로 일세를 압도 했던 梁田蛻巖(야나다제이간,
名은 邦美, 호는 蛻巖, 1672～1757)은 꽃을 감상하며 지은 시에서, 時
間의 流速이 너무 빠름을 노래하였다.[37]

---

37) 이하부터 나오는 日本 漢詩는 猪口篤志(이노구치 아스치) 著, 沈慶昊・韓
　睿嫄 譯의 『일본한문학사』(소명출판, 2000)에서 인용한 것이다. 한시의 번역도
　이 책을 따랐다.

樽前日日醉如泥　　술동이 앞에서 날마다 泥醉하고
棠棣歌成留客題　　棠棣歌 이루어지자 객을 머물러 시를 짓는다
竹里雲來雙鶴舞　　죽리에 구름 와서 쌍학이 춤추고
桃源晝靜一鷄啼　　도원의 그림이 고요하여 닭 한 마리 울고 있다
滿城樹色春何處　　성안 가득 나무 빛에 봄은 어디 있는가
夾路花香人不迷　　길 양켠 꽃향기에 사람들은 길 잃지 않네
共惜年華流水早　　세월이 강물보다 빨리 흐름을 함께 애석히 여기나니
夕陽已在畵欄西[38]　석양이 이미 그림 난간 서쪽에 있구나

　화사한 봄날 술동이를 앞에 놓고 날마다 실컷 취하면서 꽃을 감상하며
시를 짓는다. 세월의 흐름이 강물보다 빠른 것을 애석하게 여기고 있는
데 어느 사이 석양이 이미 난간 그림 서쪽에 찾아왔다. 꽃핀 봄날 하루의
시간이 저물어가는 정경을 한 폭의 그림처럼 시로 형상화 하였다. 시간
의 속도가 강물보다 빠름을 아쉬워하며 애상에 젖은 것이다.

　에도시대의 龜田鵬齋(가메다호오사이, 名은 長興, 호는 鵬齋, 1752∼
1826)는「放歌」에서, 사람들은 중국의 黃河가 맑기를 기다리지만, 우
리 인간들의 수명이 얼마나 되느냐고 반문하였다.

人俟河淸壽幾何　　사람들은 황하 맑기를 기다린다만 수명이 얼마인가
功名富貴亦無多　　공명과 부귀도 많지 않은 것을
古今興廢一邱貉　　고금 흥폐는 한 담비의 언덕과 같고
日月往來兩擲梭　　일월의 왕래는 베틀의 두 북과 같아라
秦廟草荒埋石馬　　진시황 묘에 우거진 풀은 石馬를 묻고
漢間露冷仆銅駝　　한나라 궁궐 찬 서리에 銅駝가 엎어졌다
桑田碧海須臾夢　　상전이 벽해 되어 잠간 사이 꿈이려니
我擧一杯君試歌[39]　나는 술잔 들고 그대는 노래 부르게

---

38) 梁田蛻巖,「同諸客今泉氏宅賞花得西字」, 猪口篤志 著, 沈慶昊・韓睿
　　嫄 譯,『일본한문학사』, 소명출판, 2000, pp.350∼351.
39) 龜田鵬齋,「放歌」, 앞의 책, pp.377∼378.

황하는 百年河淸이라 아무리 강물이 맑기를 기다려도 실현될 가망이 없다. 그런데도 우리 인간들은 황하가 맑기를 기다리기에는 수명이 너무나 짧다고 탄식하였다. 日月의 왕래, 즉 밤과 낮 하루의 시간은 베틀의 북과 같이 빠르게 지나가고, 진시황 묘에 우거진 풀은 石馬를 묻고 한나라 궁궐 찬 서리에 銅駝가 엎어졌듯이, 상전이 벽해가 되는 것도 잠간 사이 꿈꾸는 사이에 이뤄진다고 하였다. 시간의 속도가 빠름을 한탄하였다.

에도시대 藪孤山(야부코잔, 名은 愨, 호 孤山, 1735~1802)의 「仙遊悲」는 드라마틱하고 시간관이 특이하다.

「어부가 仙山을 유람하다가 순식간에 수백 년이 지나버렸다. 어느 날 아침 고향으로 돌아왔으나, 마을의 친구들은 모두 죽었고, 살아있는 사람은 없었다. 그 때문에 슬퍼하며 노래를 지었다.」(漁郞遊仙山, 瞬息之間, 旣歷數百年. 一旦還鄕, 閭里故舊, 一無存者, 因悲而作歌也.)

勿願長生仙	불로장생하는 신선이 되기 바라지 말라
長生千載如一日	천년을 장생함도 하루를 사는 것 같으니
勿願飛行仙	하늘 나는 신선되기를 바라지 말라
飛行萬里如一室	만 리 나는 것도 한 칸 집과 같네
我自仙山返故鄕	내 仙山에서 고향에 돌아오니
故鄕何茫茫	고향의 모습 너무도 어리둥절하다
昔我垂綸處	옛날 내가 낚싯대 드리우던 곳
今種麻與桑	지금은 뽕나무와 삼나무가 자라고
昔我寢興處	옛날 내가 거처하던 곳
今牧牛與羊	지금은 소와 양 기른다네
壘壘原上墳	중첩한 들판의 무덤들은
皆是子與孫	모두 내 자손들
紛紛邑中人	수많은 마을 사람들이
皆非戚與親	모두들 내 친척이 아니라네
故鄕若此	고향이 이와 같으니
我欲棄之再遊仙之部(都)	나는 고향 버리고 다시 仙部로 떠나고 싶구나
仙都雖樂兮非吾居	仙都 좋다지만 내가 거처할 곳 아니요

仙女雖美兮非吾妹　　仙女 어여쁘나 내 동생이 아니라네
仙殽錯陳兮吾不以爲腴　仙殽 늘어놓아도 맛있는 줄 모르겠고
仙樂迭奏兮吾不以爲娛　仙樂 번갈아 연주해도 즐겁지 않네
吁嗟乎我何處何之　　아아 어디로 가서 살까
去不可樂兮處可悲　　떠나자니 즐겁잖고 머물자니 슬퍼라
我願與萬物同生　　　내 바라는 것은 만물과 함께 살고
與萬物同死40)　　　　만물과 더불어 죽는 것이라네

　불로장생의 신선이 되지 말라고 한 이유는, 천년을 살아도 하루를 사
는 것 같고, 신선이 되어 만 리 하늘을 날아도 한 칸의 집과 같기 때문이
었다. 불로장생하는 仙都가 좋다지만 내가 거처할 곳 아니요, 仙女가
어여쁘나 내 동생이 아니며, 仙殽를 늘어놓아도 맛있는 줄 모르겠고, 仙
樂을 번갈아 연주해도 즐겁지 않다고 하였다. 선계로 떠나자니 즐겁지
않고 속세에 머물자니 슬펐다. "내 바라는 것은 만물과 함께 살고 / 만물
과 더불어 죽는 것이라네"하여 선계를 불원하고 평범한 삶을 지향하였
다. 천년의 세월을 살아도 하루와 같다(長生千載如一日)는 것은 바로,
'千年＝一日'로 인생무상을 뜻한다.
　野村篁園(노무라코우겐, 名은 直溫, 호는 篁園, 1775～1843)의 「春
草篇」을 보자.

二月長安淑景和　　이월이라 장안은 경치 좋고 화창하여
金溝雪盡草鬖沙　　궁중 연못에 눈 녹고 풀잎이 무성하다
〈中略〉
嫩色芊綿鋪皐澤　　무성한 풀의 고운 빛은 연못가에 펼쳐있지만
韶華一瞬良可惜　　좋은 시절 잠깐이라 참으로 안타깝네
魂銷南浦別離人　　남포선 넋을 잃고 님과 이별하더니
夢斷西堂詞賦客　　꿈 깬 西堂에선 시 짓는 객 되었구나
夢斷魂銷恨萬里　　꿈 깨고 넋 나간 채 만 리 길 한탄하니

---

40) 藪孤山,「仙遊悲」, 앞의 책, p.462.

杜鵑啼徹血痕紅　　두견새 울어 피눈물만 붉어라
媚嫵纔能沾雨露　　아리따운 시절에는 雨露에 젖었다만
衰殘何得避風霜　　쇠잔한 나이에 어찌 풍상을 피하리오
一歲榮枯元倏忽　　일 년의 성쇠는 참으로 한 순간이로다
人生況是弦離筈　　인생은 더욱이 시위를 떠난 살인 걸
紅樓少婦蹙青娥　　홍루의 젊은 여인 푸른 이마를 찡그리지만
紫塞征人歎白髮　　紫塞(長城)의 征夫는 백발을 한탄하네
人生如絲奈老何　　인생이란 실과 같으니 늙음을 어이하리
芳年不在委流波　　꽃다운 시절은 흐르는 물결이라 다시 못오네
王孫歸路蘼蕪暗　　왕손의 돌아오는 길에 궁궁이 어둡고
帝子長洲蕙芷多　　帝子의 긴 모래톱엔 물난초가 많구나
蕙芷欲搴江水廻　　물난초를 캐려하나 강물이 굽어 돌아 못 캐고
碧雲天外無人影　　푸른 구름 하늘밖엔 사람 그림자 없도다
一望何處最斷腸　　어느 곳을 쳐다봄이 가장 애가 탈까
六朝宮闕斜陽冷41)　육조의 궁궐이 석양 속에 차가운 곳이지

　　무성한 풀의 고운 빛은 연못가에 펼쳐있지만 좋은 시절은 한 순간(一瞬)이라 애석하고, 1년의 榮枯는 매우 짧고(倏忽) 우리 인생은 더욱이 시위를 떠난 살(弦離筈)과 같다고 하였다. 인생이란 실(絲)과 같아 늙음을 어이할 수 없고 아쉽게도 꽃다운 시절은 흐르는 물결이라 다시 돌아오지 못한다고 탄식하였다. 이 시 역시 시간의 흐름이 빠름을 한탄한 것이다.

　　에도시대의 山田蠖堂(요오다카쿠도오, 名은 政苗, 호는 蠖堂)은 「書感」에서, 인생무상을 노래하였다.

唯有終古未落天　　예로부터 천운은 어긋나는 법 없어
至今未聞不死人　　지금껏 죽지 않은 사람 있다고는 들어보지 못했네
何況札瘥無虐日　　하물며 크고 작은 전염병으로 잔학한 날이 시도 때
　　　　　　　　　　도 없음에랴

41) 野村篁園, 「春草篇」, 앞의 책, pp.522∼523.

倏忽誰保泡沫身　　잠간 사이인들 누가 이 물거품 같은 몸을 보호하랴
饒能活得一百歲　　요행히 1백세를 누린다 해도
過眼浮榮許多春　　헛된 영화를 눈으로 거치는 것이 몇 봄이나 되랴
世人何事暗名利　　세상 사람들은 무슨 일로 명리에 어두워
蠅營一生老紅塵　　파리같이 경영하여 일생을 홍진 속에 늙어가나
究竟所得知多少　　궁극적으로 얻는 것이 얼마나 되랴
鬢端上霜有薄官　　귀밑머리에 서리 더하고 微官으로 있을 뿐
君不見公庭昨日拜白麻　　그대는 보지 못했는가 조정에서 어제 임명장
　　　　　　　　　　받고
北邙今日燒紙錢42)　　북망산에서 오늘 紙錢 태워지는 것을

　　인간이 요행히 1백세를 산다고 해도 헛된 영화를 눈으로 거치는 것이
몇 번의 봄이나 되느냐고 반문하였다. 조정에서 어제 벼슬을 받았는데
오늘 죽어 북망산에서 紙錢 태워지는 것을 보지 못했느냐고 허무한 인
생사를 노래하였다. 하루 사이에 생과 사가 교차되는 벼슬살이와 인생의
무상함을 슬퍼한 것이다.
　　다음은 메이지(明治) 시대의 한시에 나타난 시간의 의미를 보기로 한
다. 成島柳北(나루시마류우호쿠, 名은 弘, 통칭 甲子太郎이라 불림,
1837~1884)은 한 해가 저무는 세모에 세월의 빠름을 노래하였다.

隙駒驅我疾於梭　　빠른 세월 베틀의 북보다도 빨리 나를 내몰아
四十星霜容易過　　사십 년 세월이 쉽게도 지나가는구나
文苑偏憐才子句　　文苑은 재주꾼의 시구를 어여삐 여길 뿐이고
教坊徒聽美人歌　　色街에서는 미인의 노랫소리만 듣는다
青雲黃壤舊知少　　푸른 구름 누런 흙은 변함없건만 옛 지인 드물고
綠酒紅燈新感多　　푸른 술 붉은 등불에 새로운 감흥이 쌓여간다
好是寒梅花上月　　좋구나 차가운 매화꽃 위로 달이 뜨누나
稜稜風骨奈君何43)　　늠름한 그대 풍골이 어떠한가

---

42) 山田蠖堂,「書感」, 앞의 책, pp.591~592.
43) 成島柳北,「丙子歲晚感懷」, 앞의 책, pp.661~662.

이 시를 지은 때가 歲暮라서 세월에 대한 느낌이 애잔하다. 세월은 베틀의 북보다 빠르게 흘러가 40년의 세월이 쉽게도 흘러갔다고 슬퍼하였다. 푸른 구름 누런 흙은 그대로이건만 살아 있는 옛 친구들은 드물다고 탄식하였다. 40년의 시간이 지인들이 하나 둘 세상을 떠나게 한데 대한 哀傷이다.

이어서 窪田梨溪(구보타리게이, 이름은 茂遂, 호 梨溪, 1817?~1872?)가 동짓날 술을 마시며 노래한 시를 보자. 窪田梨溪는 文政(1818~1830)·天保(1830~1844) 사이에 藩學인 興讓館의 提學을 지낸 시인이다.

> 四十九年無所爲　　49년 동안 하는 일 없어
> 鬢鬢嬴得鬢邊絲　　너풀너풀 흰 구렛나루만 많이 얻었다
> 一絲不繫天下士　　실 하나도 천하의 士를 묶지 못했거늘
> 白首抱經將敎誰[44]　　흰머리에 경서 품고 누구를 가르치랴

동짓날 술을 마시며 知天命을 앞두고 지나간 49년의 삶을 회상하였다. 지난 49년의 삶에서 얻는 것이라곤 늙어 허연 구렛나루뿐이었다. 비록 興讓館의 提學이지만 천하의 선비를 배출하지 못했는데 머리 흰 노인이 經書를 품고 누구를 가르치느냐고 自嘲하였다. 시간의 변화에 대한 슬픔을 곡진하게 형상화 하였다.

다음은 宮島栗香(미야지마릿코오, 名은 誠一郞, 1838~1911)가 꽃 아래서 술 마시며 노래한 시를 보자.

> 莫言枝上花長好　　나뭇가지 위의 꽃이 길이 좋으리라 말하지 마라
> 今朝色比昨朝老　　오늘 아침 꽃빛은 어제에 비교하면 늙은 것을
> 莫言人間樂常多　　인간의 즐거움이 항상 많다고 말하지 말라

---

44) 窪田梨溪, 「冬至對酒」(慶應 元年), 앞의 책, p.663.

長年行樂老來少	장년의 행락은 늙어지면 적은 것을
唯須花前醉未休	다만 꽃 앞에서 술 취하는 것 멈추지 말고
不管鬢絲白上頭	귀밑머리 하얗게 되어 머리까지 희어짐을 개의치 말라
花願長好人長醉	꽃은 길이 아름답고자 하고 사람은 오래도록 취하고자 하여
醉看芳影杯中浮	취해서 바라보면 꽃 그림자가 술잔 속에 떠 있네
君不見人生失意十八九	그대는 못보았나 인생에 실의한 사람이 열에 여덟아홉인 것을
功名富貴究何有	공명부귀가 결국 무슨 소용이 있겠는가
與其爲人作嫁衣	남을 위해 신부 옷을 만드는 것은
不如日醉花低酒45)	날마다 꽃 아래에서 술 취해 있는 것만 못하리

"나뭇가지 위의 꽃이 길이 좋으리라 말하지 말라 / 오늘 아침 꽃빛은 어제에 비교하면 늙은 것"(莫言枝上花長好　今朝色比昨朝老)은 천하의 警句이다. 인간의 즐거움이 항상 많다고 말하지 말라하고, 장년의 행락은 늙어지면 적어진다고 한탄하였다. 꽃은 오래 아름답고자 하고 사람은 오래도록 취하려고 하지만 취해서 바라보면 꽃 그림자가 술잔 속에 떠 있다고 하여 예쁜 꽃도 술에 취하는 것도 모두가 찰나라고 하였다. 인생은 10에 8~9명이 失意한 채 살아가고 있는데 부귀공명은 덧없는 것이며, 벼슬살이는 마치 남을 위해 신부 옷을 만드는 것과 같아 날마다 꽃 아래 술 마시는 것만 못하다는 것은 현재의 시간이 소중함을 노래한 것이다.

이상과 같이 일본의 한시도 시간이 흐르는 속도가 빠름을 노래한 것이 많다. 시간의 속도는 강물보다 빠르다고 하였고, 상전이 벽해가 되는 것도 잠간 사이 꿈꾸는 사이에 이뤄지며, 千年의 세월도 一日과 같다고 하였다. 또한 하루 사이에 생과 사가 교차되는 인생의 무상함을 슬퍼하

---

45) 宮島栗香, 「花下對酒歌」, 앞의 책, pp.682~683.

였고 현재의 시간이 소중함 등을 노래하였다.

5. 結 語

韓·中·日의 역대 한시에 내재된 시간에 대한 인식은 큰 차이가 없다. 시인들은 시간은 자연과 인간을 변화시키고, 인간에게 환희보다는 비애를 가져다주는 존재로 인식하였다. 자신이 처한 환경과 여건에서 시간을 수용하고 인생사와 결부시켜 다양하게 노래하였다.

한국의 한시는 사후 세계의 시간보다 현재의 소중함과, 시간(光陰)은 화살보다 빠르게 흐르는데 이를 막을 수 없는 인간의 한계와 그로 인한 슬픔을 등을 노래하였다.

중국 시에서도 시간의 속도가 너무 빠르고 늙음을 가져다준다고 인식한 것은 帝王이나 匹夫匹婦, 그리고 貧富貴賤이 같다. 주어진 시간을 허송하지 말고 실컷 즐기자고 하여 현재 시간의 소중함을 노래하였다.

일본의 한시는 시간의 속도는 강물보다 빠르다고 하였고, 상전이 벽해가 되는 것도 잠깐 사이 꿈꾸는 사이에 이뤄지며, 千年의 세월도 一日과 같다고 하였다. 또한 하루 사이에 생과 사가 교차되는 인생무상함을 슬퍼하였고 현재 시간의 소중함을 노래하였다.

韓·中·日의 옛 시인들은 시간의 속도가 빠르거나 느림이 없이 일정하게 흘러가는데도, 처한 환경과 사연에 따라 더디게 가기도 하고 빠르게 간다고 인식하고, 그 遲速으로 인한 哀傷과 恨과 소망을 多層的으로 노래하였다. 그리고 시간의 흐름을 능동적으로 조절할 수 없는 인간의 한계와, 현재의 시간이 소중함 등을 인생사의 榮枯盛衰와 결부시켜 다양하게 노래하였다.

參 考 文 獻

『詩經』

『古文眞寶』

『列聖御製』, 民昌文化社 影印.

蘅塘退士, 『唐詩三百首』

權 韠, 『石洲集』(한국문집총간 75), 민족문화추진회.

金富軾, 『三國史記』

徐居正, 『東文選』

成 俔, 『虛白堂集』(한국문집총간 14), 민족문화추진회.

蘇 軾, 楊家駱 主編, 『蘇東坡全集』上・下, 世界書局印行, 中華民國 74.

李奎報, 『東國李相國集』(한국문집총간 2), 민족문화추진회.

李達衷, 『霽亭集』(한국문집총간 3), 민족문화추진회.

李石亨, 『樗軒集』(한국문집총간 9), 민족문화추진회.

張志淵, 『大東詩選』

丁若鏞, 『與猶堂全書』, 景仁文化社 影印, 1970.

鄭夢周, 『圃隱集』(한국문집총간 5), 민족문화추진회.

鄭 誧, 『雲谷集』(한국문집총간 3), 민족문화추진회.

金相洪, 『茶山 丁若鏞 文學硏究』, 단국대학교 출판부, 1985.

金相洪, 『한국 한시의 향기』, 박이정, 1999.

金相洪, 『茶山 文學의 再照明』, 檀國大學校 出版部, 2003.

金相洪, 『꽃에 홀려 임금을 섬기지 않았네』(중국명시산책), 새문사, 2007.

徐日權・蔡美花 編, 『김립 조수삼시집』, 중국 민족출판사, 1992.

鎌田正・米山寅次郎, 『漢詩名句辭典』, 昭和 55.

猪口篤志 著, 沈慶昊・韓睿嫄 譯, 『일본한문학사』, 소명출판, 2000.

氷心・董乃斌・全理群 著, 김태만・하영삼・김창경・장호득 옮김, 『그
    림으로 읽는 중국문학 오천년』, 예담, 2000.

슈테판 클라인 지음, 유영미 옮김, 『시간의 놀라운 발견』, 웅진 지식하
    우스, 2007(김수혜, 「왜 데이트 시간은 짧고, 일하는 시간은 길
    게 느껴질까?」, 『조선일보』, 2007.6.9).

http://dns.ctjh.chc.edu.tw

『正易』의 曆數原理와 檀君神話의 時間觀

이 현 중*

1. 서 론

　檀君神話를 보면 桓雄이 인간의 세상에 내려와서 행한 일을 "인간의 세상을 理致로 교화함"[1]라고 하여 變化로 나타내고 있고, 곰과 호랑이가 인간이 되는 것을 "변화하여 사람이 됨"[2]이라고 하여 역시 변화로 나타내고 있으며, 환웅과 熊女가 결혼하는 것을 "짐짓 (남자로) 변화하여 婚姻을 함"[3]이라고 하여 역시 변화로 나타내고 있다. 이를 통하여 단군신화의 내용이 변화와 관련됨을 알 수 있다.

　그런데 변화에 관한 언급을 보면 "天符印 3個", "雄이 三千의 무리를 거느리고", "人間의 360여까지 일을 주관함", "신령스런 쑥 한 묶음과 마늘 20개"[4] 등의 예와 같이 숫자와 관련하여 나타내고 있다. 그리고

---

* 충남대학교 교수
1) 一然, 『三國遺事』 卷1 古朝鮮, "在世理化."
2) 一然, 『三國遺事』 卷1 古朝鮮, "化爲人"
3) 一然, 『三國遺事』 卷1 古朝鮮, "假化而婚之"
4) 一然, 『三國遺事』 卷1 古朝鮮, "天符印三箇,", "雄率徒三千,", "凡主人間三百六十餘事,", "靈艾一炷蒜二十枚"

"三·七日을 조심함", "百日 동안 햇빛을 보지 않음"5)이라고 하여 숫자가 時間을 나타내는 數임을 밝히고 있다. 이를 통하여 단군신화에서 언급되고 있는 내용이 時間과 관련된 변화임을 알 수 있다.

일반적으로 數는 계량의 단위로 사용되거나 물리적 시간을 나타내는 형식으로 사용된다. 만약 단군신화에서 사용되고 있는 數가 물리적 시간 자체를 그대로 나타내는 것이라면 그 의미를 파악하기 위해서는 천문학이나 수학의 관점에서 고찰해야할 것이다. 뿐만 아니라 桓雄이 남자로 변화하여 熊女와 婚姻을 하는 것이나 곰이 사람으로 변화하는 것이 모두 물리적 변화일 수밖에 없다.

그러나 단군신화에서는 桓雄을 天神으로 규정하고 있다. 天神은 물리적 존재가 아니라 형이상적 존재이다. 그러므로 桓雄이 남자가 되는 변화는 사실적 변화가 아니라 형이상적 관점에서 이루어지는 변화이다. 곰이 사람이 되는 변화 역시 현상 세계를 초월한 변화라고 할 수 있다. 따라서 단군신화에서 언급되고 있는 변화는 형이상적 관점에서 언급되고 있는 변화이다.

물리적 시간을 나타내는 數를 통하여 나타낼 수 있는 존재는 물리적 시간과 그 존재근거인 時間性이다. 그런데 물리적 시간은 형이하적 존재이며, 時間性은 형이상적 존재이다. 따라서 檀君神話의 數가 변화를 나타내고 있을 뿐만 아니라 그것이 물리적 시간을 나타내는 것이 아니라 형이상적 존재를 나타내는 것이라면 時間性과 관련되지 않을 수 없다.

『論語』에서는 時間性과 관련하여 형이상적 존재의 변화원리를 曆數原理로 규정하고 그것이 天道임을 밝히고 있다.6) 그리고 『周易』에

---

5) 一然, 『三國遺事』卷1 古朝鮮, "不見日光百日,", "忌三七日,"
6) 明·胡廣等撰, 『四書大全』2, 『論語』堯曰, "堯曰 咨爾舜 天之曆數在爾躬 允執其中. 四海困窮, 天祿永終. 舜亦以命禹."

서는 曆數原理의 표상체계가 河圖와 洛書이며, 圖書가 天地의 數에 의하여 구성되었음을 밝히고 있다.[7)]

그러나 『周易』과 『論語』를 비롯하여 先秦 儒學의 경전에서는 天道의 내용인 曆數原理의 구체적인 내용을 밝히고 있지 않다. 干支度數와 河圖·洛書를 통하여 曆數原理의 구체적인 내용을 밝히고 있는 典籍은 朝鮮의 儒學者인 金一夫에 의하여 저작된 『正易』이다.[8)]

이에 본고에서는 『正易』에서 밝히고 있는 曆數原理를 바탕으로 檀君神話의 時間觀을 고찰하고자 한다.[9)] 이를 위하여 먼저 단군신화에

---

7) 明·胡廣等撰, 『周易大全』, 繫辭上編 第九章, "天一地二天三地四天五地六天七地八天九地十 天數五地數五 五位相得而各有合 天數二十有五 地數三十 凡天地之數五十有五 此所以成變化 而行鬼神也 大衍之數五十 其用四十有九 分而爲二以象兩 掛一以象三 揲之以四以象四時 歸奇於扐以象閏 五歲再閏 故 再扐而後掛 乾之策二百一十有六 坤之策百四十有四 凡三百有六十當期之日 二篇之策萬有一千五百二十當萬物之數也"

8) 金一夫는 1826년 忠南 論山郡 陽村面 南山里에서 父親 金麟魯의 長男으로 태어났다. 어려서는 父親에게 受學하였으며, 36세에는 蓮潭 李선생에게 受學하였다. 『書經』과 『周易』을 중심으로 儒學을 연구하여 54세인 1879년에 伏羲·文王八卦와 孔子의 十翼의 道學 精神을 계승하여 正易八卦圖를 그렸다. 이어서 1881년에 『正易』의 序文인 大易序를 쓰고, 1884년에 『正易』의 上編인 「十五一言」을 저술하였으며, 1885년에는 『正易』의 下編인 「十一一言」을 저술하여 『正易』을 완성하였다. 1898년 忠南 論山郡 陽村面 夫皇里에서 別世하였으며, 享年 73歲이다.

9) 지금까지 檀君神話에 대한 연구 성과는 매우 많을 뿐만 아니라 연구 분야도 다양하다. 지금까지의 檀君神話에 관한 연구 동향과 성과들은 서울대학교종교문제연구소에서 출판한 『檀君-그 이해와 자료-』 및 이은봉의 『檀君神話研究』를 통하여 확인할 수 있다. 그 가운데서 철학 분야의 연구 성과 역시 많으며, 유명종 교수의 「단군신화」, 송석구 교수의 「건국신화를 통해서 본 한국고대인의 가치의식」, 김형효 교수의 「고대사상의 철학적 접근」 등을 들 수 있다. 철학분야 가운데서 易學的 관점에서 檀君神話를 연구한 일군의 학자들이 있는데 柳南相 교수의 「韓國 古代思想에 나타난 人本精神」, 南明鎭 교수의 「檀君神話에 나타난 韓國人의 原初的 人間觀에 관한 易哲學的 고찰」,

나타난 數를 중심으로 그것과 曆數原理와의 관련성을 고찰한 후에 이어서『正易』에서 밝힌 曆數原理의 내용에 대하여 살펴보고 이어서 曆數原理를 바탕으로 檀君神話의 時間觀에 대하여 고찰하고자 한다.

2. 檀君神話와 曆數原理

단군신화의 내용은 그것을 수록하고 있는 전적에 따라서 약간씩 서로 다르다. 여러 전적에 실린 단군신화 가운데서『三國遺事』에 실려 있는 단군신화는 그 내용이 풍부하다.『帝王韻紀』에 실린 단군신화에 관한 내용도 비교적 풍부하지만『三國遺事』의 내용을 儒學을 중심으로 편찬하였기 때문에『三國遺事』보다 그 내용이 簡略하다.[10] 그렇기 때문에『三國遺事』를 중심으로 檀君神話의 내용을 살펴보는 것이 효과적일 것으로 생각된다.『三國遺事』에 수록된 檀君神話의 내용을 보면 다음과 같다.

> 『魏書』에서 말하기를, 지금부터 2000년 전에 檀君王儉이 있어서 아사달에 도읍을 정하고 나라를 세워 조선이라 했는데, 그때가 (중국의) 堯임

宋在國 교수의「檀君神話의 三才的 理解」등이 있으며, 우희문의「단군신화의 철학적 고찰」, 이선행의「단군신화의 역철학적 고찰을 통해본 한국고유의 천신관에 관한 연구」가 있다. 그런데 이러한 연구 성과들은 주로 단군신화의 구조적 분석이나 數理의 분석을 통하여 그 易哲學的 특성을 밝히고 있을 뿐 직접 시간관을 밝히고 있는 연구 결과는 아직 없다. 이에 본고에서는『正易』에서 밝히고 있는 曆數原理의 관점에서 檀君神話의 時間觀에 관하여 고찰하고자 한다.

10) 李承休,『帝王韻紀』下卷, 서울대학교 종교문제연구소,『檀君 그 이해와 자료』에서 再引用, "初誰開國啓風雲 帝釋之孫名檀君 並與帝高興戊辰 經虞歷夏居中宸 於殷虎丁八乙未 入阿斯達山爲山神 享國一千二十八 無乃變化傳桓因 却後一百六十四 仁人聊復開君臣 後朝鮮祖是箕子"

금이 즉위한 시기이다.『古記』에서 (고조선의 건국에 대해) 말하기를, 옛날에 桓因의 아들 桓雄이 있어서 曆數 원리로 밝혀진 도덕적 세계인 천하를 통해 인간 세계를 구하고자 하였다. 아버지가 아들의 뜻을 알고 아래로 三危太白을 내려다보니, 가히 인간을 널리 이롭게 만들 만했다. 그래서 天符印 세 개를 주고 내려가서 다스리게 하였다. 환웅이 3,000명의 무리를 이끌고 태백산 봉우리의 神檀樹 아래 내려와 그곳을 神市라고 불렀는데, 그가 바로 桓雄 天王이다. 그는 장차 風伯, 雨師, 雲師로 하여금 곡식, 생명, 질병, 형벌, 선악을 주관하게 하는 등 무릇 인간의 360여 가지 일을 주관하며 인간 세상에 머물면서 이치로써 교화하였다. 그때 한 마리 곰과 한 마리 호랑이가 같은 동굴에 살고 있었다. (그들은) 항상 神雄에게 인간이 되기를 기원하였다. 그러자 환웅은 신령스런 쑥 한 묶음과 마늘 스무 개를 주면서 "너희들이 이것을 먹고 100일 동안 햇빛을 보지 않으면 곧 인간이 될 것이다"라고 하였다. (그래서) 곰과 호랑이는 (환웅으로부터) 쑥과 마늘을 받아서 먹었다. (그리고) 곰은 환웅이 일러준 계율을 지켜 몸과 마음을 깨끗하게 유지한 지 21일 만에 여자의 몸을 얻었다. 그러나 계율을 지키지 못한 호랑이는 (끝내) 인간이 될 수 없었다. 웅녀熊女는 더불어 결혼할 상대가 없었기 때문에 항상 신단수 아래에서 잉태하기를 기도하였다. 그때 환웅이 잠시 사람으로 변하여 웅녀와 결혼하여 아이를 낳았는데, 그를 단군왕검이라 불렀다. 단군왕검은 堯임금이 즉위한 50년(庚寅)에 평양성에 도읍을 세우고 비로소 朝鮮이라고 부르기 시작하였다. 또 도읍을 백악산의 아사달로 옮겼으며, 이어서 금미달로 옮겼다. 나라를 다스린지 1500년에 주나라 무왕의 즉위 기묘년에 기자를 조선에 보내어 봉하니 단군은 이에 장당경으로 옮겼다가 뒤에 다시 아사달에 숨어서 산신이 되었다. 나이는 1800세였다.11)

---

11) 一然,『三國遺事』卷1 古朝鮮, "魏書云, 乃往二千載, 有檀君王儉, 立都阿斯達, 開國號朝鮮, 與高同時. 古記云, 昔有桓因庶子桓雄, 數意天下, 貪求人世. 父知子意, 下視三危太伯, 可以弘益人間, 乃授天符印三箇, 遣往理之. 雄率徒三千, 降於太伯山頂, 神壇樹下, 謂之神市, 是謂桓雄天王也. 將風伯雨師雲師, 而主穀主命主病主刑主善惡, 凡主人間三百六十餘事, 在世理化. 時有一熊一虎, 同穴而居, 常祈于神雄, 願化爲人. 時神遺靈艾一炷, 蒜二十枚曰, 爾輩食之, 不見日光百日, 便得人形. 熊虎得而食之, 忌三七日, 熊得女身, 虎不能忌, 不得人身. 熊女子, 無與爲婚故, 每於神壇樹下, 呪願有孕, 雄乃假化而婚之, 孕生子, 號曰檀君王儉, 以唐高卽位五十年庚寅 都平壤城, 始稱朝鮮 又移都於白岳山阿斯達 又

위의 내용을 보면 크게 환웅과 웅녀 그리고 단군에 관한 세 부분으로 구분할 수 있다. 환웅은 인간의 세상에 내려와서 인간의 세계를 다스렸으며, 곰은 여자가 되어 환웅과 결혼하였다. 그리고 환웅과 웅녀를 부모로 하여 단군이 탄생하였으며, 그가 조선이라는 국가 사회를 세우고 다스렸다는 것이 그 내용이다.

그런데 환웅이 인간의 세상에 내려와서 인간의 세상을 다스린 것을 "在世理化"라고 하여 理致에 의한 敎化라고 하였다. 그것은 곧 세상을 가르쳐서 변화시킴의 의미이다. 그리고 환웅이 웅녀와 결혼한 것을 "假化而婚之"라고 하여 환웅이 남자로 변화한 것으로 나타내고 있다. 또한 곰과 호랑이가 사람이 되는 것도 "化爲人"이라고 하여 변화로 나타내고 있다. 따라서 단군신화의 내용을 한마디로 나타내면 변화이다. 그러면 단군신화에서 나타내고 있는 변화는 무엇인가?

변화를 중심으로 단군신화를 고찰할 때 그 내용이 무엇인지를 밝혀낼 수 있는 열쇠는 두 가지의 문제이다. 그 첫째는 변화가 형이상적 관점에서 언급되고 있는가? 아니면 형이하적 관점에서 언급되고 있는가? 하는 것이다. 그리고 나머지는 그것이 시간의 문제를 중심으로 표상되고 있는가 아니면 공간의 문제를 중심으로 표상되고 있는가하는 것이다. 이 두 가지의 문제를 종합하여 살펴보면 변화의 성격이 밝혀질 것으로 생각된다.

먼저 단군신화에서 언급되고 있는 변화가 형이하적 변화인지 아니면 형이상적 변화인지 살펴보자. 단군신화를 보면 곰이 사람이 되는 변화를 언급하면서 人身을 얻었다고 하였기 때문에 그것이 물리적 변화라고 생각할 수도 있다. 만약 단군신화에서 언급되고 있는 내용이 모두 형이하의 관점이라면 변화 역시 물리적 변화를 뜻한다. 만약 곰이 사람으로 변화하는 것이 물리적 변화라면 단군신화는 더 이상 神話가 아니라 과학

名弓忽山 又今彌達 御國一千五百年 周虎王卽位己卯 封箕子於朝鮮 檀君乃移於藏唐京 後還隱於阿斯達爲山神 壽一千九百八歲"

적 사실을 기술하고 있다고 해야 할 것이다.

그런데 단군신화에서는 桓雄이 남자로 변화하는 것을 "假化"로 규정하고, 인간의 세상에서 세상을 다스리는 것을 "理化"라고 하여 "化爲人"과 구분하여 나타내고 있다. 桓雄이 남자로 변화하였다고 할 때 잠시 또는 거짓으로 변화하였다는 것은 桓雄이 완전히 남자라는 사람의 모습으로 변화하지 않았음을 뜻한다. 그리고 桓雄이 세상에 내려와서 인간을 다스리는 것을 理致로 敎化하였다고 하였다고 하여 구체적인 사물을 다스리는 것과 구분하여 나타내고 있다. 理致는 물리적 존재가 아니기 때문에 이치에 의한 변화 역시 물리적 변화가 아니라고 할 수 있다.

假化와 理化가 물리적 변화가 아니라는 점은 桓雄이 어떤 존재인가를 통해서도 밝혀진다. 단군신화에서는 桓雄을 天王, 天神으로 규정하고 있다. 天神, 天王은 天上의 존재로 물리적 존재가 아니다. 天神이 天上의 존재라는 것은 形而上的 존재임을 뜻한다. 따라서 환웅에 의한 변화는 물리적 변화가 아니라 형이상적 차원에서 이루어지는 변화이다.

단군신화의 내용이 변화일 뿐만 아니라 그것이 모두 형이상적 관점에서 이루어지는 변화라면 그것을 나타내는 내용들은 모두 상징적 관점에서 이해되어야 한다. 본래 형이상적 세계는 사물과 다르기 때문에 물리적 사건을 통하여 상징적으로 나타낼 수밖에 없는 것이다. 그렇기 때문에 단군신화가 나타내는 형이상적 변화를 파악하기 위해서는 그것을 나타내는 형식들이 상징하는 의미를 파악해야 한다.

다음에는 단군신화에서 언급되고 있는 변화가 시간적 관점인지 아니면 공간적 관점인지 살펴보자. 그 문제는 변화와 관련하여 언급되고 있는 내용을 살펴보면 해결이 된다. 단군신화를 보면 "三危太伯", "天符印三箇", "雄率徒三千", "凡主人間三百六十餘事", "忌三七日", "靈艾一炷蒜二十枚", "不見日光百日"과 같이 三, 三千, 三七日, 百日, 三百六十과 같은 數가 사용되고 있다. 또한 桓雄의 본성을 나타내는 부분을 보면 "數로 의미를 밝힌 천하를 통하여 인간의 세계를 구하고자 한다"고 하였다. 이를 보면 단군신화의 세계는 數를 통하여 그 의미가 밝혀지는 세계임을 알 수 있다. 그러면 數에 의하여 그 의미가 밝혀지는 세계는 어떤 세계인가?

그것을 파악하기 위해서는 먼저 數의 성격을 밝혀야 한다. 단군신화의 내용을 보면 數의 성격을 밝힐 수 있는 단서가 있다. 단군신화에서는 "忌三七日", "不見日光百日"이라고 하여 21이나 100이라는 數가 시간을 나타내는 단위임을 밝히고 있다. 따라서 단군신화에서 사용되고 있는 數가 시간과 관련됨을 알 수 있다. 그러면 단군신화에 나타난 수는 단순하게 시간을 나타내고 있는가?

年月日時와 같이 시간의 단위를 나타내는 수를 曆數라고 한다.『書經』에서는 歲月日星辰을 언급하고 이어서 曆數를 언급하고 있는데 그 구조를 보면 마지막의 개념이 앞의 네 개념을 포함하여 나타내고 있다.12) 그런데 역수는 시간을 나타내는 형식이지만 그 내용은 시간이 아니다. 그것은 역수가 시간을 계산하기 위하여 사용되어지는 추상적인 단위에 불과하지 않음을 뜻한다. 曆數는 일상적인 數가 아무런 의미가 없는 추상적인 존재임과 달리 그 의미를 갖는다.

曆數는 본래 형이하적 측면과 형이상적 측면을 갖고 있다. 曆數는 형이하적 관점에서는 물리적 시간을 나타내는 단위가 되지만 형이상적 관점에서는 물리적 시간의 존재 근거를 나타낸다. 만약 단군신화의 수가 단순하게 시간을 나타내는 수에 불과하다면 수를 통하여 나타내는 변화의 내용 역시 물리적 존재의 변화를 나타내게 된다.

그런데 단군신화를 보면 사물적 존재인 곰과 호랑이가 사람이 될 수

---

12)『書經』의 洪範에서는 "四五紀 一曰歲, 二曰月, 三曰日, 四曰星辰, 五曰
曆數."라고 하였으며,『正易』에서는 "天地之數數日月 日月不正易匪易"
라고 하였다.

있는 權能을 가진 존재를 天神인 桓雄으로 나타내고 있다. 그것은 桓雄이나 그의 아버지로 그려지고 있는 桓因이 사물적 존재의 존재근거임을 뜻한다. 桓因을 音을 중심으로 이해하면 桓은 하나이며, 因은 님으로 곧 하느님을 뜻한다. 그것은 하나이면서 모든 것인 님이라는 것으로 만물의 존재근거가 되는 근원적인 존재를 기리키는 개념이다. 『周易』에서는 모든 존재의 근거가 되는 근원적 존재를 形而上的 존재라고 하여 그것을 道[13]로 규정하고 있다. 따라서 天神인 桓因, 桓雄은 곧 형이상적 존재인 道를 상징적으로 나타내는 것이다.

또한 桓因[14]을 의미를 중심으로 살펴보면 桓은 빛을 가리키며, 因은 원인을 가리킨다. 그러므로 桓因은 밝음의 원인으로 빛 그 자체를 가리킨다. 빛과 함께 존재하는 것이 어둠으로 빛과 어둠의 교체 작용에 의하여 밤과 낮이라는 시간이 존재하게 된다. 『周易』에서는 "해가 지면 달이 뜨고, 달이 지면 해가 떠서 일월이 서로 뜨고 짐으로써 밝음이 생긴다. 추위가 가면 더위가 오고, 더위가 오면 추위가 와서 추위와 더위가 교대로 작용하여 一年이 이루어진다"[15]고 하였다. 따라서 자신의 밝음에 의하여 밝음과 어둠을 놓아서 시간을 주재하는 존재를 桓因으로 규정한 것임을 알 수 있다.

---

13) 明・胡廣等撰, 『周易大全』, 繫辭上編 第十二章, "形而上者謂之道 形而下者謂之器"

14) 崔柄憲은「檀君認識의 歷史的 變遷」에서 桓因에 대하여 다음과 같이 말하고 있다. 李承休의 『帝王韻紀』에서는 桓因을 上帝桓因이라고 하였고, 一然의 『三國遺事』에서는 帝釋이라고 하였다. 그런데 본래 桓因은 산스크리트어의 Sakrodvendra의 音寫로 釋帝桓因陀羅, 釋迦提婆因陀羅이다. 인드라(因陀羅)를 意譯하여 帝로 나타내었으며, 석가라(Sakra)를 音譯한 것이 桓이다. 이렇게 보면 桓因과 帝釋은 모두 인드라를 나타내는 것임을 알 수 있다. 이는 다시 말하면 하느님, 또는 天神을 상징하는 桓因이라는 한국 고유의 개념이 있었으며, 그것을 佛敎의 관점에서 재해석한 것이 帝釋이라는 것이다.

15) 明・胡廣等撰, 『周易大全』, 繫辭下編 第五章, "往則月來 月往則日來 日月相推而明生焉 寒往則暑來 暑往則寒來 寒暑相推而歲成焉"

桓因, 桓雄이 근원적 존재, 형이상적 존재이며, 시간을 主宰하는 존재라고 할 때 그것은 달리 말하면 天道를 상징적으로 나타내는 개념이 桓因, 桓雄임을 뜻한다. 형이상적 존재로서의 天道 그것을 시간적 관점에서 나타내면 曆數原理이다. 曆數原理는 물리적 시간의 존재 법칙을 나타내는 것이 아니라 그 존재근거인 時間性, 時義性[16]의 원리이다. 그러므로 曆數는 형이상적 존재인 시간성의 원리를 상징적으로 나타내는 개념이라고 할 수 있다.

時間性은 시간이 갖는 屬性이 아니라 시간의 本性을 가리킨다. 그리고 時義性은 시간의 의미, 시간의 뜻이라는 말로 곧 時間性을 時間의 관점에서 나타낸 것이다. 이처럼 일상의 數가 아무런 의미가 없는 추상적인 개념인 것과 달리 度數, 曆數가 時間性, 時義性의 상징적 표상 형식이라는 점에서 그것을 理數[17]라고 한다.

曆數, 度數가 시간성, 시의성을 상징적으로 나타내는 理數이기 때문에 理數가 표상하는 세계는 시간성의 세계이다. 다시 말하면 형이상적 세계인 시간성의 세계, 시의성의 세계를 시간을 나타내는 형식인 역수, 도수를 통하여 상징적으로 나타내는 것이다. 先秦 儒家의 경전에서는 時間性의 原理를 曆數原理로 규정하고 그것이 天道임을 밝히고 있다. 『論語』에서는 天道의 내용을 인간 본래성과의 관계를 중심으로 밝히고 있는데 그 내용을 보면 다음과 같다.

---

16) 『周易』이나 『論語』 등의 先秦 儒學의 경전에서는 曆數가 표상하는 내용을 時로 규정하고 있다. 이 時에는 형이상적 존재로서의 時間性, 時義性과 형이하적 존재인 시간이 포함되어 있다. 『中庸』에서는 "君子之中庸也 君子而時中"이라고 하여 時를 언급하고 있는데 이때의 時는 時間性을 나타내는 동시에 시간을 나타낸다. 한편 『周易』의 重天乾卦 彖辭에서는 "大明終始 六位時成 時乘六龍 以御天"이라고 하여 時間性을 終始로 규정하고 시간은 始終으로 규정하고 있다.

17) 金一夫, 『正易』, 「化无上帝重言」, "推衍无或違正倫 倒喪天理父母危 不肯敢焉推理數 只願安泰父母心"

天의 曆數가 네 몸에 있으니 진실로 그 中을 잡으라. 四海가 困窮하면 天祿이 영원히 끊어질 것이다.[18]

天의 曆數가 인간의 몸에 있다는 것은 天道의 내용인 曆數原理가 인간의 본래성으로 내재화하였음을 나타낸다. 그리고 中을 잡는다는 것은 본래성의 自覺을 통하여 天道를 자각함을 뜻한다. 마지막으로 四海가 困窮하면 天祿이 영원히 끊어질 것이라는 것은 天命으로 자각한 天道를 王道政治를 통하여 실천할 것을 나타낸 것이다.

天道의 내용인 曆數原理는 變化原理이다. 그렇기 때문에『正易』에서는 "易道는 曆數原理이다"[19]라고 하였다. 그것은 曆數原理가 바로 易道의 내용임을 밝힌 것이다.『周易』에서는 易道를 變化의 道[20]로도 규정하고 있다. 따라서 단군신화에서 곰이 사람으로 변화하고, 天神인 桓雄이 남자로 변화하며, 환웅과 웅녀가 결혼하는 변화, 단군을 낳는 변화가 모두 曆數原理를 상징적으로 나타내는 것이다.

桓因, 桓雄에 의하여 표상된 천의 세계가 시간성의 세계, 天道를 상징적으로 나타내고 있음은 환웅이 인간의 세계에 내려와서 행한 政事를 보아도 알 수 있다. 桓雄이 인간의 세계에 내려와서 政事를 행하였다는 것은 곧 時空上에 드러남을 뜻한다. 그것은 곧 天道를 작용의 관점에서 나타낸 것이 政事를 행함을 뜻한다. 그 내용을 보면 인간의 360餘 事를 주관하였다고 하였다. 그런데 사람이 살아가면서 해결해야할 일이

---

18) 明・胡廣等撰,『四書大全』2,『論語』堯曰, "堯曰咨爾舜 天之曆數在 爾躬, 允執其中. 四海困窮, 天祿永終. 舜亦以命禹"

19) 金一夫,『正易』大易序, "易者曆也"

20)『周易』의 繫辭上編 第九章에서는 "知變化之道者其知神之所爲乎"라고 하였다. 그런데 繫辭上編 第五章에서는 "一陰一陽之謂道"라고 말하고 "陰陽不測之謂神"이라고 하여 陰陽合德의 관점에서 易道를 나타낸 것이 神임을 밝히고 있다. 따라서 神, 易道는 같은 존재를 나타내는 개념으로 그것을 變化의 道로 규정한 것은 곧 易道가 變化의 道임을 밝힌 것이다.

꼭 360餘 가지에 불과하다고 할 수는 없다. 따라서 이때의 360은 數量을 나타내는 것이 아니다. 그러면 360은 무엇을 나타내는 數인가?

『書經』에서는 "朞는 366日이니 閏月로 四時를 정하면 一年이 이루어진다"[21]고 하여 366日의 朞數를 제시하고 있고, 『周易』에서는 "乾策은 216이며, 坤策은 144이니 360日이 곧 朞日에 해당된다"[22]고 하여 360日의 朞數를 제시하고 있다. 366日曆은 360日曆을 기준으로 6度가 더하여 형성된 陽閏曆이다. 그리고 360은 陰曆과 陽曆이 하나가 된 中正曆을 가리킨다. 따라서 桓雄이 理化한 내용으로서의 主 360은 곧 中正曆인 360曆數를 운행시켰음을 뜻한다. 그러므로 이 역시 曆數原理의 내용이다.

3. 曆數原理와 『正易』

앞에서 살펴본 바와 같이 檀君神話의 내용을 파악하기 위해서는 曆數原理的 관점에서 數가 상징하는 의미가 무엇인지를 살펴보지 않을 수 없다.

『論語』를 보면 "天의 曆數가 네 몸에 있으니 진실로 그 中을 잡으라"[23]라고 하여 天道의 내용이 역수원리이며, 그것이 인간의 본래성으로 주체화하였음을 밝히고 있다. 그런데 이 내용은 堯가 舜에게 전하여 준 내용으로 舜은 다시 禹에게 전하였다고 하였다. 따라서 이 부분은

---

21) 明·胡廣等撰, 『書傳大全』, 堯典, "朞三百有六旬有六日 以閏月定四時成歲 允釐百工 庶績咸熙."
22) 明·胡廣等撰, 『周易大全』, 繫辭上編 第九章, "乾之策二百一十有六 坤之策百四十有四 凡三百有六十當期之日"
23) 明·胡廣等撰, 『四書大全』2, 『論語』堯曰, "堯曰咨爾舜 天之曆數在爾躬, 允執其中. 四海困窮, 天祿永終. 舜亦以命禹"

聖統을 따라서 전하여진 聖人의 道의 내용을 기술하고 있는 것이다. 孔子 역시 "堯舜의 道를 祖宗으로 삼아 傳述하였으며, 文王과 武王의 道를 법받았다"[24]고 하였다. 따라서 孔子가 堯舜으로부터 文王, 武王, 周公을 거쳐서 자신에게 전하여진 聖人의 道의 내용이 曆數原理임을 밝히고 있음을 알 수 있다.

『周易』에서는 "옛 聖人이 易을 지을 때 그윽이 神明에 참여하여 河圖原理를 밝혔으며, 三天兩之原理에 의하여 數로 표상하였다. 陰陽의 변화를 보고 괘를 세웠으며, 강유의 작용을 나타내기 위하여 爻를 낳았다"[25]고 하였다. 『正易』에서는 神明原理가 曆數原理임을 밝히고 있다.[26] 이를 통하여 역수원리를 근거로 하도와 낙서가 형성되며, 하도와 낙서에 근거하여 괘효가 형성됨을 알 수 있다. 그러면 하도와 낙서를 통하여 표상된 역수원리의 내용은 무엇인가?

孔子를 비롯하여 先秦 이래 天道의 내용인 曆數原理를 밝힌 사람은 없다. 그것은 曆數原理를 밝혀야할 天命이 주어지지 않았기 때문이다. 『正易』에서는 "말씀하지 않고 믿은 것은 夫子의 道이다"[27]고 하여 孔子에게는 曆數原理를 밝힐 天命이 주어지지 않았음을 밝히고 "聖人이 말씀하지 않은 것을 어찌 一夫가 감히 말하리오 마는 때가 되었고, 天命이 있기 때문이다"[28]라고 하여 자신에게 曆數原理를 밝힌 天命이 주어졌음을 밝히고 있다.

『正易』에서는 "易道는 曆數原理이니, 曆數原理가 없으면 聖人

---

24) 明·胡廣等撰,『四書大全』3,『中庸』第三十章, "仲尼 祖述堯舜 憲章 文武 上律天時 下襲水土."
25) 明·胡廣等撰,『周易大全』, 說卦 第一章, "昔者聖人之作易也 幽贊於 神明而生蓍 參天兩地而倚數 觀變於陰陽而立卦 發揮於剛柔而生爻"
26) 金一夫,『正易』第八張, "嗚呼 日月之政 至神至明 書不盡言"
27) 金一夫,『正易』第二張, "嗚呼至矣哉 无極之无極 夫子之不言 不言而 信 夫子之道 晚而喜之 十而翼之 一而貫之 儘我萬世師"
28) 金一夫『正易』第六張, "聖人所不言 豈一夫敢言 時命"

이 존재하지 않으며, 聖人이 존재하지 않으면 易學이 존재할 수 없다"29)고 하여 曆數原理가 곧 易道의 내용임을 밝히고 있다. 그리고 曆數原理가 天干과 地支를 통하여 구성된 干支度數와 河圖, 洛書를 통하여 표상되었음을 밝히고 있다. 干支度數는 陰陽이 合德된 관점에서 曆數原理를 밝히고 있고, 河圖와 洛書는 曆數原理를 陰과 陽으로 나누어서 표상하고 있다.

河圖와 洛書를 중심으로 『正易』에서 밝히고 있는 曆數原理를 살펴보면 十五尊空爲體原理와 九六合德爲用原理가 그 내용이다. 그런데 河圖는 本體原理가 위주이고, 洛書는 작용원리가 위주이기 때문에 洛書를 중심으로 曆數原理를 살펴볼 수 있다.

洛書를 중심으로 역수원리를 살펴보기 위하여 먼저 洛書의 구성을 보면 중심 度數인 五를 바탕으로 四象 作用數인 一, 二, 三, 四, 五, 六, 七, 八, 九의 數로 구성된다. 四象 作用數는 九一, 八二, 七三, 六四로 구성되는데 이를 통하여 사역변화원리가 표상된다. 그러므로 曆數原理를 작용의 관점에서 나타내면 四曆變化原理이다.

사역변화원리는 四曆의 生成合德을 통하여 표상된다. 그런데 사역변화원리를 표상하는 四曆이 理數의 推衍을 통하여 밝혀지기 때문에 曆數의 推衍이 중요한 의미를 갖는다. 역수의 推衍은 역수의 增減을 통하여 이루어지며, 겉으로 드러나는 것은 加減乘除의 형식을 갖기 때문에 일상적인 計算과 혼동하기 쉽지만 그러나 계산과는 다르다.

推衍은 日數를 중심으로 이루어지는 것으로 그 가운데는 時數를 중심으로 이루어지는 推數가 포함되어 있다. 推衍의 기본 방법은 九九法이다. 『정역』에서는 "大一元 300數는 九九中에 배열한다"30)고 하여 一元數를 推衍하는 방법이 九九法임을 밝히고 있다. 이는 『管子』

---

29) 金一夫, 『正易』 大易序, "聖哉 易之爲易 易者曆也 無曆無聖 無聖無易."
30) 金一夫, 『正易』 九九吟, "三百六十當朞日 大一元三百數 九九中排列"

에서도 언급된 방법으로 "伏羲가 九九의 數를 지어서 天道와 合德하여 天下를 敎化하였다"[31]고 하였다.

사역변화의 推衍은 河圖의 55數와 낙서의 45數가 合德된 一元數 100을 중심으로 이루어진다. 一元數 100을 근거로 그 精髓인 一이 圖書의 作用數 80에 더하여져서 81이 되면서 陽的인 작용이 이루어지고, 一元數에서 남은 99數를 바탕으로 陰的인 작용이 시작된다. 陽的 작용과 陰的 작용의 마디는 모두 9度를 중심으로 이루어진다. 그것은 陰陽 작용의 마디가 9度임을 뜻한다.[32]

陽的 작용은 81에서 9度가 遞減하여 72度가 되고, 그것이 다시 63度가 되며, 63度에서 다시 9度가 遞減하여 54度가 된다. 이때 81, 72, 63, 54는 모두 작용의 시작을 나타내는 度數이다. 반면에 陰的 작용은 99度에서 108로 변화하고 여기에 다시 9度가 遞增하여 117度가 되며, 그것이 다시 126度가 되고 마지막으로 135度가 된다.[33] 그러면 洛書의 四象數를 중심으로 九九法에 의하여 推衍된 四曆은 무엇인가?

『正易』에서는 "帝堯의 朞는 三百六旬有六日이며, 帝舜의 朞는 三百六十五度四分度之一이고, 一夫의 朞는 三百七十五度이니 十五를 尊空하면 우리 夫子의 朞 三百六十에 정히 當한다"[34]고 하였다. 이를 통하여 四曆이 帝堯의 朞와 帝舜의 朞 그리고 一夫의 朞와 孔子의 朞임을 알 수 있다.

---

31) 『管子』 輕重 十七, "慮戲作, 造六峜以迎陰陽, 作九九之數以合天道, 而天下化之"

32) 柳南相, 「正易의 圖書象數原理에 關한 研究」, 『人文科學論文集』 제VIII권 제2호, 충남대학교, 1981.

33) 柳南相, 「正易의 圖書象數原理에 關한 研究」, 『人文科學論文集』 제VIII권 제2호, 충남대학교, 1981.

34) 金一夫, 『正易』 第六張～第七張, "帝堯之朞 三百有六旬有六日 帝舜之朞 三百六十五度四分度之一 一夫之朞 三百七十五度 十五尊空 正吾夫子之朞 當朞三百六十日"

그런데 一夫의 朞인 375度에서 15度를 尊空하면 孔子의 朞인 360
度가 된다고 하였으며, 陰陽의 閏曆은 中正曆인 360度를 기준으로
형성된 것이다. 그러므로 一夫의 朞인 375度를 기준으로 나머지 세 朞
가 형성됨을 알 수 있다. 그것은 一夫의 朞와 나머지 세 朞가 體用의
관계임을 뜻한다. 『정역』에서는 네 朞數의 관계를 밝히고 있는데 그 내
용을 살펴보면 다음과 같다.

> 天地의 數는 日月의 運行度數이니 日月이 바르지 않으면 易이 易이 아
> 니다. 曆이 正曆이라야 易이 易일 수 있으니 原曆이 어찌 항상 閏曆을 사
> 용하겠는가?[35]

위의 내용을 보면 原曆이 體가 되어 正曆과 閏曆이 작용하며, 閏
曆으로부터 正曆으로 변화할 것임을 알 수 있다. 이로부터 四曆은 原
曆과 閏曆, 閏曆, 正曆으로 原曆은 一夫의 朞이고, 正曆은 孔子의
朞이며, 閏曆은 帝堯의 朞와 帝舜의 朞임을 알 수 있다.

四曆의 관계를 보면 原曆으로부터 閏曆이 출생하고 그것이 장성하
여 正曆으로 변화한다. 다시 말하면 375日曆을 바탕으로 帝堯의 366
日曆이 始生하고 그것이 帝舜의 365¼日曆으로 변화하며, 그것이 다
시 360日曆으로 변화한다. 따라서 四曆의 생성 변화는 原曆에서 帝堯
의 閏曆이 생하고 그것이 다시 帝舜의 閏曆으로 생장하며, 孔子의 正
曆으로 변화한다.

『정역』에서는 閏曆이 출생하여 생장하는 세계를 先天으로 규정하고,
陰陽이 合德된 正曆의 세계를 后天으로 규정하고 있다. 그러므로 사
역변화원리는 后天에서 先天으로의 변화와 더불어 先天에서 后天으

---

35) 金一夫, 『正易』正易詩, "天地之數數日月 日月不正易匪易 易爲正易
易爲易 原易何常用閏易"

로 변화하는 先后天變化原理이다.36) 先后天變化原理를 내용으로
하는 曆數原理는 易道이다. 그렇기 때문에 『正易』에서는 "易道는
曆數原理이다"37)고 하였다. 易道는 變化原理이다.38) 따라서 易道는
變化의 道로 그 내용은 曆數原理이다.

4. 『正易』과 檀君神話의 時間觀

檀君神話의 내용을 살펴보면 변화의 세계를 桓雄과 熊女 그리고
檀君의 세 요소를 중심으로 나타내고 있다. 桓雄에 관한 언급을 보면
天王이라고 하였을 뿐만 아니라 神이라고 한 것으로 보아 桓雄에 관한
내용은 天의 형이상적 세계를 나타낸 것임을 알 수 있다. 그리고 곰과
호랑이가 사는 곳을 동굴이라고 하였으며, 그곳에 神檀樹가 있는 太白
山이 있다고 한 것으로 보아 곰과 호랑이에 관한 언급은 地의 형이상적
세계를 나타냄을 알 수 있다. 또한 檀君이 朝鮮이라는 나라를 세워서
1500년 동안 다스렸다고 한 것으로 보아 檀君이 人間의 본성의 세계를
상징함을 알 수 있다.

그런데 『周易』에서는 天地人을 세계를 구성하는 三才로 규정하고
있을 뿐만 아니라 형이상적 존재를 道39)로 규정하고 있다. 天의 형이상

---

36) 柳南相, 「正易思想의 根本問題」, 『충남대학교 인문과학 논문집』 제Ⅶ권
    제2호, 충남대학교, 1980.
37) 金一夫, 『正易』 大易序, "易者曆也"
38) 『周易』의 繫辭上編 第九章에서는 "八卦而小成 引而伸之 觸類而長之
    天下之能事畢矣 顯道神德行 是故 可與酬酢 可與祐神矣 子曰知變化
    之道者其知神之所爲乎"라고 하여 變化의 道가 易道임을 밝히고 있다.
39) 明・胡廣等撰, 『周易大全』, 繫辭上編 第十二章, "形而上者謂之道 形
    而下者謂之器."

적 세계는 天道이며, 地의 형이상적 세계는 地道이고, 人의 형이상적 세계는 人道인 것이다. 따라서 桓因, 桓雄은 天道를 표상하며, 熊女는 地道를 표상하고, 檀君은 人道를 표상함을 알 수 있다. 이를 통하여 공간적 관점에서 보면 단군신화에서는 三才의 道[40]를 중심으로 變化의 道를 표상하고 있음을 알 수 있다.

그런데 桓雄이나 熊女 그리고 檀君을 막론하고 모두 理數를 중심으로 그 내용을 상징적으로 나타내고 있다. 이는 檀君神話가 三才의 道를 나타내는데 관점이 있는 것이 아니라 天道인 曆數原理를 중심으로 三才의 道를 밝히고 있음을 뜻한다. 三才의 道를 역수원리를 중심으로 나타내면 三極의 道가 된다. 三極의 道는『周易』에서 三才의 道와 더불어 언급된 개념이다.『周易』에서 三才의 道의 내용을 天道와 地道 그리고 人道로 규정하고 天道를 陰陽原理로, 地道를 剛柔原理로, 人道를 仁義原理[41]로 밝힌 것과 달리 "六爻의 作用은 三極의 道이다"[42]고 하였을 뿐 그 구체적인 내용은 밝히고 있지 않다.

三才를 시간을 중심으로 살펴보면 天은 미래적 존재이며, 地는 과거적 존재이고, 人은 현재적 존재이다. 그러므로 桓雄은 미래 시간의 존재 근거인 未來的 時間性을 상징적으로 나타내며, 熊女는 과거 시간의 존재 근거인 過去的 時間性을 상징적으로 나타내고, 檀君은 현재 시간의 존재 근거인 現在的 時間性을 상징적으로 나타낸다.

『정역』에서는 미래적 시간성을 无極으로 규정하고, 과거적 시간성을 太極으로 규정하며, 현재적 시간성을 皇極으로 규정하고 있다. 그러므

---

40) 明·胡廣等撰,『周易大全』, 繫辭下編 第十章, "易之爲書也 廣大悉備 有天道焉 有人道焉 有地道焉 兼三才而兩之 故六 六者非他也 三才之道也"
41) 明·胡廣等撰,『周易大全』, 說卦 第二章, "是以 立天之道曰陰與 立地之道曰柔與剛 立人之道曰仁與義."
42) 明·胡廣等撰,『周易大全』, 繫辭上編 第二章, "六爻之動三極之道也"

로 『周易』에서 밝힌 三極의 道는 곧 无極과 太極 그리고 皇極의 三極의 道임을 알 수 있다.[43] 『정역』에서 밝힌 三極의 道를 중심으로 단군신화를 살펴보면 桓雄은 无極原理를 상징적으로 나타내며, 熊女는 太極原理를 상징적으로 나타내고, 檀君은 皇極原理를 상징으로 나타낸다고 할 수 있다.

『정역』에서 밝히고 있는 三極의 道를 중심으로 三極의 관계를 보면 无極은 太極 志向 작용을 하고, 太極은 无極 志向작용을 한다. 그것을 『정역』에서는 다음과 같이 논하고 있다.

> 龍圖는 未濟의 象으로 倒生逆成하니 先天太極이니라. 龜書는 旣濟의 數이니 逆生倒成하니 后天无極이니라. 五가 가운데 거하니 皇極이다.[44]

龍圖는 河圖를 가리키며, 龜書는 洛書를 가리킨다. 河圖의 작용은 倒生逆成으로 그 결과는 先天太極이며, 洛書의 작용은 逆生倒成으로 그 결과는 后天无極이다. 倒生逆成의 작용이 단군신화에서는 桓雄이 인간의 세상을 구하고자 하는 本性에 의하여 太伯山 정상의 神檀樹 아래로 내려와서 인간 세상을 다스리는 理化로 그려지고 있다. 그리고 逆生倒成의 작용은 곰과 호랑이가 인간이 되고자 하는 본성에 의하여 곰이 사람의 몸을 얻는 것으로 그려지고 있다.

그런데 无極의 太極 志向작용으로서의 倒生逆成 작용과 太極의 无極 志向작용으로서의 逆生倒成 작용이 皇極에서 하나가 된다. 이러한 작용이 단군신화에서는 桓雄과 熊女가 모두 인간이 되고자 하였고, 결국 桓雄이 인간의 세상에 내려오고 곰이 인간이 되어 양자가 結

---

43) 金一夫, 『正易』第一張, "擧便无極十 十便是太極一 一无十无體 十无一无用 合土 居中五皇極"
44) 金一夫, 『正易』第二張, "龍圖 未濟之象而倒生逆成 先天太極 龜書 旣濟之數而逆生倒成 后天无極 五居中位 皇極"

婚을 하여 夫婦가 되는 것으로 그려지고 있다. 이는 인간의 본성을 나타내는 夫婦라는 인격체에 의하여 天神인 桓雄과 地物인 熊女가 하나가 됨을 나타낸 것이다. 그것은 곧 无極과 太極이 皇極에서 合德됨을 나타내는 것이다.

无極과 太極의 本性에 의하여 倒生逆成과 逆生倒成의 내용은 檀君神話에서는 곰이 사람으로 변화하는 과정을 통하여 좀 더 구체적으로 나타내고 있다. 곰이 三七日 동안 몸과 마음을 깨끗하게 한 결과는 사람의 몸을 얻는 것이다. 그렇기 때문에 곰이 人身을 얻은 것을 熊女라고 하였다. 또한 熊女는 더불어 결혼할 사람이 없었기 때문에 結婚하기를 원하였으며, 熊女의 지극한 정성에 의하여 桓雄이 남자로 변화하여 熊女와 결혼하였다. 이렇게 보면 男女가 인간 본래의 차원이 아니라 男女의 合德에 의하여 밝혀지는 세계가 본래의 세계임을 알 수 있다.

人身을 얻은 三七日은 曆數原理적 관점에서는 倒生逆成의 用七原理와 逆生倒成의 用三原理로 이해할 수 있다. 用七과 用三은 서로 대응하는 원리로 陰陽의 閏曆이 생장하는 원리를 표상한다. 用七 用三을 통하여 생장한 존재가 用四에서 成道하여 用六에서 合德할 때 비로소 后天의 세계가 열린다. 曆數原理의 관점에서 보면 곰이 사람이 되기 위하여 동굴에서 100日을 지내야 하지만 21일 만에 人身을 얻었다는 것은 始生하였음을 뜻하며, 앞으로 合德이 가능할 만큼 생장이 필요함을 뜻한다. 그리고 熊女가 桓雄이 변한 남자와 결혼을 하였다는 것은 비로소 合德하였음을 뜻한다. 그러므로 21數가 나타내는 시생의 시기로부터 100數가 표상하는 陰陽合德의 세계에 이르기까지는 80數가 상징하는 생장작용이 이루어져야함을 뜻하는 것이다.

无極과 太極이 皇極에서 合德된다는 것은 미래성과 과거성이 현재성에서 하나가 됨을 밝힌 것이다. 그 결과를 나타내는 것이 檀君의 탄생과 국가 사회의 전개이다. 미래성과 과거성이 하나가 된 현재성이 檀君으로 표상된 것이다. 그리고 檀君이 세운 국가 사회인 朝鮮은 檀君의 本性을 상징적으로 나타낸다. 다시 말하면 无極과 太極이 合德된 皇極을 상징적으로 나타내는 개념이 檀君과 朝鮮인 것이다.

檀君과 朝鮮을 시간을 중심으로 나타내면 現在가 된다. 그것은 미래성과 과거성이 合德된 현재성이 나타난 본래적 시간으로서의 永遠한 現在를 나타내는 개념이 檀君과 朝鮮임을 뜻한다. 永遠은 시간성의 세계를 나타내는 개념으로 그것을 단군신화에서는 神으로 규정하고 있다. 단군신화의 내용을 보면 檀君이 나라를 다스린 것이 1500년이었으며, 그 나이가 1,908세가 되어 山神이 되었다고 하였다. 神은 미래적 시간성을 나타내는 개념이다. 그러므로 檀君이 山神이 되었다는 것은 현재가 단순한 현재가 아닌 영원한 현재임을 나타내는 것이다. 그러면 영원한 현재를 曆數原理의 관점에서 나타내면 무엇인가?

단군신화에서 桓雄이 인간의 세상에 내려와서 세상을 다스리는 일을 理化로 규정하고 있는데 그 구체적인 내용을 보면 "風伯, 雨師, 雲師로 하여금 穀食, 生命, 疾病, 刑罰, 善惡을 주관하게 하는 등 무릇 인간의 360여 가지 일을 주관하였다"고 하였다. 이때의 360은 역수원리의 관점에서는 正曆을 가리킨다. 360의 曆數는 陰曆과 陽曆이 合德된 中正曆이다. 360의 正曆은 그 본체가 十五로 體用을 합한 度數가 375度이다. 『정역』에서는 375日의 曆을 原曆으로 규정하고 있다. 따라서 위의 내용은 原曆을 體로하여 正曆으로 운행하는 세계를 나타낸 것이다. 이러한 中正曆의 세계를 『정역』에서는 后天으로 규정하고 있다.[45] 이렇게 보면 단군신화에서 밝히고 있는 시간은 후천적 시간임을 알 수 있다. 그것은 곧 인류의 역사가 나아가야할 방향을 曆數의 관점에서

---

45) 金一夫, 『正易』「先后天正閏度數」, "先天體方用圓 二十七朔而閏 后天體圓用方 三百六旬而正 原天无量"

正曆으로 밝히고 있음을 뜻한다. 영원한 현재를 曆數原理의 관점에서 나타내면 原曆을 體로하여 正曆이 運行되는 后天세계인 것이다.46)

역수원리의 관점에서 보면 正曆이 운행되는 后天에 이르기 위해서는 閏曆이 始生하여 生長하는 과정이 필요하다. 그것을 단군신화에서는 "忌三七日"과 "不見日光百日"로 나타내고 있다. 日光은 글자그대로 太陽을 나타낸다. 역수원리는 太陽과 太陰을 통하여 표상되는 日月原理이다. 正曆이 운행되어지는 후천세계는 日月이 合德된 세계이다. 百日은 河圖와 洛書의 體用度數인 55와 45가 合德된 100數를 나타낸다. 이 100數는 曆數 推衍의 기본이 되는 數이다. 그것을 단군신화에서는 동굴로 나타내고 있다. 동굴은 곰과 호랑이라는 사물적 존재의 존재 근거인 동시에 인간이라는 인격적 존재로 변화할 수 있는 근거이다. 따라서 "不見日光百日"은 日月의 合德에 의하여 밝혀지는 正曆의 세계가 一元數原理를 바탕으로 밝혀짐을 나타낸다.

陰陽이 合德된 中正曆인 正曆이 운행되는 后天세계는 檀君에 의하여 밝혀진 세계이다. 그것은 檀君이라는 개념이 영원한 현재를 가리키는 개념임을 뜻한다. 檀君王儉이라는 개념을 분석하여 보면 檀君은 祭司長을 의미하며, 王儉은 통치자를 의미한다. 祭司長은 天과 교통하는 존재이며, 王儉은 인간의 세계를 다스리는 존재이다. 그러므로 檀君王儉은 天人이 하나가 된 세계를 상징한다고 할 수 있다. 다시 말하면 天地가 合德된 세계를 나타내는 것이 檀君王儉인 것이다.

天地가 合德된 세계는 그 본성인 天道와 地德이 合德된 道德의 세계이다. 『正易』에서는 三極의 道를 度數를 중심으로 나타내어 度數原理로 규정하면서도 天地의 道德原理로 규정하고 있다.47) 道德

---

46) 영원한 현재를 과거적 관점에서 나타내면 本性이지만 미래적 관점에서 나타내면 理想이다. 그러므로 영원한 현재를 正曆이 운행되는 后天이라고 한 것은 미래적 관점에서 영원한 현재를 나타낸 것이다.

의 세계를 나타내는 개념이 夫婦, 父子, 父母와 같은 개념이다. 단군신화에서는 환인과 환웅을 父子로 나타내고 있으며, 환웅과 웅녀를 夫婦로 나타내고, 桓雄・熊女와 檀君을 父子로 나타내고 있다.

天道와 地德이 合德된 道德의 세계는 인간 본래성의 세계이다. 그 것은 父子, 夫婦, 父母와 같은 개념이 모두 인간 본래성의 세계를 바탕으로 형성된 개념임을 뜻한다. 그러므로 영원한 현재를 三才의 관점에서 나타내면 그것은 인간 본래성을 통하여 밝혀진 세계이다. 인간 본래성의 내용을 『周易』에서는 仁禮義知의 四德으로 밝히고 있다.[48] 四德 가운데서 仁과 知는 性이며, 禮와 義는 命으로 性을 體로 하여 命이 행하여지는 세계가 된다. 그러므로 영원한 현재는 인간 본래성의 관점에서는 知性과 仁性을 體로 하여 禮義가 실천되어지는 性命의 세계이다. 그렇기 때문에『주역』에서는 "乾道가 변화하면 각각 性命이 바르게 된다"[49]고 하여 曆數變化原理와 性命之理[50]를 함께 언급하고 있다. 『中庸』에서는 仁과 知를 性의 德으로 규정하고 그것이 內外를 合德시키는 道[51]라고 하여 사덕원리를 내외합덕원리로 밝히고 있다.

---

47) 金一夫,『正易』,「雷風正位 用政數」, "己位四金一水八木七火之中无極 无極而太極十一 十一地德而天道 天道 圓庚壬甲丙 地德方二四六八 戊位二火三木六水九金之中皇極 皇極而无極五十 五十天度而地數 地數方丁乙癸辛 天度圓九七五三"

48) 明・胡廣等撰,『周易大全』, 重天乾卦 文言, "文言曰 元者善之長也 亨者嘉之會也 利者義之和也 貞者事之幹也 君子 體仁足以長人 嘉會足以合禮 利物足以和義 貞固足以幹事 君子 行此四德者 故 曰乾元亨利貞"

49) 明・胡廣等撰,『周易大全』, 重天乾卦 象辭, "乾道變化 各正性命"

50) 明・胡廣等撰,『周易大全』, 說卦 第二章, "昔者聖人之作易也將以順性命之理"

51) 明・胡廣等撰,『四書大全』3,『中庸』"誠者 非自成己而已也 所以成物也 成己仁也 成物知也 性之德也 合內外之道也 故 時措之宜也"

5. 결 론

지금까지 檀君神話를 『正易』에서 밝히고 있는 曆數原理를 중심으로 고찰한 결과 다음과 같은 결론을 얻을 수 있다.

첫째, 檀君神話에서 밝히고 있는 時間은 曆數原理의 관점에서는 原曆을 體로 하여 360日의 正曆이 운행되는 后天의 세계이다. 正曆은 陰陽이 合德된 中正曆이며, 后天은 先天에 이어서 장차 전개될 세계를 나타내는 개념이다. 그것을 단군신화에서는 桓雄이 인간의 세계에 내려와서 理化하는 내용인 "主人間360餘事"로 나타내고 있다.

둘째, 后天의 세계를 時間性의 관점에서 나타내면 過去性과 未來性이 하나가 된 現在的 現在性이다. 그것을 三極의 道를 중심으로 나타내면 无極과 太極이 合德된 皇極의 세계이다. 皇極의 세계를 時間과 時間性을 중심으로 나타내면 영원한 현재이다. "永遠"은 시간성을 나타내며, "현재"는 時間을 나타낸다. 그것을 단군신화에서는 天神인 桓雄과 地物인 熊女의 결혼과 그 결과 탄생한 檀君이 山神이 됨을 통하여 나타내고 있다.

셋째는 영원한 현재를 삼재의 道를 중심으로 나타내면 天道와 地德이 合德된 세계이다. 天道와 地德이 合德된 세계는 天地의 본성인 道德의 세계이다. 그러므로 道德의 세계가 바로 영원한 현재의 세계이다. 그것을 단군신화에서는 天神인 桓因과 桓雄을 父子로, 桓雄과 熊女를 夫婦로 그리고 桓雄·熊女와 檀君을 父子 관계로 규정함으로써 나타내고 있다.

넷째, 영원한 현재는 인간의 本來性을 통하여 밝혀진 세계로 그 내용은 『周易』에서 제시하고 있는 仁禮義知의 四德의 세계이다. 그것을 단군신화에서는 桓雄과 熊女의 結婚의 결과가 檀君의 탄생과 그에 의하여 朝鮮이 開國됨을 통하여 나타내고 있다. 단군은 인간 본래성을 상징적으로 나타내며, 조선이라는 국가사회는 인간 본래성이 밝혀진 세계를 상징적으로 나타낸다.

　다섯째, 檀君神話에서 제시하고 있는 영원한 現在의 세계는 桓雄이 理化를 동하여 인간의 세상에서 이루어야할 理想일 뿐만 아니라 그가 檀君의 아버지라는 점에서는 곧 檀君의 존재근거이다. 이로부터 原曆을 本體로 하여 이루어지는 正曆의 세계, 道德의 세계, 四德의 세계는 古朝鮮 開國의 근본이 된 근원적 세계인 동시에 장차 완성해야할 이상적 세계임을 알 수 있다.

參 考 文 獻

戴　望, 『管子校正』, 『諸子集成』 第八卷, 臺灣 中華書局, 1986.

金一夫, 『正易』, 正經學會, 大田, 1966.

明·胡廣等撰, 『周易大全』, 서울, 保景文化社 影印, 1983.

明·胡廣等撰, 『書傳大全』, 서울, 保景文化社 影印, 1983.

明·胡廣等撰, 『四書大全』 1, 서울, 民族文化文庫 影印, 1989.

明·胡廣等撰, 『四書大全』 2, 서울, 民族文化文庫 影印, 1989.

明·胡廣等撰, 『四書大全』 3, 서울, 民族文化文庫 影印, 1989.

서울대학교 종교문제연구소, 『檀君 그 이해와 자료』, 서울대학교 출판
　　　부, 1997.

宋錫球, 「建國神話를 통하여 본 韓國古代人의 價値意識」, 『國民大論文』,
　　　1974.

宋在國, 「檀君神話의 三才的 理解」, 『人文科學論文集』, 淸州大人文科學
　　　硏究所, 2004.

禹熙文, 「檀君神話의 哲學的 考察」, 충남대학교 대학원 석사학위논문,
　　　1976.

柳南相, 「韓國 古代思想에 나타난 人本精神」, 『새마을연구소논문집』,
　　　忠南大, 1977.

柳南相, 「正易思想의 根本問題」, 『충남대학교 인문과학 논문집』 제Ⅶ
　　　권 제2호, 충남대학교, 1980.

柳南相, 「正易의 圖書象數原理에 關한 硏究」, 『人文科學論文集』 제Ⅷ
　　　권 제2호, 충남대학교, 1981.

劉明鐘, 「檀君神話」, 『철학연구』, 대한철학회, 1972.

李善行, 「檀君神話의 易哲學的 考察을 통해본 韓國固有의 天神觀에 관
　　　한 硏究」, 2002.

이은봉 엮음, 『檀君神話硏究』, 大韓民國 淸州, 온누리 출판사, 1986.

一　然, 『三國遺事』, 民族文化推進委員會, 서울, 1982.

崔柄憲, 「檀君認識의 歷史的 變遷」, 『檀君 그 이해와 자료』, 서울대학
　　　교 출판부, 1997.

呪詞에 나타난 時間觀 考察
—鼻荊郎詞·志鬼詞·處容歌를 중심으로—

김 영 수*

1. 時·空間의 槪念

모든 사물의 존재를 논하려면 시·공간이 공존해야 온전한 논의가 가능하다. 분리한다면 그것은 반쪽을 이야기하는 것이나 다름없으며, 개념 정립이 어려울 정도로 밀접하게 연관되어 있다. 시간과 공간을 일러 우주라고 한다면 그 중심에 인간이 존재한다. 이해를 쉽게 하기 위해 일단 시·공간을 분리해서 그 개념에 접근해보자. 우선 시간을 나타내는 용어로는 인생, 나이, 수명, 과거, 현재, 미래 등이 있다. 즉, 무엇인가 有限하고 일정한 방향으로 흘러간다는 의미를 내포하고 있는 개념이다. 공간을 나타내는 말로는 길, 운동장, 하늘, 땅, 사이(間), 거리, 자(尺) 등이 있다. 무엇인가 잴 수 있고, 확대나 축소가 가능한 개념을 내포하고 있다. 이 가운데 시간을 대표하는 개념어로는 '歷史'(과거, 현재, 미래)가 있고, 공간을 대표하는 개념어로는 '하늘과 땅'(天地)이라는 용어가 있다.

* 단국대학교 교수

송항룡은 시·공간의 개념에 대해 다음과 같이 설명하고 있다.

> 시중(時中)은 '지금 바로 여기', 내가 서있는 자리이다. 이 자리에서는
> 시간도 공간도 없고 오직 나만이 있을 뿐이다. 내가 있음으로써 저것이
> 있으며, 저것이 있음으로 해서 공간 개념이 내 의식 안으로 들어온다. 공
> 간은 이렇게 생겨나는 것이다. 그리고 그 공간으로부터 시간개념이 생겨
> 난다. 이것(나)으로부터 저것으로 옮겨가는 공간을 시간이라고 한다. 그
> 러고 보면 시간과 공간은 함께 생겨난다. 그러므로 시간에서 공간을 읽고
> 공간에서 시간을 읽는다.—그러나 나에게서, 나로부터 시간과 공간이 생
> 기는 것이고 보면 시간과 공간은 하나로 함께 있는 것으로 인식되는 것이
> 아니라 분리되어 따로 인식된다.[1]

시간과 공간, 그리고 나는 결국 상호 인과관계로 존재하는 양상임을
지적한 글이다. 위 글의 핵심은 '지금 바로 여기, 내가 서있는 자리'라는
개념이다. 이 말 속에 시간과 공간, 그리고 인식의 주체가 내포되어 있
다. 필자는 이 세 가지 요소를 대표하는 '역사'와 '천지', 그리고 '나'(주
체)의 의미를 통해 <呪詞에 나타난 時間觀>을 살피고자 한다. 흔히
시간을 운위할 때 과거, 현재, 미래를 말한다. 마치 독립된 시간으로 인
식되는 듯하지만, 과거는 현재 속에서 기억으로 존재하고, 미래 또한 현
재의 관념 속에 있는 것이다. 그 기억이나 관념이 생활에서 떨어져 나와
객관화 되었을 때를 시간이라고 하며, 그 환상을 실체로 여겨 수(시계나
달력)의 개념으로 인식하는 것이 시간개념인 것이다.[2]

닐슨(Nilson) 교수는 『원시적인 시간 산정법』에서 '최초의 시간단위는
낮과 밤의 순환이었고, 좀 더 큰 시간 단위는 달이 보여주는 위상의 주기
였으며, 다음에 더운 것과 찬 것, 우기와 건조기, 풍요기와 곤궁기와 같
은 계절적인 주기였고, 맨 나중에 태양년의 일정한 주기가 열려졌다'[3]라

---

1) 宋恒龍, 『시간과 공간 그리고 지금 바로 여기』, 성균관대출판부, 2007, p.25.
2) 宋恒龍, 『시간과 공간 그리고 지금 바로 여기』, 성균관대출판부, 2007, p.43.

고 말했는데 이는 인간이 터득한 자연스런 시간 개념으로 보인다. 동양
에서는 오래전에 하늘의 수와 사람의 형체, 그리고 관직제도를 자연의
질서 속에 편입하여 논의해 왔음을 아래의 예문을 통해 확인할 수 있다.

> 천수의 오묘한 이치는 사람에게서 찾는 것만 같은 것이 없으니, 사람의
> 몸에 사지가 있고, 사지 마다에 세 마디가 있어서 삼사십이의 열두 마디
> 가 서로 유지해서 사람의 형체가 확립된다. 하늘에는 4계절이 있고, 매 계
> 절마다 3개월이 있어서 삼사십이 열두 달이 서로 승수해서, 한 해의 수를
> 마치는 것이다. 벼슬에는 네 종류의 선택이 있어, 한 종류를 선발할 때마
> 다 세 사람씩 뽑으니, 삼사십이 열두 신하가 서로 보좌해서 정사를 다스
> 려 행하는 것이다. 이것으로 하늘의 수와 사람의 형체와 관직의 제도를
> 살펴서 서로 참고하고 증거하여 마지막 수에 도달하는 것이다. 사람과 하
> 늘에 있어서 대부분이 이와 같으나, 이것들이 모두 미세한 것이니 불가불
> 살피지 않을 수 없는 것이다.[4]

인간을 천지자연의 축소된 우주로 보고 대자연의 질서 속에 인간의 질
서를 배치하는 모습을 통해 동양의 시 · 공간의 개념은 순자연의 논리를
따르고 있음을 볼 수 있다.

필자는 동양의 시간관에는 陰陽五行論과 같은 循環論[5]과 이상적

---

3) 그레이스 E 케언스(Grace E. Cairns) 저, 이성기 역, 『역사철학』, 대원사, 1990,
   p.28 재인용.
4) 『春秋繁露』, 官制象天 第二十四, "求天數之微 莫若於人 人之身有四
   肢 每肢有三節 三四十二 十二節相持而形體立矣 天有四時 每一時有
   三月 三四十二 十二月 相受而歲數終矣 官有四選 每一選有三人 三四
   十二 十二臣相參而事治行矣 以此見 天之數 人之形 官之制 相參相得
   也 人之與天 多此類者 而皆微忽 不可不察也."
5) 앤서니 애브니(Anthony Aveni) 저, 최광열 역, 『시간의 문화사』, 북로드, 2007,
   p.513. 앤서니 애브니는 이 책에서 중국문화의 기본적인 시간 모델에 두 가지 형
   태가 있다고 했다. 즉, 주기적 모델과 선형모델을 모두 사용한다면서 주기적 시
   간의 영원한 회귀, 즉 輪廻는 제한 없는 선형의 시간이라는 틀에 짜 맞추어 넣
   어졌는데 이것을 인도의 영향으로 보았다.

인 가치기준을 의미하는 尙古主義的 역사관,6) 그리고 일상생활에서의
包括主義적인 관념이 배경론으로 존재한다고 생각한다. 그러나 이 같
은 논의는 매우 광범하고 많은 문헌섭렵이 필요한 것이기에 본 논문에서
는 가설을 제기하는 차원에서 검토하고자 한다.

2. 脫時間의 意味와 方法

인간의 시간에 대한 인식은 흘러가는 것이고, 有限하다는 것이다. 이
유한하고 흘러가는 존재를 늘이고, 줄이는 것은 인간의 경험이나 지혜로
이끌어낸 방법이었다. 인간은 누구나 좋고 아름다운 순간(추억)은 무한히
늘리려고 애쓰는 반면, 쓰라린 경험이나 추억은 지워버리려고 애쓴다.
이른바, 객관화된 시간을 마음대로 변형시키는 것은 그러나, 현실에서는
불가능하고 비현실적인 공간, 즉 나만의 공간(꿈)이나 주관적 인식에서만
가능하다. 이른바, '내면적 시간'(Inner Time), 혹은 '경험적 시간'(Time
in Experience)을 의미하는 것이다.7) 고전시가에 흔히 나타나는 주관적
시간인식에 대한 유형은 '시간의 공간화'(시간의 주관적 인식 / 만남과
기다림의 테마), '須臾性의 自覺'(유한한 인생과 무한한 자연에 대한
대비), '可逆性의 희구'(현실과 기대 사이의 괴리를 꿈과 환상에 의해
초월) 등으로 범주화할 수 있다.8)

---

6) 그레이스 E 케언스(Grace E. Cairns) 저, 이성기 역, 『역사철학』, 대원사, 1990,
   p.167. 상고주의는 황금시대가 언제나 한 문화의 과거에 있고, 그 뒤의 역사는
   쇠퇴를 나타낸다는 역사관을 말한다. 예컨대, 중국의 황금시대는 黃帝, 堯, 舜,
   禹와 같은 문화적 영웅과 전설적인 皇帝들에 대한 시대를 말하는 것으로, 이
   를 '연대기적 상고주의'(chronological primitivism)라고도 한다. 이는 비순환론적
   인 것 같지만 전체를 놓고 보면 순환론에 입각한 논의이다.
7) 鄭惠媛, 「고전시가에 나타난 시간관」, 『논문집』 13, 상명여사대, 1984, p.313.

　유한과 무한, 시간과 탈시간, 공간과 탈공간은 인간이 끊임없이 추구해 온 문학적·철학적 주제였다. 동시에 인간의 한계를 인식하고 이를 극복하기 위해 노력해 온 궁극적인 주제이기도 하다. 이 같은 한계를 극복하고 무한, 탈시간, 탈공간의 주역으로 제시된 대상은 '神', '自然', '眞理'(道), '民俗'(慣習)의 존재라고 본다. 이러한 대상은 시간의 제약을 뛰어넘어 인간의 마음속에 영원한 주재자이거나, 가르침, 또는 관습으로 존재해 왔다.

　이 가운데 신과 자연은 모든 것을 초월하는 존재로서 예찬의 대상이지만, 진리와 민속은 인위적인 측면이 강하며, 시대와 효용가치에 따라 그 의미가 가변적이라고 할 수 있다. 또한 진리는 종교와 상호 교섭적이기도 하지만, 인간이 만들어 낸 철학체계, 또는 신념체계(예컨대, 성리학과 같은)이기도 하다. 본고에서 필자가 다루려는 民俗(慣習)으로서의 呪詞는 시공간에서 일정한 영향력을 행사하기는 하나, 절대적이지는 않으며, 인간의 내면속에 강한 믿음으로 존재하는 양식이라 할 수 있다.

　아래에 퇴계와 황진이의 시조를 비교하면서 퇴계의 신념체계와 황진이의 자신만의 세계 구축의 의미를 확인하고자 한다. 둘 다 비슷한 소재를 사용하면서도 작품 속에 구현된 시·공간의 의미는 커다란 차이를 보여주고 있다.

　① 靑山는 엇데ᄒᆞ야 萬古애 프르르며
　　流水는 엇데ᄒᆞ여 晝夜애 긋디 아니ᄂᆞᆫ고
　　우리도 그치디 마라 萬古常靑호리라

　② 山은 녯山이로되 물은 녯물이 안이로다
　　晝夜에 흘은이 녯물리 이실쏜야

8) 앞의 논문, pp.315～320. 정혜원은 이 논문에서 고전시가에 표현된 시간의식을 '永遠性', '無時間性', '循環性'의 세 가지로 논의하고 있다.

人傑도 물과 ズ도다 가고 안이 오노매라

靑山과 流水에서 '우리'로 확대되는 퇴계의 시조는 간결하면서도 뜻
이 분명한 비유를 사용하고 있다. 특히 한시의 대구 형식을 모방하여 선
명한 의지를 드러내고 있다. 은근한 비유가 아니라 사물의 속성을 분명
히 드러냄으로써 내면세계의 의지를 표방하고 있다. 변하지 않는 절조,
쉼없는 학문 탐구, 만고상청하리라는 불변의 의지가 바로 그것이다. 모
든 사물을 內面을 다스리는 거울로 인식하고 있음을 보여주는 자세다.
그러나 퇴계의 생애에서 '나'(개성)는 '고인'(聖賢)의 자취에 함몰되어
버리는 경우가 대부분이다.
고인을 앞세우는 퇴계의 자세는 겉으로는 겸손을 강조하면서도 내면
으로는 그 같은 경지를 요구하는 일정한 수준을 설정하고 있다. 위의 시
조에서 보듯이 그의 시조는 다분히 이념지향적이고 自守의 고정된 틀
을 형성하고 있다. 영원보편적인 가치와 일시적·속물적인 가치에 대한
확연한 구분은 그의 시에 나타나는 중요한 특색이다. 그가 사용한 시어
(만고·주야·만고상청)조차 탈시간적·탈공간적인 이미지를 간직하고
있다. 이른바, 영원을 향한 집념과 변하지 않는 절조를 강조하고 있는
것이다.
황진이의 시조는 시간에 집착한 작품이 대부분이다. 자신의 의지와 상
황에 따라 시간을 늘이거나, 줄여 왔던 것이다. 시조작품에서 山과 물은
흔히 퇴계의 경우처럼 節槪와 중단없는 학문자세로 형상화되어 왔다.
퇴계나 사대부들에게 있어 청산은 곧 지조요, 불변의 절개이며, 추구하
는 道 자체이고, 녹수는 부지런한 학문의 자세를 나타내는 단골 소재였
다. 그러나 황진이는 이 같은 도식을 거부하고 오히려 자신을 이별의 중
심에 두고, 이별의 주체(청산)로서 이별을 아쉬워하는(녹수) 소재로 활용
하고 있다. 수많은 이별을 경험한 기생에게 있을 법한 이야기지만, 그 이

별을 당하는 입장이 아닌 보내주는 입장에서 행하되, 겉으로는 보내면서도 속으로는 우는 여인의 속내를 잘 드러내고 있다.

그러나 황진이에게 있어서 자연은 경험적 대상 이상의 의미를 지니지 못하는 반면, 퇴계에게 자연은 불변의 상징이자, 진리의 표상인 이념적 존재이다.[9] 황진이에게 있어 산은 불변의 공간인 반면, 물은 인걸과 같이 흐르는 존재, 즉 시간을 상징하는 개념으로 그리고 있다. 물은 시간의 흐름을 효과적으로 강조하면서 사물의 轉變을 인상깊게 드러내는 구실을 한다.[10] 자신을 산에 비유하고 흐르는 물과 인걸을 함께 시간적인 존재에 비유함으로써 시·공간의 중심에 자신을 위치시키는 기교를 보여주고 있다. 짧은 시조에서 우주적 질서와 인정의 아쉬움을 함축시킨 것은 인생을 통찰하는 사고의 깊이에서 우러난 결과이기도 하다.[11]

나정순은 황진이의 시조에서 '나'는 늘 변하지 않는 고정적 자세의 주체로 나타나고, 객체인 '님'은 떠나는 존재, 변하는 존재로 형상화된다고 했는데,[12] 이는 수동적인 삶을 능동적인 삶으로 극복하려는 자세의 전환을 의미한다. 황진이의 경우는 철저하게 자기중심적이며, 세상 인심의 변화와 그 피해의식을 상대에게 투사하는 전략을 구사하고 있다.

---

9) 金一烈,「시조에 나타난 시간의식」,『한국시가문학연구』, 신구문화사, 1983, p.223.
10) 앞의 논문, p.218.
11) 徐大錫,「시조에 나타난 시간 의식」,『한국시가문학연구』, 신구문화사, 1983, p.212. 서대석은 시조에 나타난 시간의식을 네 가지, 즉 ① 시간을 자연의 섭리로 인식하고 인간은 시간의 지배를 받을 수밖에 없는 존재임을 깨닫는 자세, ② 인생의 허무를 인식하고, 주어진 시간을 즐겁게 활용하자는 의식, ③ 늙고 죽는 현상을 인식하고 이를 한탄하거나 기원하는 자세, ④ 인간의 의지로 시간의 제약을 극복하겠다는 적극적인 자세로 요약한 바 있다. p.207.
12) 나정순,『한국고전시가문학의 분석과 탐색』, 역락출판사, 2000, p.222.

3. 時・空間觀의 背景論

동양의 시・공간의 개념을 이해하기 위해서는 몇 가지 배경원리를 이해하지 않을 수 없다. 그 중요한 배경론으로 필자는 1) 陰陽五行說의 循環論과 2) 尙古主義的 歷史觀, 그리고 3) 包括主義的 計量意識에 대해 언급하고자 한다.

1) 陰陽五行說의 循環論

음양・오행설은 동양의 전통 철학의 대명사이며, 동양인들이 세계를 이해하고 설명하는데 유용한 개념이자 범주였다. 또한 동양의 전근대시기에 類似科學(Pseudo-Science)的 역할을 담당한 이론이었다.[13] 본래 갑골문에 나타난 '陰' 字는 언덕의 그늘과 구름으로 이루어진 글자이며, '陽' 字는 비스듬히 비추는 햇빛, 또는 햇빛 속에 휘날리는 깃발을 의미했다. 따라서 『詩經』에 나타난 음양의 의미는 어둑어둑한 그늘이나 따뜻한 날씨와 같은 단순한 의미로만 사용되었다.[14]

흔히 鄒衍에 의해서 비롯되었다는 음양오행설은 음과 양의 반복을 통

---

13) 홍원식, 「음양오행」－둘과 다섯으로 해석한 동양의 세계－,『조선 유학의 개념들』, 예문서원, 2002, p.69.
14) 박석준, 「陰陽」,『21세기의 동양철학』, 을유문화사, 2005, pp.183～186. 박석준은 음양오행설의 기원을 5가지로 파악했다. 즉, 1) 천문과 연관된 집단, 2) 농사와 연관된 집단(예기 월령편), 3) 의학과 연관된 집단(황제내경), 4) 점이나 관상과 같은 다양한 術數와 연관된 집단, 5) 정치적 집단(홍범과 동중서)이 그것인데, 이중 세 번째까지는 자연을 대상으로 한 당대 최고의 과학적 성과에 기초한 이론인데 반해, 나머지 두 가지는 앞의 성과를 정치나 사회에 적용한 것으로 보았다.

해 서로를 낳고 이루는 관계 속에서 만물의 순환론적인 성격을 바탕으로
한다. 음양과 오행에 대해서는 『주역』과 『서경』 홍범편에 그 모습이 나
타나 있다. 『주역』에 "한번 음이 되고 한번 양이 되는 것을 도라고 한다.
그것을 잇는 것이 善이고, 그것을 완성시키는 것이 性이다"[15]라고 하여
이른바 하늘의 도를 음양이라고 규정한 것이다. 즉, 세상 만물을 음과 양
의 이원론적으로 파악하는 방법이다. 이로부터 陽尊陰卑論이나, 上下
尊卑論이 형성된 것이다. 이후 董仲舒에 의해 天人感應論이 제시되
면서 자연과 인간의 질서를 결합하여 통치질서로서의 이념적 토대를 형
성한 것이다.

『상서』 홍범편에는 오행의 성질을 구체적으로 명시하고 있다. 즉, "水
는 아래로 젖어들고, 火는 위로 타오르며, 木은 휘어지고 곧은 것이고,
金은 마음대로 구부릴 수 있고, 土는 곡식을 생산할 수 있다"[16]는 것이
다. 이 같은 기본적인 성질을 바탕으로 모든 방면에 두루 적용하여 사물
의 이해와 상생, 상극의 원리를 바탕으로 제도와 질서를 구축해 나가는
것이 음양오행의 원리이다. 『백호통의』에는 다음과 같은 내용이 기록되
어 있다.

> 오행이 서로 해치는 까닭은 천지의 본성이다. 많은 것이 적은 것을 이
> 기니, 그러므로 수가 화를 이긴다. 정밀한 것이 굳은 것을 이기니, 그러므
> 로 화가 금을 이긴다. 굳센 것이 부드러운 것을 이기니, 그러므로 금이 나
> 무를 이긴다. 또 전일한 것이 흩어져 있는 것을 이기니, 그러므로 나무가
> 흙을 이긴다. 실한 것이 빈 것을 이기니, 그러므로 토가 수를 이기는 것이
> 다. 화는 양이니 임금의 형상이요, 수는 음이니 신하의 상징이다. 신이 그
> 임금을 이기는 것은 무엇 때문인가? 이것은 무도한 임금을 이름이다. 그
> 러므로 여러 많은 음〈신하〉에게 해치는 바가 되니, 이것은 주왕의 경우와

---

15) 『周易』, 繫辭 上傳 제5장. "一陰一陽之謂道 繼之者善也 成之者性也."
16) 『書經』, 周書 洪範篇, "水曰潤下 火曰炎上 木曰曲直 金曰從革 土爰
　　稼穡."

같다. 이는 가령 물이 본성대로 시행〈흘러〉되어서 금으로써 덮어 보호하
고 토로써 호응하여, 따뜻하고자 하면 따뜻하게 하고, 차고자 하면 차게
하니, 또 어디로부터 불〈임금〉을 해치는 일이 있겠는가?17)

위의 오행론에 의하면 만물을 순환하는 것으로 파악하고 있다. 시간
개념이 직선적이고 일회적인 것이라면 이 순환론은 그와 반대의 개념으
로 작용한다. 이는 근대 서양과학의 특징이 결정론적 인과율·환원주
의·분석주의라는 것과는 달리 끊임없는 순환의 세계이며, 모든 사물이
상호 의존과 상호 연대의 원리에 의해 살아가는 것을 의미한다.18)
　李澤厚는 음양오행에 의한 중국인의 사물인식의 장단점을 다음과 같
이 정리한 바 있다.

　　위와 같은 우주도식(직관적·원시적·조숙형의 비체계론적인 도식:
　필자)은 폐쇄성, 순환성, 질서성이라는 특징을 갖는다. 폐쇄성은 인간의
　심리와 성격에 자기만족감을 부여할 수 있다. 그것은 과대망상과 보수적
　태도로 표현되며, 원래의 체계에 모든 것이 갖추어져 있으므로 밖에서 다
　른 것을 구할 필요가 없다는 인식을 낳는다. 순환론은 진정한 진보를 부
　정하는 것이며, 따라서 전향적인 것이 아니라 복고적인 것에 불과하다.
　"천하는 오랫동안 통합되어 있었으면 반드시 분열되고, 오랫동안 분열되
　어 있었으면 반드시 통합된다"는 말처럼 거기에서는 역사의 변천도 천도
　의 순환에 불과하다. 질서성은 명분과 자족의식, 숙명론적 태도를 동반하
　며 어떠한 인간의 노력도 이미 정해진 질서도식(천도)의 규제와 제약을
　받는다는 인식을 낳는다.19)

---

17)『白虎通義』卷4, 五行, "五行所以相害者 天地之性 衆勝寡 故水勝火
　也 精勝堅 故火勝金 剛勝柔 故金勝木 專勝散 故木勝土 實勝虛 故土
　勝水也 火陽 君之象也 水陰 臣之義也 臣所以勝其君 何 此謂無道之
　君 故爲衆陰所害 猶紂王也 是使水得施行 金以蓋之 土以應之 欲溫則
　溫 欲寒則寒 亦何從得害火乎."
18) 박석준, 「陰陽」,『21세기의 동양철학』, 을유문화사, 2005, pp.188～189.
19) 양계초·풍우란 외 저, 김홍경 편역,『음양오행설의 연구』, 신지서원, 1993, pp.365～
　367.

위에서 언급한 폐쇄성·순환성·질서성은 그 자체가 음양오행론이 지닌 단점이기도 하지만 한편으로는 긍정적인 면도 거론하고 있다. 즉, 폐쇄성은 외부의 사물을 흡수 소화하여 자신을 성장시킬 수 있는 관용성과 유연성을 가지며, 순환론은 풍부한 인내심과 분투정신의 기초가 될 수 있고, 질서성은 일을 도모할 때 소속감을 주어 극단으로 흐르지 않는 조화와 인간관계에 있어 화해와 안정을 주었다고 지적한 것이다. 요컨대, 음양오행론은 사물을 바라보는 관점이 음양에 기초한 것처럼 모든 사물에는 긍정과 부정이 동시에 존재하는 양면성을 지니는 것이다.

2) 尙古主義的 歷史觀

상고주의는 옛것을 숭상한다는 의미로써 기준을 당대보다는 상고에 표준을 두는 역사인식을 의미한다. 이는 반역사적인 개념이자, 퇴행적인 의미를 수반한다. 동시에 역사는 반복된다는 개념에 입각해 보면 순환론적인 의미를 띄고 있다. 시간을 대표하는 개념은 과거·현재·미래를 포괄하는 역사의식이다. '歷史는 한 시대의 거울'이라는 생각은 동양의 오랜 전통이었다. 따라서 역사서에는 의례 '通鑑'이란 교훈적인 명칭이 동의어로 사용되었던 것이다. 동양의 전통적인 학문인 文·史·哲 중에서도 역사가 가장 정치한 이론체계를 갖추고 발달한 것도 특기할 만하다. 이는 현실을 중시한 동양인들의 인성과도 관련이 있다.

또한 역사의 평가 기준을 후대보다 전대에 두는 이른바 尙古主義적인 관점도 동양의 오랜 전통이었다. 이는 論理나 必然 대신에 先例를 중시하는 관점이기도 하다.[20] 상고주의적 역사관에서 중요한 것은 역사

---

20) 高柄翊, 「中國人의 歷史觀」, 『中國의 歷史認識』上, 창작과비평사, 1985, p.49.

는 반복된다고 생각하는 순환론이다. 동시에 그 이상적인 기준을 과거에
두는 것이어서 이상적인 가치를 지상에 현실정치로 구현한다는 의미를
지니고 있다. 『白虎通義』에는 삼대(하·은·주)의 이상적인 가르침을
서로 순환하면서 보완했던 이유를 다음과 같이 언급하고 있다.

> 천자가 세 가지의 가르침을 세운 것은 무엇 때문인가? 쇠한 시대를 계
> 승하여 그 폐단을 바로잡아서 백성들이 바른 도로 돌아가게 하려는 것이
> 다. 삼왕의 도에 부족한 것이 있으니 그러므로, 삼교를 세워서 서로 지시
> 하여 준다. 하나라 왕은 충성으로써 백성들을 가르치니 그 부족한 것은
> 야〈질박함〉가 되니, 질박함의 잘못을 구하는 것은 공경만한 것이 없고,
> 은나라 왕은 공경으로써 가르치니 그 부족한 점은 귀〈교활함, 귀신에게
> 친압함〉가 되니, 귀의 부족한 것을 구하는 것은 문만한 것이 없고, 주나라
> 왕은 문식으로써 가르치니 문의 잘못은 야박한 것이 되니, 야박한 것의
> 잘못을 구하는 것은 충만한 것이 없다. 주나라가 검정색〈하나라〉을 숭상
> 하던 시대를 이어서 제도가 하나라와 같으니, 이 세 가지가 마치 순서에
> 따라 고리를 도는 것과 같아서 돌아서 다시 처음으로 시작해서 다하게 되
> 면 본디 처음으로 돌아간다.[21]

夏·殷·周를 이상적인 시대로 가정하고 그 이상향을 지향해온 것
이 동양의 역사관이다. 이 같은 관점을 복고사관이라고도 한다. 위의 기
록에 의하면 삼대의 정치 요체를 夏(忠·野·敬) → 殷(敬·鬼·文)
→ 周(文·薄·忠)로 이어가면서 전대의 부족한 점을 보완하면서 순환
론적인 자세를 지향하고 있다. 이 같은 인식에서 역사는 '五德終始說'
(鄒衍)에 의해 반복된다는 순환론적인 역사관을 형성한 것이다.[22] 이런

---

21) 『白虎通義』 卷八 三敎, "王者 設三敎者 何 承衰救弊 欲民反正道也
　　三王之有失 故立三敎以相指受 夏人之王 敎以忠 其失野 救野之失莫
　　如敬 殷人之王 敎以敬 其失鬼 救鬼之失莫如文 周人之王 敎以文 其
　　失薄 救薄之失莫如忠 繼周尙黑 制與夏同 三者如順連環 周而復始 窮
　　則反本."
22) 高柄翊, 「儒敎思想에서의 進步觀」, 『중국의 역사인식』 상, 창작과비평사,

면에서 鑑戒主義와 褒貶, 그리고 春秋筆法과 微言大義의 문제는 역사서 편찬에서 가장 중요한 기준이었다.

그러므로 역사편찬은 사실의 기록이라는 의미를 넘어 실재하는 선한 사례를 찾아서 그것을 오늘날에 계승하기 위한 평가라는 의미가 강하다. 즉, 역사서술은 도덕적 가치평가를 진제로 이헤되고 서술해야 한다는 인식이 강하게 자리하고 있다. 그러나 시간관에 입각해 역사를 살펴보면 현재만이 존재하고 과거나 미래는 현재의 연장선상에 위치할 뿐 독립하여 각각의 영역을 고수하고 있는 것은 아니다. 아래와 같이 맹자가 말한 '一治一亂' 사상은 역사를 순환론으로 보는 대표적인 견해였다.

공도자자 물었다. "외인들이 모두 부자더러 변론하기를 좋아한다고 칭하니, 감히 묻겠습니다. 어째서입니까?" 맹자가 말했다. "내 어찌 변론하기를 좋아하겠는가, 내가 부득이해서이다. 천하에 인간이 살아온 지가 오래되었는데, 한 번 다스려지고 한 번 혼란하였다. 요임금의 때에 물이 역류하여 중국에 범람해서 뱀과 용이 거하니, 사람들이 안정할 곳이 없어 낮은 지역에 사는 자들은 둥지를 만들었고, 높은 지역에 사는 자들은 굴을 파고 살았다. 서경에 "강수가 나를 경계하였다"고 하였으니, 강수란 홍수이다. 우왕으로 하여금 홍수를 다스리게 하니 우왕이 땅을 파서 바다로 주입시키고 뱀과 용을 몰아내어 수초가 우거진 곳으로 추방하자, 물이 땅 가운데를 따라 가게 되었으니, 강·회·하·한이 이것이다. 범람이 끝나고 사람을 해치는 새와 짐승들이 사라진 뒤에야 사람들은 평평한 땅을 얻어 살게 되었다. 요순이 죽자 성인의 도가 쇠하여 폭군이 대대로 나와서 백성들의 집을 파괴하고 웅덩이와 못을 만들어서 백성들이 편안히 쉴 곳이 없었고, 농지로 동산을 만들어서 백성들이 의식을 얻을 수 없었으며, 사악한 학설과 포악한 행동이 또 일어나 원유와 오지와 패택이 많아지자 금수가 이르렀는데, 주왕의 몸에 미쳐 천하가 또 다시 어지러워졌다. 주공이 무왕을 도와 주왕을 정벌하고, 엄나라를 정벌한 지 3년 만에 그 군주를 토벌하고 비염을 바다 모퉁이로 몰아내어 죽이니 나라를 멸망시킨 것이 50개국이었고, 범과 표범, 코뿔소와 코끼리를 몰아내어 멀리 쫓으니 천하가 크게 기뻐하였다. 서경에 이르기를, "크게 드러나셨도다, 문왕의 가르침이여! 크게 계승하셨도다, 무왕의 공렬이여! 우리 후인들을 도와 계도해 주시되 모두 정도로써 하고, 결함이 없게 하셨다"라고 하였다.[23]

이 같은 상고주의를 낳은 전통은 아마도 당대의 모든 일은 섣불리 판단할 것이 아니라, 후일의 역사에 맡겨야 한다는 논리가 이면에 작용한 것으로 보인다. 케언스도 중국사상의 유기적인 순환사관에서 다음과 같이 언급하고 있다.

> 역사에 대한 순환론적인 접근방법은 중국사상의 특징은 아니다. 전통적으로 지배적인 역사철학은 아마도 비순환적인 연대기적 상고주의(chronological primitivism)라고 해야 할 것 같다. 이것은 황금시대가 언제나 한 문화의 과거에 있고, 그 뒤의 역사는 쇠퇴를 나타낸다고 하는 역사관이다. 중국의 황금시대는 기원전 3000년경의 황제(黃帝), 요(堯), 순(舜), 우(禹)와 같은 문화적인 영웅과 전설적인 황제들에 대한 전설의 시대이다. 진보와 관련시켜서 생각하는 한 후시대가 바랄 수 있는 모든 것은 이 원시적인 낙원의 시대에 가까이 접근하는 것이다.[24]

위에서 언급한 '비순환적인 연대기적 상고주의'는 원래 Lovejoy와 Boas가 편집한 *Primitivism and Related Ideas in Antiquity*(1935)에서 인용한

---

23) 『孟子』, 滕文公章句 下, "公都子曰 外人皆稱夫子好辯 敢問何也 孟子曰 予豈好辯哉 予不得已也 天下之生 久矣 一治一亂 當堯之時 水逆行 氾濫於中國 蛇龍居之 民無所定 下者爲巢 上者爲營窟 書曰 洚水警余 洚水者 洪水也 使禹治之 禹掘地而注之海 驅蛇龍而放之菹 水由地中行 江淮河漢 是也 險阻旣遠 鳥獸之害人者消 然後 人得平土而居之 堯舜旣沒 聖人之道衰 暴君代作 壞宮室以爲汚池 民無所安息 棄田以爲園囿 使民不得衣食 邪說暴行又作 園囿汚池沛澤多而禽獸至 及紂之身 天下又大亂 周公相武王 誅紂 伐奄三年 討其君 驅飛廉於海隅而戮之 滅國者五十 驅虎豹犀象而遠之 天下大悅 書曰 丕顯哉 文王謨 丕承哉 武王烈 佑啓我後人 咸以正無缺."

24) Grace E. Cairns 저, 이성기 역, 『역사철학』, 대원사, 1990, p.167.

것이다. 이른바, 퇴행적인 역사관을 의미하는 것으로 태평성대의 이상적인 가치기준을 과거에 두는 방식이다. 요컨대, 상고주의적 역사관의 특징은 이상적인 기준을 과거에 두면서도 역사는 '一治一亂'에 의해 순환하는 것으로 인식한 것이었다.

3) 包括主義的 計量意識

동양의 시·공간관이 순환론적이고 상고주의적인 관점이 형성된 것은 동양인의 數나 時間에 대한 포괄적인 계량의식에도 기인한다고 본다. 시작과 끝이 따로 존재하는 것이 아니라, 동시에 맞물려 있는 현상이 동양인의 사고방식에 깊숙하게 자리하고 있다. 졸업은 곧 새로운 시작이라는 개념, 시작이 절반이라는 개념은 사물을 세고, 재며, 평가하는 자세가 매우 포괄적이며 직절하지 못하다는 특징을 지닌다.

우리의 일상을 돌아보면 計量에 매우 관대한 관습(정확하지 않은 모습)을 살 필 수 있다. 정확한 수의 계산보다는 '서 너개', '너댓 개', '예닐곱'과 같은 포괄적인 용어를 자주 사용한다. 약속을 함에 있어서도 "다음에 만나" 하고 말하지만 그게 언제인지는 되묻지 않는다. 헤어질 때 아쉬워서 의례 하는 관습처럼 되어 있다. 상대방도 언제인지를 굳이 묻지 않는다. 이른바 예약문화가 정착하지 못했다거나, 음식이 남아돌 정도의 낭비 등도 따지고 보면 계량문화가 포괄적이라는 것과 일치한다.

동서양의 시간 개념의 차이를 언급한 앤서니 애브니의 다음과 같은 지적은 이 같은 배경을 이해하는데 도움을 주고 있다.

> 서양인들은 조심스럽고, 참을성 있으며, 공평하고, 회의주의적이며, 논리적인 자연 탐구자의 역할에 스스로를 투신한다. 관념은 서양인들을 추진시켜주는 힘이자, 정밀함이고 엄격함이자 반복가능성이고 신조이다. 이

것은 또한 사물의 진리에 이르는 방법이며, 그것이 작동한다는 이유 하나
만으로도 만족한다. ─왜 중국 사람들은 이러한 방법으로 세계를 보지 않
는가?─ 가장 자주 주어지는 대답은 중국인들이 과학을 위한 모든 천연
자원을 가까이에 갖고 있었지만 이러저러한 이유로 그것들을 연결시키는
데 실패했다는 것이다. 그들은 자연의 모든 것을 수량화하는 일이나 눈으
로 볼 수 있는 것만 믿는 일, 물질계로부터 인간적 요소나 신적 요소를 제
거하는 작업이 갖는 고유한 힘을 인식하는 일 따위가 얼마나 중요한지 실
감하지 못했던 것 같다. 부처를 숭배하는 사람들은 서양인들처럼 역사적
시간이라는 개념을 발전시킬 만큼 물질적이지 않았던 것 같다. 사료가 부
족했던 것은 그들이 물질적 질서나 사회적 질서 대신 정신적 질서를 추구
했기 때문이라고 사람들은 종종 말한다.25)

　위의 지적은 일부 사실을 잘못 이해한 부분(사료가 부족했다는 점 등)
도 있지만 일반적인 동서양의 사물인식의 차이를 지적한 것으로 보인다.
특히 사물을 계량화하는 일이나, 현실에 치중하는 일, 그리고 물질계 자
체에 대한 인식 부족 등 동양인의 사물인식의 특성을 지적한 것은 나름
대로 의미가 있다고 본다.

　우리는 시간을 정밀하게 나누거나, 사물을 계량화하는 일, 그리고 인
간관계에서 딱 부러지게 처신하는 이른바 直截한 자세는 바람직하다고
여기지 않았다. 인물을 좋게 평가할 때 '품행이 方正하다'라고 말하지만
그 본래의 뜻은 '모가 나고 반듯하다'는 뜻이다. 본래의 의미만 따진다면
이는 주변 사람들과 조화를 이루기 힘든 인물을 의미한다. 두루두루 원
만하고 모나지 않게 처신하는 것이 오히려 긍정적인 가치를 지녀왔다는
점에서 분명 모순되는 점이다. 말하자면 지향과 현실이 다르다는 것을
의미한다.

　우리의 언어생활에서도 이러한 특징이 발견된다. 자주 사용하는 용어

---

25) Anthony Aveni 저, 최광열 역, 『시간의 문화사(Empires of Time)』, 북로드, 2007,
　　pp.487~488.

에서도 그 본래의 뜻보다는 포괄적인 의미로 사용하는 경향이 있다. '大
綱, 斟酌, 適當, 要領'이라는 용어 사용에 이 같은 점이 엿보인다. '大
綱'이란 '大綱領'의 준말로, '일의 중요한 것만 따낸 부분'을 의미한다.
그러나 이 같은 의미로 쓰는 경우는 극히 드물고 일반적으로는 그저 '아
무렇게나', 혹은 '얼렁뚱땅 해치우는 것'을 의미한다. 이른비, '대강 대강
해!'라는 의미로 쓰이고 있는 것이다. '斟酌'이라는 말도 원래는 '술잔에
술을 따르되, 넘치거나 모자라지 않게 알맞게 따르는 것'을 의미한다. 주
인과 손님이 술을 권하면서 예의에 맞게 행동하는 것으로, 음주를 예의
의 차원으로 끌어올린 용어이다. 그러나 이 같은 의미를 아는 사람은 드
물고, '대충 헤아려 요량하다' 혹은 '어림짐작'이라는 의미로 더 널리 쓰
이고 있다. 지극히 주관적인 입장을 나타내는 의미로 사용되고 있다. '適
當'이라는 용어는 '꼭 알맞음'이라는 뜻이다. 즉, 넘치거나 부족하지 않
은 꼭 알맞은 상태를 의미한다. 이 용어도 오늘날 곧잘 '대강대강', 혹은
'아무렇게나'와 같은 의미로 주로 사용한다. '적당히 하라'는 말은 '요령
껏 하라'는 말이지, 꼭 알맞게 하라는 말로 쓰지 않는 것이다. '要領'이
라는 말의 의미는 '허리와 고개'를 의미하는 것으로 '신체의 중요한 부
분'이나 '사물의 요점'을 의미한다. 이 같은 의미가 엉뚱하게 '수단좋게',
혹은 정당하지 않은 '불법적인 의미'로 쓰이는 것이 우리의 현실이다. 언
어사용에 있어서도 직접적이거나, 정확한 표현보다는 포괄적이거나 은유
적으로 표현하는 경향이 있다.

　시간을 의미하는 대표적인 용어로 日, 月, 歲가 있다. 『淮南子』에
보면 다음과 같은 언급이 있다.

　　淮南 원년 겨울에 太一은 丙子에 있었고, 동지는 甲午, 입춘은 丙子에
　있었다. 二陰과 一陽은 氣二를 이루고, 二陽과 一陰은 氣三을 이룬다. 氣
　를 합하면 音이 되고 陰을 합하면 陽이 되며 양을 합하면 律이 된다. 그러
　므로 五音 六律이라 한다. 音이 스스로 倍가 되어 日이 되고, 율이 스스로

배가 되어 辰이 된다. 그러므로 日은 十干이고, 辰은 十二支이다. 해는 날
마다 13도 76분의 26을 가서 29일 940분 日의 499가 되어 1개월이 되고,
12월로써 1년이 된다. 1년에 남는 것이 10일 940분 日의 827이므로 19년
만에 7개월의 윤달이 든다.[26)]

이른바, 天干(十干)과 地支(十二支)를 말한 것이다. 이것이 합하여
回甲(60)에 이르고 다시 시작한다. 이 십이지를 각 2시간으로 나눈 것이
하루 24시간 개념이다. 인간의 四柱(생년월일시)를 나타내는 용어로 生
時가 12단위로 구분되어 1단위가 2시간 가량이라는 의미도 매우 포괄적
이다. 오늘날 분·초를 다투는 상황에서 본다면 우리의 계량의식은 매우
포괄적이라고 하지 않을 수 없다.

우리의 일상에서 시간이나 수를 나타내는 용어가 직절하지 않고 포괄
적인 범위를 설정하고 있는 것은 민족성과도 관련이 있다고 본다. '모난
돌이 정맞는다'는 말도 둥글둥글 원만하게 사는 것이 좋다는 말이다. 그
런 점에서는 방정함을 긍정적으로 평가하면서도 깐깐하고 까다롭고, 공
사를 엄격히 구분하는 점에 대해서는 인간성이 부족하다며 비판하는 것
을 보면 이율배반적이다. 이는 인간관계를 중시하다 보니 이 같은 의미
가 생겨난 것으로 본다. 이것이 인심 좋은 '덤'으로 이어지고, 끈끈한
'정'으로 연결되면서 한국인의 장·단점의 양면으로 존재하고 있다. 수
치화, 계량화, 표준화는 글로벌시대의 중요한 화두다. 우리문화도 이에
발맞추어 가는 추세이지만 한편으로는 개성과 인정, 그리고 우리네의 정
겨운 관습조차 사라지는 것이 아닌가 우려되기도 한다.

---

26) 『淮南子』 卷3 天文訓, "淮南元年 冬 太一在丙子 冬至甲午 立春丙子
二陰一陽成氣二 二陽一陰成氣三 合氣而爲音 合陰而爲陽 合陽而爲
律 故曰五音六律 音自倍而爲日 律自倍而爲辰 故十而辰十二月 日
行十三度七十六分度之二十六 二十九日九百四十分日之四百九十九
而爲月 而以十二月爲歲 歲有餘十日九百四十分日之八百二十七 故十
九歲而七閏."

4. 呪詞의 形成背景 및 傳承과 變異

呪詞는 주술적인 노래를 가리킨다. 어떤 특수한 상황에서 지어졌거나 특수한 기능을 수행하는 노래를 의미한다. 주사를 대하는 사람들의 마음가짐에서도 이 같은 인식은 공통적으로 드러나게 마련이다. 주사는 어떤 중요한 사건(일)이 원인이 되어 발생하고, 그것이 민중들의 가슴 속에 종교나 관습의 형태로 자리하면서 범할 수 없는 관습으로 전승되는 특징을 지닌다. 주사는 비슷한 유형으로 대체되거나, 그 효용가치가 현저히 떨어지는 때를 제외하고는 우리의 삶에 상당한 영향력을 미치고 있다. 황패강은 주사의 의미를 다음과 같이 언급한 바 있다.

> 일반적으로 呪詞는 智慧의 말이요, 〈創造의 말〉이다. 〈創造의 말〉은 당초의 시작과 기원의 사실을 이야기하는 것이었다. 도끼(斧)로 상처를 입었을 때에 도끼의 성분인 쇠(鐵)의 기원을 설명하는 이야기를 입으로 부르면, 그 상처를 고칠 수 있는 것으로 믿었다. 독사에게 물리면 독사가 당초에 생겨난 유래를 담은 말귀를 부름으로써 解毒할 수 있는 것으로 믿었다. 화재를 면하려면 火鬼의 유래를 담은 이야기를 부르면 되었다.[27]

주사를 '지혜의 말'이나, '창조의 말'이라고 하는 것은 그 생성 배경을 중시하기 때문이다. 즉, 병(毒)을 치유할 수 있는 방법은 원인 제공자에게 있다는 논리이다. 세상만사가 인과관계에 의해 이루어진다는 점에서 본다면 이 같은 발상은 지극히 자연스럽다. 그리고 진실한 언어를 통해 解毒할 수 있다고 믿었던 것이 주사의 형태로 나타난 것이다. 이 같은 발상에다가 해결의 주체를 神格으로 승화시킨 점이 더해져서 신성한 의미를 띠게 되는 것이다.

---

27) 黃浿江, 「志鬼說話 小考」, 『신라불교설화연구』, 일지사, 1975, p.359.

필자가 본고에서 다루고자 하는 주사는 <鼻荊郎詞>, <志鬼詞>, <處容歌>28)의 세 작품이다. 세 작품의 생성된 순서로 그 형성 배경 및 전승과 변이과정을 살피고자 한다.

1) 鼻荊郎詞

종래 鼻荊郎의 이야기는 귀신의 이야기로 다루어져 왔다. 즉, 귀신의 우두머리로서 역량은 있으나, 비정상적인 탄생으로 인해 그 정체가 모호하게 처리되어 왔다. 비형랑은 진지왕의 영혼과 도화녀가 관계하여 낳은 아들이며, 진평왕의 왕정보좌를 도운 존재이다. 그러나 필사본『花郎世紀』가 발견되면서 비형랑은 실제 인물로, 그것도 왕과 평민과의 사이에 태어난 비운의 庶子로서 역사의 전면에 드러난 존재이다.『삼국유사』에 나타난 배경설화는 다음과 같다.

① 제25대 사륜왕의 시호는 진지대왕으로 성은 김씨이며, 비는 기오공의 딸인 지도부인이다. 대건 8년 병신년에 즉위하여(고본에는 11년 기해년이라고 했으나 틀린 것이다), 4년 동안 나라를 다스렸는데, 정치가 어지러워지고 음란함이 심하여 나라 사람들이 폐하였다. 이보다 앞서 용모가 아름다워 당시 도화랑으로 불린 사량부의 서녀가 있었는데, 왕이 듣고 궁중에 불러들이고는 간통하려고 하니, 도화녀가 말하기를, "여자가 지켜야 할 바는 두 남편을 섬기지 않는 것입니다. 남편이 있는데 다른 사람에게 시집가는 것은 비록 만승의 위엄으로도 끝내 빼앗지 못할 것입니다"라고 하였다. 왕이 말하기를, "죽인다면 어떻게 하겠는가?"라고 하니 도화녀가 말하기를, "차라리 저자에서 죽을지언정 다른 것은 원하지 않습니

---

28) <처용가>의 경우는『삼국유사』에 실린 향가 <처용가> 및 배경설화와 함께 『악학궤범』에 실린 무가계통의 고려 <처용가>를 분석대상으로 한다. 두 작품의 상호연관성은 매우 밀접하며, 고려 <처용가>가 주사적인 기능을 더욱 확실하게 간직하고 있기에 두 작품을 함께 살핀다.

다"라고 하였다. 왕이 희롱삼아 말하기를, "남편이 없다면 되겠는가?"라
고 하니 그렇다고 하여 왕이 놓아 보냈다. 이해에 왕이 폐위되어 죽었다.

그 후 2년 만에 그녀의 남편 또한 죽었다. 10여 일이 지난 밤중에 왕이
평상시와 똑같은 모습으로 그녀의 방에 와서 말하기를 "네가 지난번 허
락이 있었는데, 지금 네 남편이 없으니 되겠는가?"라고 하였다. 그녀는
경솔히 승낙하지 않고 부모에게 알리니, 부모가 말하기를, "임금의 명령
을 어떻게 피할 수 있겠느냐?"라고 하며 그 딸을 방으로 들여보냈다. 임
금이 7일 동안 머물렀는데 항상 오색구름이 지붕을 감싸고 향기가 방안
에 가득하더니, 7일 후에 홀연히 종적을 감추었다. 그녀가 이로 인해 임신
하였고, 달이 차서 출산하게 되자 천지가 진동하였는데, 한 사내아이를
낳아 이름을 비형이라고 하였다.

② 진평대왕이 그 특이함을 듣고 거두어 궁중에서 길렀다. 나이 15세가
되자 집사를 제수하였다. 매일 밤 달아나 멀리 가서 놀았으므로, 왕이 용
사 50명으로 하여금 지키게 하였으나 매번 월성을 넘어 날아 서쪽으로 황
천 언덕 위(경성 서쪽에 있다)에 가서 귀신 무리들을 거느리고 놀았다.
용사들이 숲속에 잠복하여 엿보니 귀신의 무리가 여러 절의 새벽 종소리
를 듣고 각기 흩어지면 비형랑 또한 돌아왔다. 군사들이 이 일을 아뢰니
왕이 비형을 불러 말하기를, "네가 귀신들을 거느리고 논다는게 사실이
냐?"라고 하니, 비형랑이 그렇다고 대답하였다. 왕이 말하기를, "그렇다면
네가 귀신들을 부려서 신원사 북쪽 도랑(신중사라고도 하나 잘못이다. 또
는 황천 동쪽의 깊은 도랑이라고도 한다)에 다리를 놓아라"라고 하였다.
비형이 왕명을 받들고 그 무리들을 부려 돌을 다듬어 하룻밤 사이에 큰
다리를 놓았으므로 이름을 귀교라고 하였다.

왕이 또 묻기를, "귀신 무리 가운데 인간 세상에 나와서 정치를 보좌할
만한 자가 있느냐?"라고 하니, 말하기를, "길달이란 자가 있어 국정을 보
좌할 만합니다"라고 하였다. 왕이 말하기를, "함께 오라"고 하니 이튿날
비형이 데리고 와서 함께 알현하자, 집사를 제수하였는데 과연 충직하기
짝이 없었다. 이때 각간 임종이 자식이 없었으므로, 왕이 명하여 대를 이
을 아들을 삼았다. 임종이 길달에게 명하여 흥륜사 남쪽에 누문을 짓게
하자 길달이 매일 밤 그 문 위에서 잤기 때문에 길달문이라고 하였다. 하
루는 길달이 여우로 둔갑하여 도망치자 비형이 귀신을 시켜서 붙잡아 죽
였기 때문에 그 무리가 비형의 이름만 듣고도 무서워 도망하였다. 그때
사람들이 노래를 지어 부르기를, "성스러운 임금의 혼이 아들을 낳으니,
비형랑의 집이로세. 날뛰는 귀신의 무리들아, 이곳에 머무르지 말라"고

하였다. 향속에서는 이 가사를 써 붙여서 귀신을 쫓는다.[29]

①은 비형랑의 탄생배경을 기술한 것이다. 그는 25대 眞智王(576～579)의 아들이다. 어머니는 민간의 서녀 도화랑인데 과부였다. 아버지(진지대왕)는 호색한이었고, 그래서 4년간(실제는 2년 11개월) 나라를 다스리다가 왕위에서 쫓겨난다. 나라 사람들(國人)이 폐했다는 기사를 보면 황음무도한 인물이었던 것으로 보인다. 반면 그녀는 도화랑으로 불릴 만큼 당대 최고 미인이었으며, 또한 절개가 있는 여인이었다. 진지왕은 권력의 힘을 빌어 그녀를 욕보이려고 했으나, 거절당하고 남편의 사후에 가능하다는 말을 듣고 보내준다. 진지왕이 그녀를 돌려 보내주는 대목을

---

29) 『三國遺事』卷1 紀異1, 桃花女 鼻荊郎條, "第二十五舍輪王 諡眞智大王 姓金氏 妃起烏公之女 知刀夫人 大建八年丙申卽位[古本云 十一年己亥 誤矣] 御國四年 政亂荒婬 國人廢之 前此 沙梁部之庶女 姿容艶美 時號桃花娘 王聞而召致宮中 欲幸之 女曰 "女之所守 不事二夫 有夫而適他 雖萬乘之威 終不奪也." 王曰 "殺之何?" 女曰 "寧斬于市 有願靡他." 王戲曰 "無夫則可乎?" 曰 "可." 王放而遺之 是年 王見廢而崩 / 後二年其夫亦死 浹旬忽夜中 王如平昔 來於女房曰 "汝昔有諾 今無汝夫 可乎?" 女不輕諾 告於父母 父母曰 "君王之敎 何而避之." 以其女入於房 留御七日 常有五色雲覆屋 香氣滿室 七日後 忽然無蹤 女因而有娠 月滿將産 天地振動 産得一男 名曰鼻荊 眞平大王聞其殊異 收養宮中 年至十五 授差執事 每夜逃去遠遊 王使勇士五十人守之 每飛過月城 西去荒川岸上[在京城西] 率鬼衆遊 勇士伏林中窺伺 鬼衆聞諸寺曉鐘各散 郎亦歸矣 軍士以事奏 王召鼻荊曰 "汝領鬼遊 信乎?" 郎曰 "然." 王曰 "然則汝使鬼衆 成橋於神元寺北渠."[一作神衆寺 誤 一云荒川東深渠] 荊奉勅 使其徒鍊石 成大橋於一夜 故名鬼橋 王又問 "鬼衆之中 有出現人間 輔朝政者乎?" 曰 "有吉達者 可輔國政." 王曰 "與來." 翌日荊與俱見 賜爵執事 果忠直無雙 時角干林宗無子 王勅爲嗣子 林宗命吉達 創樓門於興輪寺南 每夜去宿其門上 故名吉達門 一日吉達變狐而遁去 荊使鬼捉而殺之 故其衆聞鼻荊之名 怖畏而走 時人作詞曰 "聖帝魂生子 鼻荊郎室亭 飛馳諸鬼衆 此處莫留停." 鄕俗帖此詞而辟鬼."

보면 진지왕은 위의 기록처럼 그렇게 황음무도했던 왕은 아닌 듯하다.

그해에 진지왕은 폐위되어 죽고,30) 그녀의 남편 또한 2년 후에 죽는다. 그녀의 남편이 죽은 지 10여일 후에 진지왕의 혼백이 찾아와 옛날의 약속을 빌미로 7일간 머물면서 관계하여 낳은 아들이 비형랑이다. 위의 기록이 비현실적인 이야기임에도 불구하고 그간 문면 그대로 해석해 왔으나, 필사본 『花郞世紀』가 발견되면서 의혹이 풀리는 계기가 마련되었다. 결론부터 말하면 폐위되어 죽은 것이 아니라 유폐되었었고, 그 기간에 도화녀와 관계하여 비형랑을 낳은 것이다. 필사본 『花郞世紀』는 이에 대해 다음과 같이 기록하고 있다.

　　공(용춘: 필자)의 형 용수전군은 혹은 동태자의 아들이라고 하고, 혹은 금태자의 아들이라고 하는데, 그 진실은 알 수 없다. 전군열기에 이르기를, "공은 곧 용수 갈문왕의 동생이다. 금륜왕이 음란함에 빠졌기 때문에 폐위되어 유궁에 3년간 살다가 죽었다. 공은 아직 어려 그 얼굴을 몰랐다. 지도태후가 태상태후의 명으로 다시 신왕(진평왕)을 섬기자 공은 신왕을 아버지라고 불렀다. 이 때문에 왕이 가엾게 여겨 총애하고 대우함이 매우 도타웠다. 자라자 곧 슬퍼하며 문노의 문하에 들어가 비보랑을 형으로 섬기고 서제 비형랑과 함께 힘써 낭도를 모았다. 그렇게 하자 대중이 따랐고 3파가 모두 추대하고자 하였으므로 서현랑이 위를 물려주었다고 한다.31)

---

30) 『三國史記』에 의하면 진지왕은 재위 4년째인 서기 579년 가을 7월 17일에 죽은 것으로 기록되어 있다. 즉, 왕위에 있다가 죽은 것이며, 특히 날짜까지 기록되어 있는 점이 특이하다. 『三國史記』 卷4, 新羅本紀 第四, "秋七月十七日 王薨 諡曰眞智 葬于永敬寺北."

31) 筆寫本, 『花郞世紀』, 이종욱 역주해, 소나무, 1999, pp.141~142. "13世 龍春公: 公兄龍樹殿君 或作銅太子子 或作金太子子 未詳其眞 殿君列記曰 公乃龍樹葛文王之弟也 金輪王以荒亂見廢 居幽宮三年而崩 公尙幼而不識其面 智道太后以太上太后命復事新王 公呼新王爲父 以此王憐之寵遇殊重 旣長乃慨然 入文弩之門 事秘寶郞爲兄 與庶弟鼻荊郞務拾郞徒 以此大衆歸之 三派皆願戴之 以此舒玄郞以位讓之云."

위의 기록에 따르면 비형랑은 진지왕의 서자이고, 화랑이었던 것이다. 진지왕(25대 眞興王<540~576>과 숙명궁주 박씨 소생)과 眞平王(26대: 579~632, 동륜태자와 만호부인 김씨 소생)은 진흥왕의 아들과 손자 사이이다. 따라서 비형랑과 진평왕은 사촌간이 되는 셈이다. 진평왕이 그 특이함을 거두어 궁중에서 기르고 벼슬을 주었던 것은 이 같은 배경이 작용한 것이다.

또한, 29대 太宗武烈王(김춘추: 654~661)의 아버지인 金龍春(金龍樹)32)이 진지왕의 아들이니,33) 김용춘(김용수)에게 비형랑은 庶弟가 되는 것이다. 혼백이 되어 도화녀와 관계하여 비형랑을 낳는 장면 묘사도 왕이나 고귀한 신분의 탄생과 다름없다. 한편 "언제나 오색구름이 지붕을 덮고 향기가 방에 가득했다"는 묘사(진지왕이 7일 동안 도화녀의 집에 머문 기록)를 진지왕의 유폐생활을 상징한 설화장치로 본 견해도 있다.34)

②는 비형랑의 신이한 행적에 대한 기술이다. 매일 밤 귀신무리(鬼衆)35)들과 신이하게 노는 장면이나, 귀교를 놓는 장면, 길달을 왕정보좌

---

32) 역사학계에서는 김용춘과 김용수를 형제(李鍾旭, 『화랑세기』, 소나무, 1999, 曺凡煥, 『우리 역사의 여왕들』, 책세상, 2000)로 보는 경우와 동일인(金德原, 『신라중고정치사연구』, 경인문화사, 2007)으로 보는 경우로 나뉜다.

33) 김용춘을 비형랑으로 상징되는 인물로 보거나(金杜珍, 신라 진평왕대 초기의 정치개혁, 『진단학보』 69, 1990, 李昊榮, 『신라 삼국통합과 麗·濟 패망연구』, 서경문화사, 1997), 김용춘이 곧 비형랑이라고 보는 견해가 제시되었다(朴淳敎, 『김춘추, 외교의 승부사』, 푸른역사, 2006, 金基興, 『천년의 왕국 신라』, 창작과비평사, 2000, 金德原, 『신라중고정치사연구』, 경인문화사, 2007).

34) 김태식, 『화랑세기, 또 하나의 신라』, 김영사, 2002, p.216.

35) 徐永大, 「한국고대 神관념의 사회적 의미」, 서울대박사논문, 1991, pp.54~55. 서영대는 이 논문에서 '鬼衆'은 성년식 동안의 청소년을 상징하는 花郎이라고 하였다. 이에 대해 朴南守는 귀중의 존재를 '匠人'이라고 했고(『신라수공업사』, 신서원, 1996), 김영하는 피지배층의 민을 상징한다고 했다(『신라중대 사회연구』, 일지사, 2007).

케 하는 것 등은 그가 비록 진지왕의 서자이지만 화랑이고, 따라서 한스
럽게 살았던 인생을 보여주는 기록이라고 본다. 한편, 비형랑이 자기가
추천한 길달을 죽인 것은 진평왕 초기에 사륜계 세력을 유지하기 위한
방편으로 내부 세력의 이탈 방지의 목적과, 내부로부터의 도전과 반발을
차단하려는 의도라고 본 견해도 있다.36) 그가 함께 노는 무리들을 귀신
이라고 폄하한 것은 그들의 출생신분과도 관련이 있다. 그들도 화랑이었
지만 아마도 서류와 같은 신분에 얽매인 존재들이라고 보아 무방하다고
본다.37)

이 같은 상황을 종합해보면 비형랑의 주사는 바로 비형랑과 같은 한스
런 존재를 신격으로 받드는 민중들의 염원을 확인할 수 있다는 점이다.
<비형랑사>를 두고 "풍속에 이 가사를 붙여서 귀신을 쫓는다"(鄕俗帖
此詞而辟鬼)라고 한 것은 바로 이 같은 한스럽고 무서운 존재를 신격
으로 모시면서 잡귀를 예방하려는 의미를 담고 있다고 본다.

『三國遺事』에는 진지왕이 國人들에 의해 쫓겨난 것으로 기록되어
있으나, 필사본『花郎世紀』에는 진흥왕비인 사도태후와 진흥왕 후궁인
미실 및 풍월주 출신들인 세종과 미생에 의해 축출되었다고 다음과 같이
기록하고 있다.

> 임금(진흥왕: 필자)이 죽고 금륜태자가 왕위에 즉위하였다. 인하여 미
> 실을 받아 들였는데, 세상의 여론으로 황후로 봉하지 못하였다. 진지왕은
> 또 다른 사람에게 빠져 미실을 심히 총애하지는 않았다. 미실은 그 약속
> 을 어긴 것에 노하여 마침내 사도태후와 함께 낭도를 일으켜 진지왕을 폐
> 하고 동태자의 아들 백정공을 즉위시키니, 이 이가 진평대제이다. 제는

---

36) 金德原,『신라중고정치사연구』, 경인문화사, 2007, pp.101~102. 김덕원은 길달
   이 문 위에서 宿居한 사실을 사륜계가 진평왕의 측근세력들로부터 견제 내지 차
   별을 받은 것으로 해석했고, 박순교는 길달이 세력을 키워 비형랑에게 반기를 들
   다가 거세된 것으로 보았다(朴淳敎,『김춘추, 외교의 승부사』, 푸른역사, 2006).
37) 김태식, 앞의 책, p.216.

어리고 미실은 이미 늙었기에 스스로 후궁의 일을 맡아 조정의 일을 제 마음대로 함이 많았다.[38)]

史書에서는 미묘한 정치적 사건의 경우, 흔히 주체를 '國人'이라고 언급하는 경우가 많은데, 이 경우도 그 같은 경우에 해당한다고 본다. 이른바, 여론을 의식하는 듯한 표현이자, 사건의 진실을 호도하는 표현인 것이다. 진지왕의 유폐에 대해서는 동륜태자의 측근세력이었다가 태자의 사후에 동륜태자의 아들인 백정(진평왕)을 중심으로 뭉쳤던 귀족들의 저항이 만들어낸 상황일 가능성[39)]을 제기한 경우도 있는데 개연성이 높다고 본다. <비형랑사>을 번역하면 다음과 같다.

> 聖帝魂生子　성스러운 임금의 혼이 아들을 낳으니
> 鼻荊郎室亭　비형랑의 집이로세
> 飛馳諸鬼衆　날뛰는 귀신의 무리들아

---

38) 筆寫本, 『花郎世紀』 六世 世宗條, "帝崩而金太子卽位 仍納美室而以外議不能封以皇后 且荒于外 不甚寵 美室怒其違約 遂與思道太后發郎徒廢之 立銅太子之子白淨公 是爲眞平大帝 帝幼美室已衰自當後宮而多弄朝廷事."

39) 김기흥, 『천년의 왕국 신라』, 창작과비평사, 2000, p.280. 김기흥은 도화녀가 이미 후궁으로 들어와 있었으나, 정변에 의해 사별로 끝나자 이를 애석히 여긴 신라 민중들이 만들어낸 이야기로 추정하였다. 또 비형랑은 유복자였고, 그의 이름 鼻荊은 '코와 가시', 혹은 '코의 가시'로 볼 수 있고, 혹은 '뱀'의 고어일 수도 있다면서 기회를 기다리는 이무기와 같은 존재로 파악한 바 있다(pp.283~286). 요컨대, 비형랑의 이야기는 탄생배경이 신비롭고 애처롭기에 민중들의 마음을 사로잡을 수 있는 소지는 충분히 지니고 있다고 본다. 따라서 민중들에 의한 神格으로의 승격요건은 충분히 간직하고 있는 이야기이다. 또한 김기흥은 다른 논문에서 비형설화를 처용설화나 郊禖설화와 같이 <庶出王子 登極說話>로 보고, 비형랑은 金龍春이며, 성실함과 탁월한 수완으로 진평왕의 사위가 되고, 아들 金春秋로 하여금 왕위에 오를 수 있게 하는 초석을 마련했다고 본 바 있다. 「신라처용설화의 역사적 진실」, 『처용연구전집』 Ⅳ, 도서출판 역락, 2005, pp.761~762.

　　此處莫留停　　이곳에 머무르지 말라

　이 주사의 핵심은 두 가지다. 첫째는 성스러운 임금의 혼을 강조한 것이고, 둘째는 비형랑이 이곳에 거처하고 있다는 경고이다. 첫째의 의미는 진지왕의 억울한 죽음이 민중들의 지지를 받고 있다는 것을 의미하고, 둘째는 진지왕의 아들이기에 귀신을 부릴 수 있는 능력을 지녔다고 보는 것이다.

　이 <비형랑사>에서 脫時間을 드러내는 용어는 '魂'과 '鬼衆'이라는 표현이다. 초현실적인 존재이기에 현실과는 일정한 거리를 두고 있다. 집이란 사람들이 거처하는 곳이지만 유독 <비형랑사>에서는 귀신들이 머물지 못하도록 위엄 있게 명령하는 것은 庶出로써 '귀신을 쫓는다' (鄕俗帖此詞而辟鬼)는 한 맺힌 원리가 작용한 것이라고 본다. 그의 신분의 한이 신격으로 받들어지면서 그 영험이 배가되는 것을 의식한 것이다. 더구나 비형랑이 유복자로 태어났기 때문에(혹은 진지왕의 혼과 관계하여 낳은 것 때문에) 그의 영혼을 위로하는 차원에서 이루어진 설화가 아닌가 한다.

　이 <비형랑사>는 결국 진지왕의 혼백을 위로하는 성격을 띠고 있다. 비형랑은 결국 진지왕의 혼백이 환생한 것이며, 이 집은 진지왕(비형랑)의 거처(유폐지)임을 강조하고 있다. 억울하게 죽어간(유폐된) 진지왕의 영혼이 비형랑을 통해 자유롭게 환생했으며, 비형랑의 한스런 존재가 잡귀들을 물리치는 신격으로 받들어지고 있는 것이다. 鬼衆들을 향하여 범접을 금하는 강한 어조는 곧 진지왕이 자신을 유폐시킨 사람들을 향한 외침이라고 보아도 무방하다. 거기에다가 민중들의 동정심이 더해진 형상이라고 볼 수 있다.

2) 志鬼詞

'志鬼心火'에 대한 이야기는『三國遺事』卷4 義解5 二惠同塵
條와『新羅殊異傳』의 逸文 수 편이『大東韻府群玉』에 전한다. 짤
막한 이야기이지만 선덕여왕과 지귀의 사랑에 얽힌 이야기로 흥미를 자
아내는 특이한 이야기다. 먼저『三國遺事』에 기록된 내용을 살펴보기
로 하자.

> 혜공스님은 천진공의 집에서 고용살이 하던 노파의 아들로 어릴 때의
> 이름은 우조(아마도 방언인 듯하다)였다. ─신령스러운 이적이 이미 나
> 타났기 때문에 우조는 드디어 출가하여 중이 되고, 이름을 바꾸어 혜공이
> 라고 했으며 한 조그만 절에 늘 살았다. 그는 매양 미친 듯이 크게 취해서
> 삼태기를 지고 거리에서 노래하고 춤추었으므로 부궤화상으로 불렸다.
> 그가 거처하는 절을 이로 인해 부개사라고 했는데 부개는 곧 삼태기의 우
> 리말이다. 매번 절의 우물속에 들어가면 몇 달씩 나오지 않으므로 스님의
> 이름으로써 우물 이름을 지었다. 또 우물에서 나올 때마다 푸른 옷을 입
> 은 신동이 먼저 솟아 나왔으므로 절의 중들은 이것으로 조짐을 삼았으며,
> 막상 나왔어도 옷은 젖지 않았다. 만년에는 항사사(지금의 영일현 오어사
> 이다. 민간에 전하기는 항하의 모래처럼 많은 사람이 출세했으므로 항사
> 동이라고 한다)로 옮겨 살았다. 이때 원효가 여러 경전의 주소를 찬술하
> 면서 매번 스님에게 가서 의심나는 것을 묻고, 혹은 서로 농담도 하였다.
> 어느 날 두 분이 시냇가에서 물고기와 새우를 잡아먹고 돌바닥 위에 대변
> 을 보았다. 혜공은 이것을 가리켜 장난말로, "그대가 눈 똥은 내가 잡은
> 물고기이다"라고 하였으므로 이 절을 오어사라고 했다. 어떤 사람은 이것
> 을 원효스님의 말이라고 하나 잘못이다. 세간에서는 그 시내를 잘못 불러
> 모의천이라고 한다.─ [또 어느 날은 풀로 새끼를 꼬아서 영묘사에 들어
> 가 금당과 좌우에 있는 경루와 남문의 낭무를 둘러 묶고 강사에게 말하기
> 를, "이 새끼를 꼭 3일 후에 걷어라"라고 하였다. 강사가 이상히 여겼으나
> 그대로 하였다. 과연 3일 만에 선덕왕이 행차하여 절에 오자 지귀의 마음
> 속에서 불이 나와 그 탑을 태웠으나, 오직 새끼로 둘러맨 곳은 화재를 면
> 하였다.] 또 신인종의 조사 명랑이 금강사를 새로 짓고 낙성회를 베풀었

는데, 내노라는 고승들이 모두 모였으나, 오직 스님만이 오지 않았다. 명
랑이 곧 향을 피우고 경건하게 기도하니 조금 있다가 공이 왔다. 때마침
많은 비가 내렸는데도 옷이 젖지 않았고 발에 진흙이 묻지 않았다. 명랑
에게 이르기를, "초청이 은근해서 왔노라"라고 하였다. 이처럼 신령스러
운 자취가 자못 많았다. 죽을 때는 공중에 떠서 입적했는데, 사리가 그 수
를 헤아릴 수가 없었다. 일찍이 조론을 보고 이르기를, "이것은 내가 옛날
에 찬술한 것이다"라고 하였으니 이것으로서 혜공이 승조의 후신임을 알
겠다. 찬한다. "들판에서 사냥하고 침상 위에 누웠으며, 술집에서 미친 듯
노래하고 우물 속에서 잠을 잤네. 신 한 짝이 허공에 떠 어디로 갈 것인
가, 한 쌍의 보배로운 불길 속의 연꽃이어라."40)

　혜공스님의 신이한 행적을 기술하는 가운데 등장하는 志鬼이야기
([ ]안)는 우선 선덕여왕과 민간인 지귀 사이의 파격적인 사랑이야기라
는 점에 특색이 있다. 지귀이야기는 혜공스님의 선견지명을 설명하는 가
운데 등장하는 짤막한 이야기다. 이 기록만으로는 지귀의 마음속의 불이
왜 났는지 전후 사정을 살필 수 없는 관계로 『殊異傳』의 일문을 참고
하고자 한다. 『殊異傳』의 일문을 수록한 『大東韻府群玉』에는 다음

---

40) 『三國遺事』卷4 義解5 二惠同塵條, "釋惠空 天眞公之家傭嫗之子 小
　　名憂助[蓋方言也] －靈異旣著 遂出家爲僧 易名惠空 常住一小寺 每
　　猖狂大醉 負簣歌舞於街巷 號負簣和尙 所居寺因名夫蓋寺 乃簣之鄕
　　言也 每入寺之井中 數月不出 因以師名 名其井 每出有碧衣神童先湧
　　故寺僧以此爲候 旣出 衣裳不濕 晩年移止恒沙寺[今迎日縣吾魚寺 諺
　　云 恒沙人出世 故名恒沙洞] 時元曉撰諸經疏 每就師質疑 或相調戲
　　一日二公 沿溪掇魚蝦而啖之 放便於石上 公指之戲曰 汝屎吾魚 故因
　　名吾魚寺 或人以此爲曉師之語 濫也 鄕俗訛呼其溪 曰芼矣川－[又一
　　日將草索綯 入靈廟寺 圍結於金堂 與左右經樓及南門廊廡 告剛司 此
　　索須三日後取之 剛司異焉而從之 果三日善德王駕幸入寺 志鬼心火出
　　燒其塔 唯結索處獲免] 又神印祖師明朗 新創金剛寺 設落成會 龍象
　　畢集 唯師不赴 朗卽焚香虔禱 少選公至 時方大雨 衣袴不濕 足不沾泥
　　謂明朗曰 辱召懃懃 故玆來矣 靈迹頗多 及終 浮空告寂 舍利莫知其數
　　嘗見肇論曰 是吾昔所撰也 乃知僧肇之後有也 讚曰 草原縱獵床頭臥
　　酒肆狂歌井底眠 隻履浮空何處去 一雙珍重火中蓮."

과 같은 내용이 수록되어 있다.

> 지귀는 신라 활리역 사람이다. 선덕왕의 미모와 아름다움을 사모하여
> 우수에 젖어 눈물을 흘리니, 얼굴이 초췌해졌다. 왕이 절에 행차하여 분
> 향을 하고 그 소문을 듣고 불렀다. 지귀는 절의 탑 아래에 와서 왕의 어가
> 를 기다리다가 갑자기 달콤한 잠에 빠졌다. 왕이 팔찌를 벗어 지귀의 가
> 슴에 얹어두고 궁중으로 돌아갔다. 후에 잠에서 깨어난 지귀는 번민 끝에
> 오랫동안 넋이 나갔는데, 마음의 불이 나서 그 탑을 둘러싸고 곧 변하여
> 불귀신이 되었다. 왕이 술사에게 명하여 주사를 지었는데, "지귀의 마음
> 속의 불은, 몸을 태우고 불귀신이 되었네, 창해 바깥으로 멀리 흘러가, 보
> 지도 말고 친하지도 말지어다." 당시 풍속에 이 가사를 문이나 벽에 붙여
> 서 화재를 예방했다고 한다.41)

위 설화는 『三國遺事』에 비하면 좀 더 자세하다. 우선 선덕여왕을
사모한 지귀의 사연이 나오고, 선덕여왕이 사연을 알고 그를 불렀으나
잠에 취한 나머지 만나지 못하는 불행을 당한다. 이에 선덕여왕이 팔찌
를 벗어 지귀의 가슴에 얹어 주고 궁중으로 귀환한다. 이런 면모는 선덕
여왕의 관용과 신분을 뛰어넘는 이야기로 인식될 수 있다. 선덕여왕이
어머니와 같은 자애로운 모성애를 통해 백성들을 따뜻하게 품어주는 이
야기로 풀이할 수 있다. 지귀가 잠에서 깨어난 후 마음에 불이 나서 탑을
둘러싸고 불귀신이 되었다는 이야기는 이해하기 어렵지 않다. 문제는 왜
그가 선덕여왕을 지척에 두고 잠을 잤는가에 있다. 즉, 왜 그가 그토록
사모했던 선덕여왕을 눈앞에 두고 잠에 취했는가에 문제의 핵심이 있다.
잠은 분명 그가 스스로 취한 행동이 아니라, 보이지 않는 손에 의해 이루

---

41) 『大東韻府群玉』 권20 入聲十五 合, 塔 心火繞塔, "志鬼新羅活里驛人
  慕善德王之美麗 憂愁涕泣 形容憔悴 王幸寺行香 聞而召之 志鬼歸寺塔
  下 待駕幸 忽然睡酣 王脫臂環 置胸還宮 後乃睡覺 志鬼悶絕良久 心火
  出繞其塔 卽變爲火鬼 王命術士 作呪詞曰 <志鬼心中火 燒身變火神
  流移滄海外 不見不相親> 時俗 帖此詞於門壁 以鎭火災(殊異傳)."

어진 것으로 보인다.

그러나 『삼국유사』와 『수이전』의 기록만으로는 전모를 이해하는데 어려움이 많다. 이 부분을 해명하는데 도움을 준 것은 바로 『大智度論』 소재의 術波伽설화이다. 이 설화는 당나라 釋道世가 지은 『法苑珠林』 (卷12 士女篇 第12 俗女部 第二 姦僞部)에도 인용되어 있다. 이 설화에는 捕魚師인 술파가가 왕녀(拘牟頭)를 창틈으로 본 후 연모의 정이 생겨 식음을 전폐하는 장면이 다음과 같이 나온다.

> 이런 이야기와 같다. 즉, 어떤 국왕에게 구모두라는 딸이 있었다. 술파가라는 고기잡이가 길을 가다가 그 왕녀가 높은 누각 위에 있는 것을 멀리서 보았다. 창 안에 있는 그 얼굴을 보고 상상하고 집착하여 마음에서 잠시도 버리지 못하여 여러 날과 여러 달 동안 음식을 먹지 못하였다. 어미가 그 까닭을 물으니, 사실대로 답하기를, '제가 왕녀를 보고 마음에 능히 잊을 수 없습니다'라고 하였다.[42]

술파가와 구모두의 사이에 다리를 놓아준 인물은 술파가의 어머니였다. 아들의 딱한 처지를 보고 왕녀에게 아들의 목숨을 살려달라고 간절히 요청한 결과였다.

위의 두 기록(『삼국유사』와 『대동운부군옥』)에는 선덕여왕을 사모하게 되는 직접적인 계기나, 지귀가 잠을 자는 이유가 제시되어 있지 않으나, 술파가설화에는 그 이유가 제시되어 있다. 즉, 天祠의 天神은 술파가 같은 소인이 감히 왕녀를 욕되게 하는 것을 내버려둘 수 없다고 생각하고 그를 깊은 잠에 빠뜨린 것이었다.[43] 이는 엄격한 계급제도를 유지

---

42) 龍樹, 『大智度論』권14, 初品 24 "如說國王有女 名曰拘牟頭 有捕魚師 名術波伽 隨道而行 遙見王女在高樓上 窓中見面想像染著 心不暫捨 彌歷日月 不能飲食 母問其故 以情答母 我見王女 心不能忘." 黃浿江, 『志鬼說話 小考』, 『신라불교설화연구』, 일지사, 1975, p.347. 이하 대지도론의 원문은 이 논문에서 재인용.

하고 있는 인도설화라는 점에서 납득이 가는 이야기이다.

술파가설화는 지귀설화와 배경과 등장인물만 다를 뿐 내용은 매우 흡사하다.44) 황패강은 지귀와 술파가는 어리석은 사나이가 과분한 사랑을 이룰 수 없게 됨에 心火가 나서 불타 죽은 이야기라는 공동의 기반을 갖고 있다면서 그 의미를 6가지로 요약한 바 있다.45) 이어서 『대지도론』과 『법원주림』에서의 이 설화의 주제는 수행에 있어서 백해무익한 여인의 본질을 설파하는, 즉 불교적 교화에 있음을 언급하고 있다.46) <지귀사>의 내용은 다음과 같다.

---

43) 『大智度論』 권14, "…出至天祠 既到 勅諸從者 齊門而止 獨入天祠 天神思惟 此不應爾 王爲施主 不可令此小人毁辱王女 卽厭此人 令睡不覺."(<왕녀가> 나아가 천사에 이르러, 모든 종자들은 문밖에 서 있게 하고, 홀로 천사 안으로 들어갔다. 그때 천신은 생각했다. "이것은 안 될 일이다. 왕은 내 시주로, 이 소인으로 하여금 왕녀를 더럽히게 할 수는 없다." 그리고 이 사람을 가위눌리게 해서 잠들어 깨지 못하게 했다)

44) 印權煥, 「심화요탑 설화고」 - 인도 설화의 한국적 전개 - , 『국어국문학』 41집, 국어국문학회, 1968, p.72. 인권환은 이 논문에서 술파가설화와 지귀설화는 내용상 전적으로 동일하다고 했다.

45) 黃浿江, 『志鬼說話 小考』, 『신라불교설화연구』, 일지사, 1975, p.358. 첫째, 사랑은 맹목적이라는 점, 둘째, 여성은 감정적이며 사랑에 대해서는 동정적이라는 점, 셋째, 과분한 사랑은 멸망을 가져온다는 점, 넷째, 지순한 사랑은 자기희생적이라는 점, 다섯째, 인간은 언제나 어떤 제약을 강요당한다는 점, 여섯째, 聖域에서의 속된 행위는 禁忌된다는 점이다.

46) 위의 책, pp.359~360, 재인용. 『대지도론』에는 술파가설화를 기술하기에 앞서, "女人相者 若得敬待則令夫心高 若敬待情捨則令夫心怖 女人如是 常以煩惱憂怖與人 云何可近"(여자의 상이란 만약 공손한 대우를 받으면 그 남편에게 뻐기는 마음을 내고, 공손히 대우하고 정을 버리면 그 남편의 마음을 두렵게 한다. 여자는 이같이 항상 사람에게 번뇌와 근심과 두려움을 주는데, 어떻게 친하고 좋아할 수가 있겠는가)라고 했고, 설화의 말미에는 "以是證知 女人之心 不擇貴賤 唯欲是從"(이를 증거로 해서 여자의 마음이란 귀천을 가리지 않고 오지 그 욕심대로 따른다는 것을 알 수 있다)라고 하여 불교적 교화를 강조하였다.

志鬼心中火　지귀의 마음속의 불은
燒身變火神　몸을 태우고 불귀신으로 변했네
流移滄海外　창해 바깥으로 멀리 흘러가
不見不相親　보지도 말고 친하지도 말지어다

　　마음속의 불(心中火)은 시간과 공간의 제약을 넘어 영원히 사는 존재
로 변했음을 의미한다. 지귀의 마음의 불과 대상을 향한 집념은 시공을
초월하는 존재로 거듭 태어난 가장 큰 요소이다. 이는 지귀라는 현실적
인 존재에 머무르지 않고 초현실적인 존재로 변하여 민중들의 마음속에
정좌한데서 오는 보상이다. 오히려 지귀라는 개인적인 존재가 창해의 바
깥으로 무한히 확대되고 성스러운 신격으로 승화되는 모습을 보여주고
있다. 위의 <지귀사>는 火神으로 태어난 지귀의 신성성을 보증하는 역
할을 하고 있다. 뿐 아니라, 불가에서는 이 <지귀사>가 승려들의 여인
을 경계하는 주사로도 기능했을 가능성도 있다고 본다.
　　황패강은 술파가설화가 오로지 교화를 위한 불교설화였는데 반해, 지
귀설화는 呪術的인 民俗說明說話였다고 평가한 바 있다.47) 인권환은
심화요탑의 원형인 인도설화는 인도 고대 婆羅門敎의 경전 Rig Veda에
나오는 宇宙의 至上神이며, 司法神인 Varuna 神과 Agni 火神에 대
한 신화로 비정한 바 있다. 이어 샤마니즘적 신앙심리에 기반한 악귀구
축의 신앙은 지귀가 뜻을 못 이루고 죽어 원혼이 악귀로 되었으며, 이를
위협·기피코자 하는 무속으로 발전된 것으로 보았다.48)
　　애초에 이 설화가 불교수행에 방해가 되는 여인들을 멀리하는 교화적
인 설화였음에도 불구하고, 신라에 들어와 선덕여왕을 사모하고 이에 너
그럽게 대응하는 아름다운 로맨스로 변용시킨 것은 신라인들의 설화수

---

47) 黃浿江,『志鬼說話 小考』,『신라불교설화연구』, 일지사, 1975, p.361.
48) 印權煥,「심화요탑 설화고」- 인도 설화의 한국적 전개 -,『국어국문학』41집,
　　국어국문학회, 1968, pp.85～86.

용 방식이 매우 너그럽고 포용적이었음을 보여주고 있다. 더구나, 신격으로 승화시켜 지귀를 민속에서 추앙하는 존재로 받들었다는 것은 시공을 초월하여 지귀의 이야기를 짝사랑의 낭만으로 재해석했다는 점에서 특이하다고 하겠다. 그러나 이 설화는 혜공스님의 우려와 같이 세속인의 사사로운 애정행각이 성스러운 사찰을 오염시킬 수 없다는 신성관념을 드러낸 설화로 해석하는 것이 옳다고 본다.

3) 鄕歌 〈處容歌〉와 高麗 〈處容歌〉

第四十九 憲康大王(875~886)代의 <처용가>는 노래보다는 그 배경설화를 해석하는 과정에서 다양한 논의가 전개되어 왔다. 그간 『처용연구전집』(전7권)이 나올 정도로 많은 양의 논문이 축적되었고, 논의 또한 다양하게 전개된 향가였다.[49] 『삼국유사』에는 <처용가>가 배경설화와 함께 다음과 같이 수록되어 있다.

① 제49대 헌강대왕 시절에는 서울로 부터 해내에 이르기까지 가옥이 즐비하여 담장이 서로 잇닿았고, 초가집이 하나도 없었으며 길에 생가 소리가 끊어지지 않았고 풍우가 사철 순조로웠다. 이에 대왕이 개운포(학성 서남쪽에 있으며, 지금의 울주임)에 놀이를 갔다. 왕이 장차 돌아올 즈음에 낮에 물가에서 쉬고 있는데, 갑자기 구름과 안개가 덮여서 길을 잃었으므로 괴이하여 좌우에게 물으니 일관이 아뢰기를, "이는 동해용의 조화이니, 마땅히 선행으로 풀어야 합니다"라고 하였다. 이에 유사에게 명하여 용을 위해 근처에 절을 짓게 하였는데, 명이 내리자 구름이 걷히고 안개가 흩어졌으므로, 이

---

49) 최근 간행된 『처용연구전집』(金慶洙 주편, 전7권, 2005, 역락)은 약 300여 편의 처용가 논문 중에서 어학(35편), 문학(1(<26편>, 2<24편>), 민속(21편), 종합(16편), 예술(1<21편>, 2<16편>)로 구분 선별하여 159편의 연구업적을 재수록하고 있다.

로 인해 개운포라고 이름하였다. 동해용이 기뻐하여 일곱 아들을 거느리고 어가 앞에 나타나 덕을 찬양하며 춤을 추고 음악을 연주하였다. 그중 한 아들이 어가를 따라 서울에 들어와서 왕의 정사를 보필하였는데, 이름을 처용이라고 하였다. 왕이 미녀로써 아내를 삼게 하고, 그의 뜻을 머물게 하고자 또 급간 벼슬을 하사하였다. 그의 아내가 매우 아름다웠으므로 역신이 흠모하여 사람으로 변해 밤에 그의 집에 가서 몰래 함께 잤다. 처용이 바깥으로부터 집에 돌아와 침상에 두 사람이 있는 것을 보고 노래를 지어 부르고 춤을 추며 물러갔는데, 그 노래는 다음과 같다. -〈처용가 생략〉- 그때 역신이 형체를 드러내 처용의 앞에 꿇어 앉아 말하기를, "제가 공의 처를 탐내어 지금 범했는데도, 공께서 노여움을 나타내지 않으시니, 감동하고 아름답게 여깁니다. 맹세컨대 지금 이후로는 공의 형용을 그린 그림만 보아도 그 문에는 들어가지 않겠습니다"라고 하였다. 이로 인해 나라 사람들이 처용의 형상을 문에 붙여서 사악함을 물리치고, 경사를 불러들였다. 왕이 돌아와 영취산 동쪽 기슭의 좋은 땅을 점쳐 절을 세우고 망해사라고 했는데, 또는 신방사라고도 하니, 곧 용을 위해 세운 것이다.

② 또 포석정에 행차하니 남산신이 임금 앞에 나타나 춤을 추었는데, 좌우 신하들은 보지 못하고 왕이 홀로 보았다. 사람이 앞에 나타나 춤을 추니, 왕도 스스로 춤을 추어 형상을 보였다. 신의 이름을 혹은 상심이라고 하였기 때문에 지금까지도 나라 사람들이 이 춤을 전하여 어무상심 혹은 어무산신이라고 한다. 어떤 이는 말하기를, "이미 신이 나와 춤을 추었으므로 그 모습을 살펴 공장이에게 명하여 모각하여 후대에 보이도록 하였기 때문에 상심 혹은 상염무라고도 한다"라고 하니, 이는 곧 그 형상을 일컬은 말이다. 또 금강령에 행차하였을 때 북악신이 춤을 올리니, 이름을 옥도검이라 했고, 또 동례전 연회 때에는 지신이 나와 춤을 추니, 지백급간이라고 이름하였다. 어법집에 이르기를, "그때 산신이 춤을 추어 올리며 노래하기를, '지리다도파'라고 했는데, 도파 등이란 말은 대개 지혜로 나라를 다스리는 자가 미리 알고 많이 달아나 도읍이 곧 파괴된다는 것을 이른 것이니, 이는 곧 지신과 산신이 나라가 장차 망할 것을 알았기 때문에 춤을 추어 경계한 것인데, 나라 사람들이 깨닫지 못하고 상서가 나타났다고 말하면서 탐락함이 자심하였기 때문에 마침내 나라가 망하였다"라고 하였다.[50]

①은 <처용가>의 형성배경과 노래에 대한 이야기이고, ②는 산신들
이 나타나 나라의 멸망을 경고했음에도 불구하고 탐락하다가 망하는 이
야기이다. ①에서 주목되는 것은 동해용과 龍子인 처용의 정체, 그리고
처용의 왕정보좌에 대한 의미해석이다. 그리고 처용의 관용에 대한 疫
神의 감복과 처용이 門神이 되는 과정, 그리고 망해사를 일명 新房寺
라고 했다는 점이다. 이에 대한 자세한 언급은 필자의 논문으로 대체하
고자 한다.51) 본 논고에서는 <처용가>의 呪詞的인 면을 살피는 것으
로 국한하기 때문이다.

②는 國人으로 대표되는 사람들과 헌강왕의 국가 위기에 대처하는
방식이 달랐음을 보여주고 있다. 헌강왕대를 지나 진성여왕 6년에 이르

---

50)『三國遺事』卷第二 紀異第二 處容郎 望海寺條, "第四十九憲康大王
之代 自京師至於海內 比屋連墻無一草屋 笙歌不絶道路 風雨調於四
時 於是大王遊開雲浦(在鶴城西南 今蔚州) 王將還駕 晝歇於汀邊 忽
雲霧冥曀 迷失道路 怪問左右 日官奏云 此東海龍所變也 宜行勝事以
解之 於是勅有司 爲龍刱佛寺近境 施令已出 雲開霧散 因名開雲浦 東
海龍喜 乃率七子現於駕前 讚德獻舞奏樂 其一子隨駕入京 輔佐王政
名曰處容 王以美女妻之 欲留其意 又賜級干職 其妻甚美 疫神欽慕之
變爲人 夜至其家 竊與之宿 處容自外至其家 見寢有二人 乃唱歌作舞
而退 歌曰 -<처용가 생략>- 時神現形 跪於前曰 吾羨公之妻 今犯之
矣 公不見怒 感而美之 誓今已後 見畫公之形容 不入其門矣 因此 國
人門帖處容之形 以僻邪進慶 王旣還 乃卜靈鷲山東麓勝地置寺 曰望
海寺 亦名新房寺 乃爲龍而置也 又幸鮑石亭 南山神現舞於御前 左右
不見 王獨見之 有人現舞於前 王自作舞 以像示之 神之名 或曰祥審
故至今國人傳此舞 曰御舞祥審 或曰御舞山神 或云 旣神出舞審象其
貌 命工摹刻 以示後代 故云象審 或云霜髥舞 此乃以其形稱之 又幸於
金剛嶺時 北岳神呈舞 名玉刀鈴 又同禮殿宴時 地神出舞 名地伯級干
語法集云 于時山神獻舞 唱歌云智理多都破 都破等者 蓋言以智理國
者 知而多逃 都邑將破云謂也 乃地神山神知國將亡 故作舞以警之 國
人不悟 謂爲現瑞 耽樂滋甚 故國終亡."

51) 金榮洙,「처용가연구의 종합적 검토」,『처용연구전집』Ⅳ, 도서출판 역락, 2005,
pp.75~123.

면 궁예와 견훤이 활동하고 후백제가 건국되는 등 후삼국시대이기 때문
에 위의 기록처럼 헌강왕대를 태평성대로 묘사한 것은 현실인식에 차이
가 있음을 보여준다. 남산신이 나타났을 때는 신하들은 보지 못하고 헌
강왕만 보았고, 어무상심의 경우는 공장이에게 그 형상을 모각하여 후대
에 보이게 했다는 점, 또 북악신과 지신에게 '옥도검'과 '지백급간'으로
이름한 것 등은 신들의 잇단 경고에 대해 감사의 표시로 벼슬을 下賜한
성격이 짙은 것이기에 헌강왕이 위기에 대처하는 능력이 있음을 보여주
는 기록이다. 그럼에도 불구하고 뒤의 기록에서는 『어법집』을 인용하여
나라가 망하는 모습을 기술하고 있다. 또한 그 주체를 '國人'으로 기록
하고 있다는 점도 흥미롭다. 위의 기록을 자세히 살피면 적어도 헌강왕
의 경우는 나라가 어지러워지는 조짐을 미리 알고 대비한 왕이라는 점은
분명하다. 또한 '개운포에 遊했다'는 기록은 단순한 놀이가 아니라 巡
狩나 祭祀를 위한 행차일 가능성이 높다. 더구나 처용을 데리고 온 목
적이 왕정보좌임을 감안한다면 이 같은 문제는 쉽게 이해될 수 있는 부
분이다.

　아래에 향가 <처용가>와 고려 <처용가>를 인용해 본다.

　　① 東京明期月良　　　시볼 불긔 ᄃ래
　　　　夜入伊遊行如可　　　밤드리 노니다가
　　　　入良沙寢矣見昆　　　드러사 자리 보곤
　　　　脚烏伊四是良羅　　　가ᄅ리 네히어라
　　　　二肹隱吾下於叱古　　둘흔 내해엇고
　　　　二肹隱誰支下焉古　　둘흔 뉘해언고
　　② 本矣吾下是如馬於隱　　본ᄃᆡ 내해다마ᄅᆞᆫ
　　　　奪叱良乙何如爲理古　아ᅀᅡ늘 엇디ᄒᆞ릿고
　　③ (前腔) 新羅聖代 昭聖代
　　　　天下大平 羅侯德
　　　　處容아바
　　　　以是人生애 常不語ᄒᆞ시란ᄃᆡ

以是人生애 常不語ᄒ시란디
(附葉) 三災八難이 一時消滅ᄒ샷다
④ (中葉) 어와 아븨즈이여 處容아븨 즈이여
(附葉) 滿頭揷花 계오(우)샤 기울어신 머리예
(小葉) 아으 壽命長願(遠)ᄒ샤 넙거신 니마해
(後腔) 山象이슷 깅어신 눈섭에
愛人相見ᄒ샤 오올어신 누네
(附葉) 風入盈庭ᄒ샤 우글어신 귀예
(中葉) 紅桃花ᄀ티 븕거신 모야해
(附葉) 五香 마트샤 웅긔어신 고해
(小葉) 아으 千金 머그샤 어위어신 이베
(大葉) 白玉琉璃ᄀ티 희어신 닛바래
人讚福盛ᄒ샤 미나거신 톡애(ᄐ개)
七寶 계우샤 숙거신 엇게예
吉慶 계우샤 늘의어신 ᄉ맷길헤
(附葉) 설믜(믜) 모도와 有德ᄒ신 가ᄉ매
(中葉) 福智俱足ᄒ샤 브르거신 비예
紅鞓 계우샤 굽거신 허리예
(附葉) 同樂大平ᄒ샤 길어신 허튀예
(小葉) 아으 界面 도ᄅ샤 넙거신 바래
⑤ (前腔) 누고 지어셰니오 누고 지어셰니오
바늘도 실도 어찌(업시) 바늘도 실도 어찌
(附葉) 處容아비ᄅ 누고 지어 셰니오
(中葉) 마아만 마아만ᄒ니여
(附葉) 十二諸國이 모다 지어셰온
(小葉) 아으 處容아비ᄅ(를) 마아만 마아만ᄒ니여
⑥ (後腔) 머자 외야자 綠李야
샐리 나 내신(싶)고홀 믜야라
(附葉) 아니옷 믜시면 나리어다 머즌말
(中葉) 東京 ᄇᆯ건ᄃ래 새도록 노니다가
드러 내자리롤 보니 가ᄅ리 네히로새라
(小葉) 아으 둘흔 내해어니와 둘흔 뉘해어니오
(大葉) 이런저긔 處容아비옷 보시면
熱病神이아 膾ㅅ가시로다

⑦ 千金을 주리여 處容아바
　 七寶를 주리여 處容아바
　 (附葉) 千金 七寶도 말오
　 熱病神를(을) 날자바 주쇼셔
　 (中葉) 山이여 미히여 千里外예
　 處容아비를 어여려(녀)거져
　 (小葉) 아으 熱病大神이 發願이샷디 (樂學軌範 권5 / ( )은 樂章歌詞)

　①과 ②는 향가 <처용가>이다. ②부분은 고려 <처용가>에서는 생략된 부분이다. 역신에 대한 분노가 고조를 이루는 부분이자, 갈등을 드러내는 부분인데 이 부분이 고려 <처용가>에서 생략된 것은 향가 <처용가>를 '머즌말'로 규정하고서 熱病神을 '膾ㅅ가시'로 일축한 후, 분노를 참는 행위를 보여주는 것으로서 폭풍전야의 상태를 보여주기 때문이다. ③～⑦은 고려 <처용가>의 전문이다. 대체로 序詞(③), 처용신에 대한 讚揚(④: 讚神巫歌), 呪詞(⑥: 공수), 結詞로 이루어져 있다.52)

　이미 신으로 좌정한 고려 <처용가>에서의 처용아비의 모습은 매우 위력적이고, 무시무시하다. 그는 이미 향가 <처용가>에서 보여준 관용의 화신이 아니라 열병신을 쫓는 무서운 신격으로 자리잡고 있다. 인간 처용으로서의 한계와 갈등(아내와 역신의 교접, 역신에 대한 분노를 삭이는 등)을 드러낸 존재가 아니라, 시공간을 초월한 신격으로 변신하여 민중들의 마음속에 좌정한 존재로 나타나고 있다.

　김사엽은 고려<처용가>를 處容(法行龍)과 熱病神(이를 驅使하는 것은 羅睺阿修羅王이다)이 중심이면서도 양자의 신통력의 비교와 과시를 더욱 구체적으로 묘사했다고 한 바 있다.53) 향가<처용가>가 고려

---

52) 서대석, 「고려처용가의 무가적 검토」, 『처용연구전집』 Ⅱ, 도서출판 역락, 2005, pp.175～185.
53) 김사엽, 「향가의 처용가와 여요의 처용가」, 『처용연구전집』 Ⅱ, 도서출판 역락, 2005, p.4.

<처용가> 안에 포함되어 있을 뿐만 아니라, 무가로서의 성격을 분명하게 간직하고 있기 때문이다. 황패강은 처용설화의 '辟邪進慶'의 '辟'의 뜻이 역신을 물리치는 적극적인 것보다는 '역신을 피하는 呪能'으로 보아야 한다고 했다. 이어서 고려<처용가>에서는 '避邪'의 소극적인 자세에서 邪神을 '물리치는 것,' '잡는 것'으로 바뀌었는데 이는 후대적인 전개로 보았다.54) 이는 처용이 노래하고 춤춘 후 물러나는 것으로도 확인할 수 있다.

서대석은 고려<처용가>를 처용굿에서 불려지던 무가가 儺禮에서 재편되어 가창된 것으로 보았다. 현존 굿거리 진행이 청배, 축원, 공수, 유흥으로 전개되는데, 고려<처용가>가 오늘날의 무가의 실상과 거의 일치한다면서 민간에서 무녀가 부르던 주술적 구비시가가 기녀들에 의해 궁중 연회에서 가창되면서 예술성이 확대되어 가는 과정을 보여준 것으로 보았다.55) 이혜진은 고려<처용가>의 무가적 특징은 위협적 주술의 한 계열인 <구지가>계 주사의 영향과 함께 중국에서 유입된 儺禮의 영향도 함께 받아 『악학궤범』 소재 <처용가>가 형성된 것으로 보았다.56) 정운채는 처용은 '三災八難' 내지 '熱病神', 곧 '마음의 불'에 대한 天敵임을 전제로 '不語'함으로써 辟邪進慶하였다고 했다. 즉, 열병신은 틈만 있으면 돌출하는 마음의 불이며, 志鬼와 같은 존재이고, 이 마음의 불을 다스리기 위해 동해용의 아들인 처용을 불러내는 것으로 본 것이다.57)

---

54) 황패강, 「처용가의 미의식」, 『처용연구전집』 II, 도서출판 역락, 2005, pp.28~29.
55) 서대석, 「고려처용가의 무가적 검토」, 『처용연구전집』 II, 도서출판 역락, 2005, pp.185~186.
56) 이혜진, 「처용가의 변모양상 연구」, 『처용연구전집』 II, 도서출판 역락, 2005, p.508.
57) 정운채, 「고려 처용가의 처용랑망해사조 재해석과 벽사진경의 원리」, 『처용연구전집』 II, 도서출판 역락, 2005, pp.564~566.

　윤성현은 신화가 소멸된 고려시대에 신화적 능력을 바라는 민중들의
잠재적 욕구에 의해 고려<처용가>가 향가<처용가>에 비해 강력한 권
능을 요구받고 분명한 색깔로 자신의 정체를 드러낸 것으로 보았다. 또
한 인간세계의 미움과 고통, 다툼들을 뭉뚱그린 부정적 존재가 熱病神
으로 형상화되었고, 이에 맞선 처용은 긍정적 가치를 구현해주는 초월적
존재로 신격화되어 나타났다고 보았다. 그 결과 고려<처용가>는 위력
적 권능을 통해 직접적인 통쾌함을 안겨주는 독특한 정서 구현방식을 띄
고 있다고 했다.58) 김수경은 고려<처용가>에 삽입된 향가<처용가>는
주술적인 힘을 가진 '머즌말'로 기능하고 있으며, 이로 인해 고려시대에
벽사진경을 위한 나례에도 연행될 수 있었으며, 위협과 명령조의 사설이
강화되어 고려<처용가>가 형성된 것으로 보았다.59)

　김열규는 <처용가>는 세 가지 주술원리를 내포한다고 했다. 첫째는,
원인의 기술, 혹은 그 지적이라는 점(병은 그 원인에 의해서 고쳐질 수
있다는 주술원리)이고, 둘째는 역질의 원인은 곧 역질의 부분이라는 점
(감염법칙의 주술원리)이며, 셋째는 야기되기를 바라는 결과의 반대상황
(역신이 들어있는 상태)을 진술하고 있다는 점(逆의 유사법칙의 주술)60)
이 그것이다. 김승찬은 역신이 <처용가>의 내용에 위압감을 느끼고 調
伏한 것이 아니라, 처용의 '노하지 아니함'에 감복하고 아름답게 여겨
무릎을 꿇은 것으로 보았다. 즉, 노래에는 하등의 呪力이 없었고, 오히
려 처용의 마음을 표출한 표정과 춤에 있었다고 본 것이다. 역신 앞에서
의 춤은 종교적인 춤으로써 초자연적인 힘을 갖는다고 본 것이다. 따라
서, 향가는 呪師나 巫覡이 문제해결을 위해 사용한 呪詞가 아니라, 雜

58) 윤성현, 「처용가의 변천과 문화사적 의미」, 『처용연구전집』 II, 도서출판 역락,
　　2005, pp.616~622.
59) 김수경, 『고려처용가의 미학적 전승』, 보고사, 2004, p.42.
60) 김열규, 「향가의 문학적 연구」, 『향가문학론』, 새문사, 1989, p.35.

部密敎를 신앙하는 승려낭도가 변괴를 불양하기 위해 呪密사상을 바탕으로 창작된 것으로 본 것이다.[61] 이 <처용가>에 대한 논문 가운데 최근 흥미로운 견해가 제시되었다. 즉, 설화속의 望海寺를 新房寺라고도 한다는 점에 주목하여, 헌강왕의 庶子인 嶢(훗날의 孝恭王=처용)를 헌강왕이 어느 여인과 행재소에서 야합에 의해 태어난 아들로 보고, 처용의 얼굴이 '深目高鼻'한 것은 그의 이름(嶢=산이 높은 모양)이 뜻하듯 '출중하게 큰 거인'의 체모를 의미하는 것으로 해석하여, 이 같은 유형을 <庶出王子 登極說話>의 한 유형으로 본 것이다.[62] 孝恭王 (897~912, 憲康王의 庶子 嶢)의 등극과정은『삼국사기』에 다음과 같이 실려 있다.

> 진성여왕 9년 10월에 헌강왕의 서자 요를 세워 태자를 삼았다. 처음에 헌강왕이 전렵을 관람하다가 한길 가에 자태가 아름다운 한 여자가 있음을 보고 마음으로 사랑하여 뒷수레에 실을 것을 명하여 행재소에 이르러 야합하였던 바, 곧 태기가 있어 아들을 낳았다. 그 아이가 성장함에 따라 체모가 괴걸스러워 이름을 요라 했다. 진성왕이 듣고 그 아이를 궐내로 불러 들여 손으로 그 등을 어루만지며 말하기를, "나의 형제자매의 골상은 남들과 다른 점이 있다. 이 아이도 등위에 두 뼈가 솟았으니 참으로 헌강왕의 아들이다" 하고 이내 유사에 명하여 예를 갖추어 태자로 승봉하였던 것이다.[63]

---

61) 김승찬,「향가의 주사적 성격」,『향가문학론』, 새문사, 1989, pp.43~46.
62) 김기흥,「신라처용설화의 역사적 진실」,『처용연구전집』Ⅳ, 도서출판 역락, 2005, pp.756~763. 김기흥은 이 논문에서 헌강왕의 서자인 효공왕(처용)이 서자의 신분으로 왕위에 올랐기 때문에 자연히 등극의 정당성을 입증하고 신성성을 확보하기 위한 방편으로 당시 큰 문제거리였던 역질을 퇴치해줄 능력을 가진 존재로 대중적인 열망을 받게 되면서 역신을 감복시키는 辟邪進慶의 상징으로 발전하여 신앙화, 민속화하기에 이른 것으로 보았다.
63)『三國史記』卷11 新羅本紀 11 眞聖王 9年, "冬十月 立憲康王庶子嶢 爲太子 初憲康王觀獵 行道傍見一女子 姿質佳麗 王心愛之 命後車載 到帷宮野合 卽有娠而生子 及長 體貌魁傑 名曰嶢 眞聖聞之 喚入內

51대 眞聖女王(887~897)은 49대 憲康王(875~886)의 여동생이다. 따라서 서자 요는 진성여왕에게는 조카가 된다. 태자로 책봉한 지 2년 후에 왕위를 물려주니 그 당시 요는 15세(志學)쯤 되었을 것으로 보인다. 태자로 책봉하는 과정을 보면 요의 성장과정 또한 남달랐을 것으로 추정된다. 이른바, 國人들에 의해 확산된 소문을 듣고 진성여왕이 궐내로 불러들여 조카를 확인하는 절차를 밟는 흔적이 엿보이기 때문이다.

이 이야기는 비형랑의 이야기와 상당히 유사하다. 이른바, 국왕의 서자로 태어나는 운명을 간직한 이야기라는 점에서 공통적이다. 따라서 처용설화는 무당 처용의 본풀이가 아니라, 처용으로 상징화된 헌강왕의 서자인 효공왕의 본풀이이며, 신화로 본 것이다.[64] 그러나 이 가설이 성립되기 위해서는 왜 헌강왕대의 설화로 기술되었는가가 해명되어야 한다. 10여 년의 세월이 문제가 아니라, 효공왕의 등극설화가 어째서 헌강왕의 부대설화가 되었는지를 해명해야 한다. 『화랑세기』에 의해 비형랑의 설화와 유사하다는 점이 밝혀졌고, 망해사를 신방사라고 했다는 점은 이 설화의 개연성을 높여주는 증거가 될 수 있다.

필자는 두 가지 이유를 들어 이 설화가 실제 사실을 바탕으로 한 것이라고 추정하고자 한다. 첫째는 헌강왕대를 기록한 유사의 기술태도를 주목할 필요가 있다. ①부분은 분명 헌강왕대의 태평성대를 기록하고 있다. 이는 단지 헌강왕대만을 기록한 것이 아니라, 신라의 전성기를 기록한 것으로 볼 수 있다. 왜냐하면 ②의 기록을 보면 신라가 멸망하는 과정을 기술하고 있기 때문이다. 정상적이라면 신라의 멸망은 56대 경순왕에서 언급되는 것이 순리이다. 이는 헌강왕대에 이르러 신라가 망할 조

以手撫其背曰 孤之兄弟姊妹 骨法異於人 此兒 背上兩骨隆起 眞憲康
王之子也 仍命有司 備禮封崇."
64) 김기흥, 「신라처용설화의 역사적 진실」, 『처용연구전집』 Ⅳ, 도서출판 역락, 2005,
p.764.

짐을 보였다는 것으로 풀이된다. 또한 개운포에서 '迷失道路' 했다는 것은 단순히 길을 잃었다는 것이 아니라, 국정의 혼란을 상징하는 말이며, 헌강왕이 왕정보좌를 구하는 것은 이를 뒷받침하는 것으로 보인다.

둘째로, 『삼국유사』는 『삼국사기』의 기술태도에 대해 보완적인 성격을 띠는 경우가 많다는 점이다. 위의 『삼국유사』의 기록은 『삼국사기』에도 ①과 같은 태평성대의 모습과 山海의 精靈이 나타나 춤을 추는 장면이 나온다. 또한 『삼국사기』에는 왕의 성품이 총민하고 독서를 좋아하며 눈으로 한번 본 것은 다 외울 정도로 영특한 군주로 나타난다. 위의 효공왕의 태자 책봉기록에서 헌강왕이 전렵을 관람하다가 어느 여인과 야합하는 모습이 나오는데, 『삼국사기』 5년 3월에 국동의 주군을 순행하는 기록이 나오고, 11월에 왕이 혈성원에서 전렵을 행했다는 기사가 있다.65) 객관적인 사실을 기록했다는 『삼국사기』에도 『삼국유사』의 기록을 어느 정도 찾을 수 있다는 점에서 그 개연성은 있다고 본다. 그러나 이 같은 가설은 역사와 설화의 접목을 시도하는 것으로서 중요한 의미가 있는 반면, 관련 기록의 미비 때문에 일정부분 개연성으로 추정해야 하는 어려움이 따른다.

5. 結 論

필자는 설화를 단순히 민간에서 떠도는 이야기로만 해석하는 입장이 아니라, 역사적인 사실을 과장하거나 확대, 축소하여 전파하는 것으로 보는 입장을 취한다. 동양에서는 역사적인 사실의 기록을 중시하는 전통이 있다. 고대의 기록이 영성한 가운데 떠도는 이야기 가운데는 실제의

---

65) 『三國史記』卷11, 新羅本紀 제11, 憲康王 5년 11월조, "十一月 獵穴城原."

사건이나 기록이 와전되거나 확대되거나, 변형되어 전하는 경우가 많이 있다. 사실을 기록하는 紀事와 논리적이고 체계적인 글을 기록하는 立言의 전통이 우세했던 동양에서는 소설이 가장 늦게 발달한 장르였다. 그 이유는 이른바 虛構(Fiction)라는 개념에 대한 부정적인 인식 때문이다. 우리 고전소설의 경우 역사적인 사실에다가 교훈적인 요소(흥미)를 가미한 것도 따지고 보면 이 같은 관점을 반영한 것이었다. 고전소설을 연구할 때 근원설화를 따진다거나, 소설의 서두에 의례 시대와 지역과 인물을 묘사하는 것도 역사적인 사실을 가장한 방편이었다.

필자는 원래 <고전시가에 나타난 시간관>을 발표하려고 했으나, 논제가 광범해서 미처 준비가 되지 않았고, 작은 규모로 呪詞를 선택하여 논지를 전개했다. 다행히 주사 가운데 <비형랑사>, <지귀사>, <처용가>는 개별 작품만으로도 훌륭한 논문이 될 수 있는 것이었다. 동시에 문학과 역사, 전통(민속)을 살필 수 있는 요소를 갖춘 것이기에 앞으로도 많은 논쟁이 뒤따를 것으로 본다. 세 작품 모두 辟邪進慶이라는 공동의 기반을 갖고 있는 것이면서 동시에 인간생활에 밀접하게 관여했던 민속이기도 했다.66)

<비형랑사>에서 脫時間을 드러내는 용어는 '魂'과 '鬼衆'이라는 표현이다. 초현실적인 존재이기에 현실과는 일정한 거리를 두고 있다. 집이란 사람들이 거처하는 곳이지만 유독 <비형랑사>에서는 귀신들이 머물지 못하도록 명령하는 것은 庶出로써 '귀신을 쫓는다'(鄕俗帖此詞而辟鬼)는 한 맺힌 원리가 작용한 것이라고 본다. 즉, 以夷制夷의 방식으로 귀신에 대처하는 민중의식을 살필 수 있다고 본다. <비형랑사>는 비형랑이 유복자로 태어났기 때문에(혹은 진지왕의 혼과 관계하여 낳은 것

---

66) <비형랑사>의 경우는, "鄕俗帖此詞而辟鬼."로 기록되어 있고, <지귀사>의 경우는 "時俗 帖此詞於門壁 以鎭火災"로, <처용가>의 경우는 "因此 國人門帖處容之形 以僻邪進慶."이라고 기록되어 있다.

때문에) 그의 영혼을 위로하는 차원에서 이루어진 설화로 본다.

  <지귀사>는 술파가설화가 애초에 불교수행에 방해가 되는 여인들을 멀리하는 교화적인 설화였음에도 불구하고, 신라에 들어와 지귀가 선덕여왕을 사모하고, 여왕이 이에 너그럽게 대응하는 로맨스로 변용시킨 것은 신라인들의 설화수용 방식이 매우 포용적이고 낭만적이었음을 보여주고 있다. 그러나 이 설화는 혜공스님의 우려와 같이 세속인의 애정행각이 성스러운 사찰을 오염시킬 수 없다는 신성관념을 드러내는 설화로 보는 것이 옳다고 본다. 지귀가 못 이룬 염정을 불태우며 세속에서 불의 신으로 받들어진 것도 중요하지만, 이면에는 수도승들에게 수행에 방해가 되는 남녀의 염정문제에 대해 경계하는 의미 또한 내재한다고 본다.

  이미 신으로 좌정한 고려 <처용가>에서의 처용아비의 모습은 매우 위력적이고, 무시무시하다. 그는 이미 향가 <처용가>에서 보여준 관용의 화신이 아니라 열병신을 쫓는 무서운 신격으로 자리잡고 있다. 인간 처용으로서의 한계와 갈등(아내와 역신의 교접, 역신에 대한 분노를 삭이는 등)을 드러낸 존재가 아니라, 시공간을 초월한 신격으로 변신하여 민중들의 마음속에 좌정한 존재로 나타나고 있는 것이다.

參 考 文 獻

『大東韻府群玉』

『大智度論』

『孟子』

『白虎通義』

『三國史記』

『삼국유사』

『書經』

『악학궤범』

『周易』

『春秋繁露』

『花郞世紀』, 이종욱 역주해, 소나무, 1999.

『淮南子』

高柄翊, 「儒敎思想에서의 進步觀」, 『중국의 역사인식』 상, 창작과비평
　　　사, 1985.

高柄翊, 「中國人의 歷史觀」, 『中國의 歷史認識』 上, 창작과비평사, 1985.

金基興, 『천년의 왕국 신라』, 창작과비평사, 2000.

金德原, 『신라중고정치사연구』, 경인문화사, 2007.

金杜珍, 「신라 진평왕대 초기의 정치개혁」, 『진단학보』 69, 1990.

金榮洙, 「처용가연구의 종합적 검토」, 『처용연구전집』 Ⅳ, 도서출판 역
　　　락, 2005.

金一烈, 「시조에 나타난 시간의식」, 『한국시가문학연구』, 신구문화사, 1983.

김경주 주편, 『처용연구전집』 전7권, 역락, 2005.

김기흥, 「신라처용설화의 역사적 진실」, 『처용연구전집』 Ⅳ, 도서출판
　　　역락, 2005.

김사엽, 「향가의 처용가와 여요의 처용가」, 『처용연구전집』 Ⅱ, 도서출
　　　판 역락, 2005.

김수경, 『고려처용가의 미학적 전승』, 보고사, 2004.

김승찬, 「향가의 주사적 성격」, 『향가문학론』, 새문사, 1989.

김열규, 「향가의 문학적 연구」, 『향가문학론』, 새문사, 1989.

김영하, 『신라중대 사회연구』, 일지사, 2007.

김태식, 『화랑세기, 또 하나의 신라』, 김영사, 2002.

나정순, 『한국고전시가문학의 분석과 탐색』, 역락출판사, 2000.

朴南守, 『신라수공업사』, 신서원, 1996.

박석준, 「陰陽」, 『21세기의 동양철학』, 을유문화사, 2005.

朴淳敎, 『김춘추, 외교의 승부사』, 푸른역사, 2006.

서대석, 「고려처용가의 무가적 검토」, 『처용연구전집』 II, 도서출판 역락, 2005.

徐永大, 「한국고대 神관념의 사회적 의미」, 서울대박사논문, 1991.

宋恒龍, 『시간과 공간 그리고 지금 바로 여기』, 성균관대출판부, 2007.

양계초·풍우란 외 저, 김홍경 편역, 『음양오행설의 연구』, 신지서원, 1993.

윤성현, 「처용가의 변천과 문화사적 의미」, 『처용연구전집』 II, 도서출판 역락, 2005.

이혜진, 「처용가의 변모양상 연구」, 『처용연구전집』 II, 도서출판 역락, 2005.

李昊榮, 『신라 삼국통합과 麗·濟 패망연구』, 서경문화사, 1997.

印權煥, 「심화요탑 설화고」-인도 설화의 한국적 전개-, 『국어국문학』 41집, 국어국문학회, 1968.

정운채, 「고려 처용가의 처용랑망해사조 재해석과 벽사진경의 원리」, 『처용연구전집』 II, 도서출판 역락, 2005.

鄭惠媛, 「고전시가에 나타난 시간관」, 『논문집』 13, 상명여사대, 1984.

曺凡煥, 『우리 역사의 여왕들』, 책세상, 2000.

홍원식, 「음양오행」-둘과 다섯으로 해석한 동양의 세계-, 『조선 유학의 개념들』, 예문서원, 2002.

黃浿江, 「志鬼說話 小考」, 『신라불교설화연구』, 일지사, 1975.

황패강, 「처용가의 미의식」, 『처용연구전집』 II, 도서출판 역락, 2005.

Anthony Aveni 저, 최광열 역, 『시간의 문화사(Empires of Time)』, 북로드, 2007.

Grace E. Cairns 저, 이성기 역, 『역사철학』, 대원사, 1990.

一生儀禮를 通해 본 時間認識

송 재 용*

1. 序 言

문학은 시간과 밀접한 연관성을 맺고 있다. 물론 이때의 시간이란 물리학적 개념만이 아니라 심리학적 개념과 언어학적 개념을 모두 포함하게 된다. 특히 문학에서 가장 보편적으로 다루어지는 주제들, 예를 들어 사랑이나 이별, 죽음 등을 형상화시킴에 있어서도 지속과 단절, 기대와 회상, 진술과 연상 등 여러 가지 형태의 시간현상이 나타나게 된다. 이러한 문학 속의 시간들은 특수한 양상을 보이기 때문에 과학적인 방법만으로는 측정할 수 없는 주관성을 갖는다. 문학에서는 외면적 시간과 내면적 시간이라는 상호 모순 된 시간 개념이 교차되고 있으며, 사건중심이 아닌 인간의 내면적 심리를 추구하는 작품일수록 주관적 시간이 主된 흐름을 이룬다. 이처럼 문학과 시간 관계의 구명은 문학을 보다 깊이 이해하기 위한 방법론의 하나로서 중시되어 왔다.[1] 이는 민속학에서도 예

---

* 단국대학교 교수
1) 鄭惠媛, 「고전시가에 나타난 시간관」, 『논문집』 13집, 상명여대 사범대, 1984, pp.312〜313.

외가 아니다. 본고가 논의하고자 하는 一生儀禮 또한 시간과 무관하지
않다. 그것은 一生儀禮의 時間認識이 民俗에서의 時間認識과 마찬
가지로 年·月·日·時라고 하는 4개의 시간기둥, 다시 말해 四柱에
입각해서 이루어지고 循環한다는 것이다. 즉 週期的인 循環構造를
지니고 있다는 점이다.

한편, 인간의 생명은 有限하지만, 단지 죽음으로 끝나는 것이 아니라
再生 또는 復活한다는 東洋的 思考觀, 특히 儒敎에서는 삶과 죽음
을 연속된 것으로 보고 있는바, 결국 이는 時間의 無限性과 연관이 있
다고 하겠다.

그리고 東洋的 數理, 예를 들어 象數나 禮法, 命理 등의 數 中에
는 象徵的 時間觀念과 관련된 수가 있다.

그러므로 필자는 一生儀禮에 초점을 맞추어 四柱와 循環的 時間
認識, 有限한 生命과 時間의 無限性, 東洋的 數理로 본 象徵的
時間觀念 등으로 3分하여 개괄적으로 대략 살펴보겠다.

2. 一生儀禮를 通해 본 時間認識

1) 四柱와 循環的 時間認識

시간은 일반적으로 천체의 운행에 따른 변화와 그 주기를 근거로 산출
한 개념이다. 다시 말하면 시간이란 우주 공간의 변화 주기를 단위로 성
립된 것이다. 전통사회에서는 상하 계층의 구분 없이 으레 음력을 준거
로 하였다. 그런데 음력은 엄격하게 말하면 태음태양력을 말하는데, 달
이 한 차례 지구 둘레를 공전하는 한 달 주기와 지구가 한 차례 태양 둘

레를 공전하는 1년 주기, 그리고 지구가 한 차례 자전하는 1일 주기를 함께 고려한 것이다.

우리는 흔히 일 년은 12달, 한 달은 30일, 하루는 24시간으로 알고 있다. 그래서 달과 날과 시간이 저마다 다른 주기를 가지고 있는 것으로 인식하고 있다. 그리고 해의 주기는 쉽게 드러나지 않는 것처럼 보인다. 여기서 시간 주기의 길이가 어떻든 주기가 있다는 것은 시간을 순환개념으로 인식하고 있다는 사실을 뜻한다. 달의 경우 마지막 달인 12월이 되면 다시 처음으로 되돌아가 1월부터 시작된다. 날짜의 경우도 월말인 29일이나 30일이 되면 다시 초하루부터 새 달이 시작되고, 하루 시각 역시 24시가 되면 다시 새벽 1시부터 새로 시작한다. 그런데 年, 즉 해는 그러한 개념이 없어, '해의 주기'는 없는 셈이다. 단기든, 서기든, 佛紀든 시작의 시간은 있어도 끝의 시간은 없다. 결국 이들 연호는 어떤 경우든 한결같이 직선적 시간관에 입각해서 전개되고 있는 것이다.[2] 그러나 민속에서는 年・月・日・時가 순환한다. 특히 干支(10干, 12支)로 보면 그렇다. 四柱, 즉 年・月・日・時를 간지로 표시하는 방법을 干支紀年法, 干支紀月法, 干支紀日法, 干支紀時法이라고 하는데, 순환적 시간인식과 함께 상당히 체계적이다. 그러면 일생의례와 연관시켜 살펴보자.

出生儀禮 가운데 祈子儀禮의 致誠祈子를 보면 치성을 드릴 때 달과 일, 시간까지 정한 후 행한다. 비는 기간도 보통 3일・7일・21일・100일간 비는데, 빌 때는 남이 모르게 빌어야 효험이 있다고 하여 주로 새벽이나 밤에 빈다. 그리고 사람이 태어나면 四柱를 보고 作名을 하거나 운명을 점친다. 또 冠禮를 행할 때(주로 15세 또는 20세에 행하는데 음양의 원리에서 비롯된 것이다)에도 달(정월: 정월에 행하는 것은

---

2) 임재해, 「시간 주기의 프렉탈 현상과 시간인식」, 『기층문화를 통해 본 한국인의 상징체계』 중, 민속원, 1998, pp.85~86.

정월이 1년의 시작이며, 인생의 출발점에 있다는 공통점 때문에 비롯된 듯하다)과 일, 시간(대개 아침)을 정해 거행하였다. 그런데 고대에는 천자나 제후는 12세에 관례를 행하였으며, 조선 후기에 접어들면 早婚 風俗으로 인해 10세에 행해지기도 하였다. 그리고 婚姻을 할 때도 서로 궁합을 보고 혼인 날짜를 결정했으며, 婚禮 時間도 고대에는 음과 양이 만나는 날 저물 때 거행했다. 뿐만 아니라 喪禮 時 下官 時間을 정할 때에도 四柱를 보고 결정했다.3) 그리고 祭祀를 지낼 때에도 월과 일 뿐만 아니라 시간(子時)까지 고려했다(지금이야 초저녁 제사를 지내기도 하지만). 우리 先人들의 시간의식이 얼마나 정확하고 철저했는지를 짐작할 수 있다. 오히려 생년월일만 주목하는 현대적 시간인식보다 더 철저했다고 할 수 있다.

그런데 연·월·일·시가 12支에 의해서 12라는 시간 축 주기로 결정된다는 점을 주목할 필요가 있다. 12支는 시간과 방위를 의미한다.4) 우리 선조들은 나이를 가늠할 때에도 出生年度보다 띠로 말했고, 월이나 일, 시도 12支로 말했다. 결국 12支를 순환적으로 인식했던 것이다. 또 민속에서 사용하는 태음력적 역법도 달을 근거로 모든 시간인식을 12주기로 설정하고 있다. 이러한 달의 순환과정은 마치 인간의 생로병사를 뜻하기도 하고, 한 생명이 죽음에서 다시 소생하여 성장해가는 生生力을 상징하기도 한다. 인간의 탄생, 성장, 노쇠, 사멸의 과정은 달의 순환과 일치하고 있는 것이다. 이러한 달의 순환과 인간의 일생과의 일치는 참으로 중요한 의미를 가진다. 그래서 모든 세시풍속과 일생의례와 같은 시간적 개념의 민속은 달의 순환주기 및 생생력 상징과 밀접한 연관성을 지니고 형성 전승되고 있다.5)

---

3) 下官 時間은 亡人의 四柱를 감안하고, 坐向과 日字를 바탕으로 정한다(송재용, 『한국 의례의 연구』, 제이앤씨, 2007, p.43).
4) 홍순석 외 4인, 『전통문화와 상징』, 강남대출판부, 2001, p.46.

결국 민속에서는 직선적 시간인식에서 벗어나 순환적 시간관에 입각해서 사주를 인식하고 있음을 알 수 있다.

2) 有限한 生命과 時間의 無限性

사람은 태어나 일정기간 살다가 죽는다. 죽지 않는 사람은 없다. 그런데 동양 특히 유교에서는 죽음을 삶의 연속으로 보고 있다.[6] 다시 말해 우리의 관행에서는 죽음을 삶과 단절된 현상으로서 보고 있는 반면, 유교에서는 삶의 연속으로서 보고 있다는 것이다.

사람이 죽으면 영혼은 신, 즉 祖上神으로서 떠받들어지게 된다. 그러므로 그 영혼이 깃들여있는 물체로서 神主를 만들어 祠堂에 보관하고 있는 것이다. 말하자면 새로운 조상신으로 탄생하는 것이다. 그런바 죽은 사람에게도 사당과 같은 일상적인 공간을 마련해주고, 祭禮와 같은 의례를 통해서 집안 구성원의 하나로 인식하고 있는 것이다. 祠堂祭에서 신알례·출입례·고사례를 행하는 것은 조상신을 마치 일상생활에서 살아있는 어른을 대하는 것과 똑같이 하는 절차이다. 이러한 절차는 죽은 조상도 비록 죽었지만 여전히 살아있는 존재로서 살아있는 후손들과 함께 한 집안에서 거처하면서 일상생활에 참여하고 있는 존재[7]로 인식했기 때문이다.

---

5) 임재해, *op. cit.*, pp.96~104.
6) 장철수,『한국 전통사회의 관혼상제』, 한국정신문화연구원, 1984, p.93.
   반게넵에 의하면 장례식은 부활 및 영혼 재생의례로 나타나기 일쑤인데, 비록 영혼이 이승을 떠나서 저승에 통합되었다고 하더라도 다시 방향을 바꾸어 저승에서 이승으로 돌아와 사람들 가운데 나타날 수 있다는 것을 염두에 두고 있다는 해석이다(cf. 장철수,「한국의 평생의례에 나타난 생사관」,『동아시아 기층문화에 나타난 죽음과 삶』, 민속원, 2001, pp.63~64).
7) *Ibid.*, p.113.

옛사람들은 사람의 죽음은 육신의 죽음만을 의미한다고 인식했다. 그리고 영혼은 죽지 않고 환생, 재생 한다고 믿었다. 한편, 불교에서도 죽음과 삶은 하나(生死一如)라고 인식하였다. 참고로 중세 유럽 사람들은 사람이 죽으면 그 영혼은 죽은 시신의 주위를 떠나지 않고 지켜본다고 믿었다. 어쨌든 대부분의 종교에서도 죽음을 단순히 소멸로 보지 않고 존재 양태가 달라진 채 이어지는 다른 삶으로 믿었다.

우리의 죽음 속에는 꽃이 다시 피어나듯 다시 태어날 꿈, 인간세계로 재생할 꿈이 간직되어 있다. 죽음은 생명을 버리는 것이 아니다. 생명이 시작된 원천으로의 귀향이다. 원천으로 돌아간 죽음은 그 원천에서 새목숨을 얻어서 다시 태어나기를 염원한다. 이것이 우리 문화 속에 녹아 있는 죽음에 대한 의식이다. 그런바 죽음은 끝이 아니라 새로운 삶의 시작을 의미한다.

그런데 여기서 주목할 것은 生生力이다. 생생력이라고 하는 것은 인간 및 동물의 생식과 번식 및 産育 등을 포함함과 함께 농사의 풍요, 계절 및 자연의 雨順風調 혹은 그 생산성 등을 광범위하게 일컫는 말이다.[8] 그러나 한층 적극적으로 말하면 생생력이란 생성과 소멸이 주기적으로 반복됨으로써 생멸의 순환이 지속되는 힘을 말한다.[9] 샘물이 마르지 않고 끊임없이 샘솟듯이, 달 또한 죽었는가 하면 다시 소생하여 부활한다. 그것은 땅도 마찬가지이다. 가을에 늙어서 겨울에 죽었는가 하면, 봄에 다시 살아나 모든 생명을 소생시킨다. 그러한 힘은 여성도 마찬가지이다. 생리가 다달이 되풀이 되면서 배란기에 일정한 주기로 끊임없이 다가와 생산 가능성을 주기적으로 담보한다. 다시 말하면 생리 현상에 따라 생명을 잉태할 수 있는 가임기가 주기적으로 닥치는 것이다. 죽음 또한 그렇다. 민속에서는 喪禮의 경우, 三年 喪을 마치게 되면 죽음은

---

8) 김열규, 『한국민속과 문학연구』, 일조각, 1975, p.209.
9) 임재해, *op. cit.*, p.109.

저승에서 재통합되어 저승의 존재로 다시 태어난다고 믿는다.

　과거, 현재, 미래로 나누어 생각하는 서양의 직선적 시간관과 달리, 동양은 생과 사를 합쳐서 하나로 보고 이승과 저승 사이에 단절의 의미를 부여하지 않는 圓的 時間觀을 지향하고 있다고 보는 이[10]도 있다. 다시 말해 우리는 사람이 죽으면 돌아갔다고 말한다. 죽음을 원래의 자리로 다시 환원하는 것으로 생각했던 것이다. 이렇게 본다면 죽음은 인생의 종말이거나 삶과 단절된 것이 아니다. 오히려 죽음은 삶의 뿌리가 되는 것이다. 결국 우리나라 사람들은 삶의 원천으로서 죽음을 생각했다고 볼 수 있다. 이처럼 시간을 되돌릴 수 있다는 믿음은 타력신앙에 근거한 것이다. 남은 사람들이 전세대의 과거를 사는 것, 그리하여 과거를 의미 있게 해주는 것이 우리의 시간관이라고도 볼 수 있다.[11] 그러므로 죽음은 인생의 종말이거나 삶과 단절된 것이 아니라 연속인 것이다. 죽음은 새로운 탄생의 과정이기도 하다.

　결국 이는 시간의 무한성과 연관된다고 하겠다.

3) 東洋的 數理로 본 象徵的 時間觀念

　數理學은 중국에서 오래전부터 전해 내려오는 신비한 학문의 하나이다. 그것은 옛 사람들이 몇 가지 수리를 가지고서 인간사의 길흉을 추단하고 자연현상을 설명하며 국가의 운명을 예측하는 관념과 방법의 체계로서 고대 중국의 정치·군사·문화·과학·기술 등에 광범위한 영향을 끼쳤다. 특히 특정한 숫자의 경우 각종 의례와 민속 등에서 중요한 일

---

10) 황루시, 「죽음의 의례에 나타난 한국인의 시간관」, 『기층문화를 통해 본 한국인의 상징체계』 중, 민속원, 1998, p.114.
11) *Ibid.*, p.149.

부를 담당하고 있다. 여기서는 일생의례와 관련하여 상징적 시간관념의 의미를 내포하고 있는 數를 중심으로 살펴보겠다.

이에 앞서 참고로 고대 중국에서 수학의 수리를 보면, 1은 세계의 근원이나 혹은 우주의 시원을 상징한다. 2는 地數로 상서로운 징조를 의미하는 수이며, 음양과 만물의 존재형식을 정립하는 근거가 된다. 3은 중국 문화에서 가장 빈번하게 사용된 숫자이며, 가장 풍부한 의미를 지니고 있다. 周나라 사람들이 좋아했던 수로, 天·地·人 三才 관념을 표시한다. 4는 음의 수로, 원시사유 중에서 가장 신비한 숫자로 四象·四季·四神 등과 관련이 있다. 5는 오행과 관련된 수로, 은나라 사람들이 좋아했던 숫자이다. 세계 어느 민족도 5를 숭상하지 않는다고 한다. 6은 수학 체계 중에서 하나의 완전한 수로, 진시황이 선호했던 수인데, 주역의 숫자이기도 하다. 7은 중국 전통문화에서 가장 혼란을 주는 숫자로, 일반적으로 죽음과 연결된다. 8은 8괘를 중심으로 하는 구조체계를 이룬다. 9는 풍부한 함의를 가진 수로, 天數 중 가장 큰 수이다. '오래가라'는 의미를 내포한다. 10은 완성과 원만, 영원을 상징한다.[12] 그러면 상징적 시간관념과 관련된 수에 대해 살펴보기로 하자.

3은 완전, 완성, 전체, 화합, 신성, 최다, 최대, 최고, 재생 등 다양한 의미를 지닌 수로, 우리 先人들이 선호하고 애용한 수이다.[13] 그리고 3은 『周易』과 『論語』에 가장 많이 등장하는 수이기도 하다. 그런데 여기서 주목할 것은 3이 생명 또는 재생과 관련하여 여러 갈래로 쓰인다는 것이

---

12) 유호군 저·임채우 역,『술수와 수학 사이의 중국문화』, 동과서, 2001, pp.273~276.

13) 수에 대한 상징적 의미는 한국문화상징사전편찬위원회 편,『한국문화상징사전』 1, 2, 두산동아, 1996 ; 유효군 저·임채우 역,『술수와 수학 사이의 중국문화』, 동과서, 2001 ; 具美來,『한국인의 상징세계』, 교보문고, 1994 ; 姜在哲,「通過儀禮에 나타난 '3의 法則' 硏究」,『인하어문연구』1, 인하대 국문과 인화어문연구회, 1994 등을 참고할 것.

다. 아이를 잉태하고 출산하여 기르는 일을 담당하는 신격을 삼신할머니라고 한다. 이때 삼신은 곧 생명의 신을 말한다. 세 분의 신이거나 出產의 神으로서 三神 또는 產神이 아니라 삼신은 태의 신이자 생명의 신으로서 삼신이며,[14] 이때 '삼'은 산모와 태아를 이어주고 있던 생명줄을 뜻한다. 아기를 감싸고 있던 胎를 '삼'이라고도 한다. 따라서 삼신은 곧 생명의 신이자 태의 신이다. 그러므로 삼(3)의 의례들은 삼신의 '삼'과 무관하지 않다. 산모 방에서 나온 모든 분비물이나 오물들은 왕겨 불을 피워놓고 거기에 넣어 태우는데, 이 불을 '삼불'이라고 하는 것도 같은 맥락에서 이해할 수 있다.[15] 또 출생 후 사흘 만에 아기에게 젖을 물린다든가, 삼칠일 동안 금줄을 치고 각종 금기를 지킨다든가, 돌잔치를 세 돌까지 한다든가, 冠禮 때의 三加라든가, 喪禮 때의 삼일장, 삼우제, 3년 상 등은 모두 3의 주기로 이루어져 있다.[16] 3은 삶과 죽음의 의례 주기를 이루는 토대를 제공하고 있다고 하겠다.

특히 喪禮의 3년 상의 경우 3년도 재생의 기간이다. 죽음으로 다시 다음 세상에 태어나는 '재생'을 위한 '완성'의 기간이다. 종국은 또 다른 시작을 의미한다. 終과 始는 서로 이어져 끝이 없는 것이다. 終始는 始終과 달리 순환의 의미가 있다. 끝이 있어야 시작이 있다는 발상이다. 만물의 생명은 끝나는 것이 아니라 영원히 이어지는 것이다. 始는 終을 낳고 終은 終으로 마감되는 것이 아니라 始로 이어짐을 의미한다. 그러므로 死는 生의 시작이다.[17] 따라서 3은 생명의 수이며 재생의 의미를

---

14) 임재해, *op. cit.*, p.110.
한편, 민속에서는 삼신을 삼신단지, 삼신 바가지, 삼신할멈 등으로 부르기도 한다.
15) *Loc. cit.*
16) *Ibid.*, pp.110~111.
중국에서도 아이가 탄생하면 '세 번 씻기'를 하는데, 이 역시 같은 맥락으로 이해할 수 있다(陶立璠 著·金宗植 譯,『中國民俗學의 理解』, 집문당, 1997, p.292).
17) 강재철,『기러기 아범의 두루마기 — 한국의 통과의례와 상징』, 단국대출판부,

지니고 있는 것이다. 이 같은 의미는 상징적 시간관념과 연관이 있다.

7은 완전, 신성, 완성, 곤궁, 죽음, 생성 등의 의미를 지니고 있는데, 가장 난해한 수이기도 하다. 그런데 7은 『주역』에서 始의 의미와 반복의 의미가 있다. 終始의 의미가 들어있는 숫자인 것이다. 또한 불교에서도 7은 생과 사의 의미를 동시에 지니고 있다. 불 사리함이 7겹으로 되어있는 이유도 이 때문이다. 즉 生과 死는 다른 것이 아니다. 생은 사를 낳고 사는 생을 낳는다. 이 점에서 7은 3과 같이 생성의 의미를 지닌다.18) 그리고 출생 시 7일을 한 주기로 하는 것 등이 있다. 일본 민속의 경우 일본인들도 출산이나 사망 등 탈을 초래할 수 있는 어떤 상태에서 점차 일상으로 되돌아올 수 있는 기간을 7일 단위로 생각하는 경향이 있다. 그래서 일본인들은 출산을 하면 가족들이 7일간 외출을 삼가기도 한다.19) 이 또한 같은 맥락에서 이해할 수 있다.

9는 높다, 길다, 깊다, 많다, 오래간다, 재생 등의 의미를 지니고 있는데, 그 함의가 풍부하다. 한편, 9는 『주역』에 자주 쓰이는 수이기도 하다. 그런데 '오래 간다', '재생' 등의 의미는 상징적 시간관념과도 관련이 있는 것으로 보인다.

12는 歲星의 주기, 열두 달을 상징하는 수이다. 또한 인과응보의 신비한 기능을 가지고도 있다.20) 여기서 주목할 것은 연·월·일·시가 12支를 설정한 시간인식에 근거해서 순환한다는 점이다.21) 그러니까 12는 시간의 의미를 상징적으로 내포하고 있다.

이처럼 3, 7, 9, 12의 수는 순환적 시간관념(특히)과 시간의 무한성을 상징적으로 내포하고 있다고 하겠다.

2004, pp.198~199.
18) *Loc. cit.*
19) 한국 일본학회 편, 『일본 민속의 이해』, 시사일본djꞏ사, 1997, pp.155·184.
20) 유효군 저·임채우 역, *Ibid.*, p.22.
21) 임재해, *Ibid.*, p.99.

3. 結 語

필자는 지금까지 일생의례를 중심으로 사주와 순환적 시간인식, 유한한 생명과 시간의 무한성, 동양적 수리로 본 상징적 시간관념에 대하여 살펴보았다. 앞에서 논의된 사항을 종합하여 결론으로 삼겠다.

四柱, 연·월·일·시는 주기적으로 순환하는데, 특히 12支에 의해서 12라는 시간 축 주기로 결정된다. 이러한 순환적 시간인식은 대개 혼례나 상례, 제례 등에서 엿볼 수 있다. 그리고 우리 선인들의 시간인식이 정확하고 철저했다는 점을 인식할 필요가 있다.

한편, 인간의 생명은 유한하지만, 그러나 특히 유교에서는 죽음은 삶의 연속이며 삶의 일부분으로 인식하고 있다는 점을 주목할 필요가 있다. 그런바 이는 시간의 무한성과 연관이 있는데, 대개 상례와 제례 등을 통해 추찰해 볼 수 있다.

끝으로 동양적 수리, 그 중에서 3, 7, 9, 12(특히 3)의 수는 순환적 시간관념과 함께 시간의 무한성도 상징적으로 내포하고 있는 것으로 보이는데, 출생의례, 관례, 혼례, 상례, 제례, 그 중에서도 출생의례와 상례 등에서 주로 엿볼 수 있다.

이상에서 보듯, 일생의례는 시간의 순환성, 무한성, 반복성과 밀접한 관련을 지니고 있다고 하겠다.

일생의례를 통해 본 시간인식에 대한 논의는 공간인식과 병행되어야 보다 면밀한 성과를 기대할 수 있다.[22)]

---

22) 의례 가운데 시간관과 가장 밀접한 관련을 지닌 의례는 세시의례이다. 그러나 세시의례는 필자의 관심분야가 아니라 다루지 않았다.

參 考 文 獻

『朱子家禮』
『禮記』
강무학,『한국세시풍속기』, 동호서관, 1981.
『韓國文化상징사전』1, 2, 두산동아, 1996.

강재철,『기러기 아범의 두루마기 – 한국의 통과의례와 상징』, 단국대
　　　출판부, 2004.
具美來,『한국인의 상징세계』, 교보문고, 1994.
동아시아고대학회 편,『동아시아의 영혼관』, 경인문화사, 2006.
朴景燮,『韓國의 禮俗研究』, 서광학술자료사, 1993.
宋宰鏞,『韓國 儀禮의 研究』, 제이앤씨, 2007.
유효군 저·임채우 역,『술수와 수학 사이의 중국문화』, 동과서, 2001.
장철수,『한국 전통사회의 관혼상제』, 한국정신문화연구원, 1984.
鄭惠媛,「고전시가에 나타난 시간관」,『논문집』13, 상명여대 사범대,
　　　1984.
최인학 외,『기층문화를 통해 본 한국인의 상상체계』중, 민속원, 1998.
한림대 인문학연구소 엮음,『동아시아 기층문화에 나타난 죽음과 삶』,
　　　민속원, 2001.
홍순석 외 4인,『전통문화와 상징』, 강남대출판부, 2001.
韓國日本學會,『日本民俗의 理解』, 시사일본어사, 1997.
陶立璠 著·金宗植 譯,『中國民俗學의 理解』, 집문당, 1997.

日本古代詩歌에 나타난 時間觀
-柿本人麻呂의 「近江荒都歌」를 中心으로-

윤 영 수*

1. 序 論

일본의 古代詩人 중에서 『萬葉集』의 대표적인 歌人이자 '수수께끼의 歌聖'이라 불리는 柿本人麻呂(가키노 모토노 히토마로, 以下 '히토마로')만큼, 시냇물처럼 끊임없이 흘러가는 세월과 시간의 흐름에 민감하게 반응하면서 그 감회를 절실히 노래한 시인도 그다지 없을 것이다. 그 까닭은 무엇보다도 히토마로가 역사의 體現者로서 백제의 망명 지식인들이 정치와 문학에 깊이 참여하여 활약하였던 近江朝(A.D. 667~672)라고 하는 왕조의 흥망과 성쇠, 그리고 倭國의 日本化過程과 천황을 정점으로 하는 중앙집권적 국가와 율령에 의한 지배체제가 확립되고 완성되어지는 天武朝(A.D. 672~686)·持統朝(A.D. 686~697)라고 하는 절대적 왕권의 탄생이라는 역사의 커다란 소용돌이 속에서 인간의 삶과 죽음, 문학과 역사라고 하는 개인의식·인간적 의식이 현저하게

* 경기대학교 교수

발달했던 시대적·역사적 상황의 영향에 힘입은 바가 컸다고 생각된다. 또한 시인으로서의 히토마로 자신의 탁월한 감수성과 시적 재능이 없었다면 히토마로 문학의 위대한 달성은 이루어지지 못했을 것이다.

이러한 히토마로의 대표작품 중에「近江荒都歌」야말로 세월의 무상함과 시간의 변화를 예민하게 의식한 작품이라 볼 수 있다. 따라서 본 연구는 히토마로가「近江荒都歌」라는 자신의 작품 속에서 '시간'이라는 것을 어떻게 의식하고, 느끼고, 노래 부르고 있는가를 파악해 봄으로써 日本古代詩歌에 나타난 時間觀의 일면을 살펴보는 데 목적을 둔다.

지금까지 히토마로의「近江荒都歌」에 관한 선행연구는 히토마로 문학연구의 핵심인 만큼 수없이 많이 나와 있으나, 본 연구에서는「近江荒都歌」에 있어서의 '시간'이라는 문제에 초점을 맞추어 고찰해 보기로 한다. 그리고 히토마로와 시간과의 관련성을 다룬 연구논문으로서는, 일찍이 森朝男씨의「時間への恐怖」(『國文學硏究』第39集, 早稻田大學國文學會, 1969)와「柿本人麿とその時間幻想」(『日本文學』1977년 11월호), 平野仁啓씨의「柿本人麻呂の時間意識の構造」(『文藝硏究』第28号, 1972), 粂川光樹씨의「試論·人麻呂の時間」(『論集上代文學』第四冊, 笠間書院, 1973), 靑木生子씨의「柿本人麻呂の抒情と時間意識」(『萬葉集硏究』第8集, 塙書房, 1979), 吉田とよ子씨의「柿本人麻呂の空間·時間意識」(『上代文學』第42号, 上代文學會, 1979) 등이 발표된 적이 있다.

그러나 본 연구에서는 위의 선행연구들과는 다소 관점을 달리하여, 「近江荒都歌」를 둘러싼 역사적·사회적 배경을 충분히 고려하면서 필자 나름대로의 히토마로의 時間觀을 고찰해 보고자 한다.

그럼, 먼저 論의 전개를 위해「近江荒都歌」의 내용과 작품의 역사적 배경부터 고찰해 보기로 한다. 단, 작품 중의 異伝문제와 異伝부분은 편의상 생략하기로 한다.

2. 「近江荒都歌」의 歷史的 背景

過近江荒都時 柿本朝臣人麻呂作歌
(近江의 황폐한 宮都를 지날 때, 柿本朝臣人麻呂가 지은 노래)
玉たすき 畝火の山の 橿原の 日知の御代ゆ 生れましし 神のことごと
樛の木の いやつぎつぎに 天の下 知らしめししを 天にみつ 大和を置
きて あをによし 奈良山を越え いかさまに 思ほしめせか 天離る 夷に
はあれど 石走る 淡海の國の 樂浪の 大津の宮に 天の下 知らしめしけ
む 天皇の 神の尊の 大宮は 此處と聞けども 大殿は 此處と言へども
春草の 繁く生ひたる 霞立つ 春日の霧れる ももしきの 大宮處 見れば
悲しも

(卷一, 29)

우네비산 카시와라에서 등극하신 神武천황 때부터 태어나신 모든 천
황이 차례차례로 천하를 다스린 것을 大和를 두고 奈良山을 넘어 어떻
게 생각하셨는지 하늘 저 멀리 떨어진 시골이건만 近江의 大津宮에서
천하를 다스렸을 天智천황의 大宮은 여기라고 들었건만 大殿은 여기
라 하건 만은 봄풀이 무성하게 나 있는 안개 피어나는 봄날의 아지랑이
자욱한 대궁 터를 바라보니 슬프구나!

反 歌
* 樂浪の 志賀の辛崎 幸くあれど 大宮人の 船待ちかねつ

(卷一, 30)

志賀(시가)의 辛崎(가라사키)는 그 옛날과 다름없는데, (여기서 뱃
놀이하던) 대궁인의 배는 이제 더 이상 기다릴 수 없게 되었구나!

* 樂浪の 志賀の大わだ 淀むとも 昔の人に またも逢はめやも

(卷一, 31)

志賀의 큰 바다 물굽이는 여전히 출렁거리고 있건만 옛 사람을 다시
만날 수 있으랴 아니 이제 만날 수 없게 되었구나!

위의 「近江荒都歌」는 '國破山河在 城春草木深 感時花濺淚 恨別鳥驚心 …'이라는 唐의 시인, 杜甫의 「春望」이라는 시를 연상시켜 주는 노래로서, 히토마로와 일본문학사에 있어서 커다란 의의를 갖는 작품이다.[1] 위의 長歌를 冒頭부터 끝까지 詠誦해 보면, 그 가락이 齊藤茂吉씨가 말한 대로 "顫動的·流動的"이라는 사실을 알 수 있다. 또한 淸水克彦씨가 지적한, 일반적인 히토마로 장가의 특색, 즉 "단락이 적고, 전반은 후반의 수식격이 되어 후반에 종속되고, 한 首의 주안점으로서의 서술부는 결구부분에 단 한 번 나타난다"[2]고 하는 점에서 볼 때, 그와 같은 작품의 가장 전형적인 예의 하나라고 볼 수 있다.

그런데 『萬葉集』에서의 본 작품의 배열상태와 그 역사적 배경을 고찰해 보면, 이 노래는 연대순으로 萬葉歌가 배열되어 있는 제1권에서 「藤原宮御宇天皇代」에 수록되어 있으므로 持統天皇代(A.D. 686~697)에 히토마로가 近江의 황폐한 宮都를 지날 때, 지은 작품인 셈이다. 그리고 작품의 역사적 배경이 되어있는 近江천도는 이미 역사학자들의 연구에 의해 밝혀진 바와 같이, 그 목적이 飛鳥(아스카)의 구세력으로부터 벗어나 새로운 정치를 펼치기 위해서, 또는 백제의 구원군 요청에 의해 白江(지금의 금강하구)에서 신라와 당의 연합군과 싸워 대패한 후, 그들의 일본으로의 추격에 대비하기 위해서, 또는 東北지방에 대한 교통의 편리를 도모하기 위해서 라는 등, 다양하게 논의되어 왔다.[3]

---

1) 中國 당나라 玄宗황제의 天寶14년(755), 范陽(지금의 北京)의 節度使였던 安祿山이 반란을 일으켜, 洛陽·長安을 점령하였는데, 이때 玄宗은 長安의 수도를 버리고 멀리 四川省의 成都로 도망갔다. 杜甫는 無官의 몸이었지만, 붙잡혀 長安에 幽閉되는 몸이 되었다. 杜甫의 시, 「春望」은 그가 억류생활을 하고 있었던 至德 2년(757)의 봄에 지은 작품이며, 당시 그의 나이는 46세였다. 한편, 히토마로의 「近江荒都歌」는 持統初年(686~690)경의 작품이므로, 히토마로의 노래가 杜甫의 작품보다 약 60여 년이 앞서는 셈이 된다.

2) 淸水克彦, 「近江荒都の歌」, 『萬葉』第27號, 萬葉學會, p.39.

3) 필자는 667년의 近江천도를 백제멸망의 한 영향이라고 주장한 바가 있다.

그러나 무엇보다 가장 중요한 이유로서는, 近江朝 내내 각지에 성을 쌓는 등, 한반도의 정세에 예의주시하는 점으로 보아, 역시 신라와 당의 위협으로부터 벗어나려는 국토방위에 대한 강한 배려와 함께, 아스카의 구세력의 영향에서 벗어나, 백제멸망으로 인한 흉흉한 민심을 一新하고 내정에 전념하기 위한 목적에서 비롯되었다고 보는 편이 타당하다고 생각된다. 따라서 中大兄황자와 中臣鎌足 등을 중심으로 하는 당시의 핵심권력층은 『日本書紀』의

> 是時, 天下百姓, 不願遷都, 諷諫者多. 童謠亦衆. 日日夜夜, 失火處多.[4]
> 이때, 천하백성 천도를 원하지 않아 諷諫하는 자가 많았다. 이를 비난하거나 풍자한 童謠도 많았다. 날이면 날마다 밤이면 밤마다 失火한 곳도 많았다.

라는 기술에서도 보는 바와 같이, 飛鳥지방의 호족·사원·농민층의 뿌리 깊은 반발에도 불구하고, 대륙으로부터의 보복에 대한 위기감에서 벗어나기 위해, 적의 내습으로부터 보다 안전하다고 판단한 近江의 滋賀(시가)지방으로 天智六年(667) 천도를 강행했던 것이다. 그 후 壬申의 난(672)으로 인해 잿더미로 변했던 것이다. 뿐만 아니라, 다음의 『懷風藻』(751)의 서문에서 보는 바와 같이, 壬申의 난의 兵火로 많은 詩文과 典籍도 모두 불타 버린 것이다.

> 淡海先帝の命を受けたまふに及至びて, 帝業を恢開し, 皇猷を弘闡したまふ. 道は乾坤に格り, 功は宇宙に光れり. 旣にして以爲ほしけらく, 風を調へ俗を化むることは, 文より尙きことは莫く, 德を潤らし身を光らすことは, 孰か學より先ならむと, 爰に則ち庠序を建て, 茂才を徵し, 五

(尹永水, 「百濟滅亡이 日本에 미친 影響」, 『日本歷史硏究』 第10輯, 日本史學會, 1999. 10, p.12).

4) 『日本書紀』 天智天皇六年三月條.

禮を定め, 百度を興したまふ. 憲章法則, 規模弘遠, 敻古より以來, 未だ
有らず. 是に三階平煥, 四海殷昌, 旒纊無爲, 巖廊暇多し. 旋 文學の士を
招き, 時に置醴の遊を開きたまふ. 此の際に當りて, 宸翰文を垂らし, 賢
臣頌を獻る. 雕章麗筆, 唯に百篇のみに非ず. 但し時に亂離を經, 悉く煨
燼に從ふ. 言に湮滅を念ひ, 軫悼して懷を傷ましむ.5)

(原文漢文)

近江천황이 天命을 받아 즉위하심에 즈음하여, 천자의 사업을 널리 펴
고, 정치를 넓게 펼치셨다. 천자의 길은 하늘과 땅에 이르고, 그 功業은
널리 천하에 빛났다. 이미 생각했거늘, 풍속을 정비하고, 백성을 교화
하는 데는 학문보다 소중한 것은 없고, 덕을 배양하고 출세하는 데는,
무엇보다도 학문보다 더 좋은 것은 없다. 이에 학교를 세워 秀才를 모
으고, 五禮를 정하여, 많은 법도를 제정하셨다. 법도에는 바른 규범이
있고, 그 규범이 넓고 오래된 것은 옛날부터 지금까지 아직 그 예가 없
다. 게다가 궁전은 호화찬란하고, 천하는 번창하여, 임금이 아무 일도
하지 않아도, 천하가 잘 다스려졌고, 조정에는 여가가 많았다. 자주 문
학의 선비를 초대하여, 종종 주연을 베푸셨다. 이때 임금 스스로도 시
문을 짓고, 賢臣은 임금을 찬송하는 글을 지어 바쳤다. 아름답게 장식
한 시문은 다만 百篇뿐만이 아니었다. 다만 때마침 임신의 난리를 당하
여, 모두 불타버려 잿더미로 변했다. 이에 그 인멸을 생각하고, 슬퍼하
며 마음을 아파했다.

그리고 난이 끝난 다음에는 곧바로 宮都가 大和(奈良지방)로 되돌려
졌으므로, 近江 大津宮은 그대로 황폐한 채 방치되었음을 짐작할 수
있다. 15, 6년의 세월이 흐른 뒤, 그 황폐한 곳을 히토마로가 지나면서
제작한 노래가 바로 이「近江荒都歌」인 것이다.6)

그러면 이와 같은 역사적 배경과 題詞를 갖는「近江荒都歌」는 어
떠한 抒情構造로 이루어져 있는가?

---

5) 『懷風藻』(日本古典文學大系), 岩波書店, pp.59∼60.
6) 「近江荒都歌」의 성립시기에 대해서는, 持統三年(689)·持統四年(690)·
文武三,四年(699, 700)경 등, 구체적으로 그 성립연대를 제시한 설도 있으나,
본고에서는 다만 持統朝 초년의 작품이라고 하는 학계의 통설에 따라, 持統元
年부터 四年(686∼690)까지로 폭넓게 파악하는 입장을 취한다.

3. 「近江荒都歌」의 抒情構造

필자는 이전에 발표한 논문7)에서 그 누군가를, 무엇인가를 한없이 그
리워하거나 잃어버린 슬픔을 노래한 히토마로의 장가의 작품구조를 '長
歌+反歌(短歌)'라고 한다면, 히토마로의 서정구조는 대체로 다음과 같
은 三段구성으로 이루어져 있음을 주장한 바 있다.

> 第一段: 長歌前半(前提部), 敍事的·呪術的·神話的·自然景物的 內容
> 第二段: 長歌後半(確認部), 抒情의 具體的 表現·結句抒情
> 第三段: 反歌(抒情의 深化部)

이와 같이 히토마로 장가에서의 서정구조를 상정할 때, 잃어버린 슬픔
을 노래한 히토마로의 「近江荒都歌」도 기본적으로 위와 동일한 서정
구조로 이루어져 있다고 볼 수 있을 것이다. 따라서 이 작품을 위와 같이
분석해 볼 때, 다음과 같은 서정구조와 詩的 形象을 이루고 있음을 알
수 있다.

> (A) 玉たすき 畝火の山の 橿原の 日知の御代ゆ 生れましし 神のこと
> ごと 樛の木の いやつぎつぎに 天の下 知らしめししを 天にみつ
> 大和を置きて あをによし 奈良山を越え いかさまに 思ほしめせ
> か 天離る 夷にはあれど 石走る 淡海の國の 樂浪の 大津の宮に
> 天の下 知らしめしけむ
> 우네비산 카시와라에서 등극하신 神武천황 때부터 태어나신 모든
> 천황이 차례차례로 천하를 다스린 것을 大和를 두고 奈良山을 넘
> 어 어떻게 생각하셨는지 하늘 저 멀리 떨어진 시골이건만 近江의

---

7) 尹永水, 「柿本人麻呂의 抒情의 構造와 表現方法」, 『京畿人文論叢』 第
   7號, 京畿大 人文科學硏究所, 1999.12 ; 「히토마로(人麻呂) 長歌의 抒情
   構造」, 『日本文學硏究』 第2集, 韓國日本文學會, 2000.5.

　　　大津宮에서 천하를 다스렸을

(B)　天皇の　神の尊の　大宮は　此處と聞けども　大殿は　此處と言へども
　　　春草の　繁く生ひたる　霞立つ　春日の霧れる　ももしきの　大宮處　見
　　　れば悲しも

(卷一, 29)

　　天智天皇의 大宮은 여기라고 들었건만 大殿은 여기라 하건 만은
　　봄풀이 무성하게 나 있는 안개 피어나는 봄날의 아지랑이 자욱한
　　대궁 터를 바라보니 슬프구나!

　　　　反 歌
＊　樂浪の　志賀の辛崎　幸くあれど　大宮人の　船待ちかねつ

(卷一, 30)

　　志賀(시가)의 辛崎(가라사키)는 그 옛날과 다름없는데, (여기서 뱃
　　놀이하던) 대궁인의 배는 이제 더 이상 기다릴 수 없게 되었구나!

＊　樂浪の　志賀の　大わだ　淀むとも　昔の人に　またも逢はめやも

(卷一, 31)

　　志賀의 큰 바다 물굽이는 여전히 출렁거리고 있건만 옛 사람을 다시
　　만날 수 있으랴! 아니 이제 만날 수 없게 되었구나!

　　위의 「近江荒都歌」의 長歌 전반부(A)에는, 초대 神武천황부터 天
智천황 이전의 역대의 일본천황들이 大和에서 차례차례로 천하를 다스
렸다는 皇統譜가 서술되어 있다. 마치 장중한 서사시의 冒頭文이나
呪術的・祭祀的 문장과 같은 강한 느낌과 더불어 엄숙함과 무게를 느
끼게 한다. 이러한 神武천황부터 天智천황에 이르기까지의 王權의 연
속성은 단순한 過去歷史로서의 시간이 아니라, '橿原の 日知の御代
ゆ 生れましし 神のことごと' '天皇の 神の尊'에서와 같이, 영원
히 계속되어야 할 超時間的인 神話시간과 융합되어 있다. 그것은 壬
申의 난 이후, 급격히 高揚된 天皇卽神思想이나 『古事記』『日本
書紀』의 神話的・歷史的 세계관 위에 근거하고 있다는 것은 말할 나

위도 없다. 따라서 皇統譜의 서술은 無限의 과거로부터 무한의 미래로 계속되어야 할 영원한 존재를 의미하면서 우네비산(畝火山)의 카시와라 (橿原)에서 즉위한 초대천황, 神武이래의 皇統譜가 大和지방과 밀접한 관계를 가지면서 영원히 계속되고 번영하리라는 것을 노래 부르고 있다. 이 천황찬미의 서술은 大和를 떠나 奈良山을 넘어 近江에 천도한 '天皇の 神の尊'인 天智천황까지 계속되고 있는 것이다.

그런데 장가의 전반부(A)는 天智천황의 천도과정이 道行文 형식으로 구체적으로 묘사되어 있는 서술부의 중간에 'いかさまに 思ほしめせか'라는 異例的인 詩句가 삽입됨으로써, 전반부와는 전혀 다른 차원의 후반부(B)를 향해 진행되어 간다는 사실을 알 수 있다.

장가의 후반부(B)는 인간세상에 消滅을 면치 못한 荒都의 현실을 목격하고, 悲傷을 吐露하는 히토마로의 모습과 감동이 잘 드러나 있다. 즉, 현재의 時點에 선 히토마로가 황폐한 옛궁터를 눈앞에 바라보면서 '悲しも(슬프다!)'라는 감동을 생생하게 토로하면서 변화와 멸망을 가져온 역사적 시간의 흐름에 한 인간으로서 직면해 있는 모습이 뚜렷이 나타나 있다. '大宮は 此處と聞けども 大殿は 此處と言へども'의 句에서 보는 바와 같이, 두 군데에 걸친 對句표현과 역접의 접속조사 'ども'를 구사함으로써 작자의 행위와 悲傷의 심정을 더욱 강렬하게 표현하고 있을 뿐만 아니라, 重層的이고 강조적인 표현으로부터 현실적인 감동과 생명력을 강하게 느끼게 한다. 이와 같이 「近江荒都歌」는 장가 전반부가 신화적·서사적·주술적인 표현으로 천황을 찬미하고 있는 반면에, 후반부는 역사적 사실의 확인과 함께 감동의 표현이 구체적으로 묘사되어 있고, 전체적으로는 중간에 끊기는 데가 없고, 전반은 후반의 수식격이 되어 후반부로 자꾸만 수렴되어 가면서, 장가말미에 와서야 비로소 한 首의 주안점으로서의 서정이 잘 나타나 있음을 알 수 있다.

한편, 이 장가를 이어받아 反歌 두 수는 장소가 호반 쪽으로 옮겨지고, 작자의 시선도 눈앞의 荒都로부터 벗어나 호수 위를 향하고 있다. 현실에 서 있는 히토마로가 시간의 흐름에 필사적으로 저항하면서 悲傷하는 모습이 한층 뚜렷이 나타나 있다. 즉, 天智천황의 大津宮과 함께 존재했던 志賀의 자연(辛崎·大わだ)과 인간(大宮人·昔人)을 함께 노래 부르고는 있지만, 이미 여기에는 자연과 인간과의 괴리, 과거와 현재와의 단절감이 강하게 표출되어 있음을 알 수 있다. 동양사상의 근본인 자연과 인간과의 조화를 希求하는 정신과, 잃어버린 것을 추구해 마지않는 서정이 강하게 나타나 있을 뿐만 아니라, 역접과 反語를 수반한 체념적 서정이나 懷古的 감동도 엿볼 수 있다. 이러한 것은 바로 大宮人의 배를 기다려도 소용없고, 옛사람을 만나고 싶어도 이젠 영영 만날 수 없게 되었다고 하는 작자의 깊은 현실인식에 입각하고 있음은 두 말할 필요도 없다.

이상과 같이 「近江荒都歌」의 서정구조는 크게 3단계로 나눌 수 있다. 즉, 전제부로서의 장가전반에 있어서의 천황찬미, 장가후반에서의 확인에 의한 구체적 서정의 표출, 反歌에 있어서의 현실인식에 기인한 서정의 심화단계로 각각 나누어지고 있는 것이다.

다음으로, 「近江荒都歌」에 나타난 작자의 시간의식을 파악하기 위해서는 장가말미와 反歌에 나타난 감동이 누구의 것이고, 구체적으로 어떠한 것인가 하는 문제도 명백히 밝힐 필요가 있다. 왜냐하면, 장가중간에 삽입된 'いかさまに 思ほしめせか'의 『萬葉集』 중의 用例에 의거하여 「近江荒都歌」를 「挽歌」 또는 「挽歌的 發想의 노래」로 간주하고, 작품에 나타난 서정도 히토마로 개인의 주체적 감동이라기보다는 持統천황을 비롯한 宮廷人의 마음을 宮廷歌人인 히토마로가 대변하여 노래부른 「代表的 감동」이라고 하는 견해도 있기 때문이다. 따라서 지금부터는 荒都歌에 나타난 서정의 주체문제에 대하여 고찰해 보기로 한다.

4. 荒都歌 抒情의 主体問題

히토마로의 「近江荒都歌」에 나타난 서정의 주체문제에 대해서, 필자는 이전에 발표한 論考[8]에서 「荒都歌挽歌論」의 문제점을 다각도로 지적하면서 장가말미와 反歌에 나타난 서정이 다름아닌 히토마로의 개인적·주체적 서정임을 강하게 주장한 바 있다. 또한 別稿[9]에서는 히토마로의 노래 다음에 수록된 高市古人(다케치노 후루히토)의 작품,

高市古人感傷近江舊堵作歌
(高市古人, 近江의 舊都를 슬퍼해서 짓는 노래)

* 古の 人にわれあれや ささなみの 故き京を 見れば悲しき

(卷一, 32)

그 옛날의 사람이 아닌데도 나는 황폐한 옛궁터를 바라보니 슬프구나!

* ささなみの 國つ御神の うらさびて 荒れたる京 見れば悲しも

(卷一, 33)

마을 수호신의 神靈이 거칠어져서 황폐해 버린 宮都를 보니 슬프구나!

의 노래를 비롯하여, 한국의 高麗왕조가 멸망한 후에 高麗遺臣이 부른 時調,

白雪이 ㅈㅈ진 골에 구름이 머흐레라

---

8) 尹永水, 「近江荒都歌小論」, 『國學院大學大學院紀要 — 文學研究科 —』 第25輯, 1994.2 ; 「柿本人麻呂의 抒情의 本質」, 『日語日文學研究』 第26輯, 韓國日語日文學會, 1995.6.
9) 尹永水, 「日本의 古代歌聖, 柿本人麻呂는 百濟系인가?」, 『東아시아古代學』 第1輯, 東아시아古代學會, 2000.6.

반가온 梅花는 어늬 곳에 픠엿는고
夕陽에 호올노 셔셔 갈곳몰라 하노라   「李 穡」

五百年 都邑地를 匹馬로 도라드니
山川은 依舊ᄒ되 人傑은 간 듸 업네
어즈버 太平烟月이 꿈이런가 ᄒ노라   「吉 再」

興亡이 有數ᄒ니 滿月臺도 秋草로이다
五百年 王業이 牧笛에 부쳐시니
夕陽에 지나는 客이 눈물계워 ᄒ노라   「元天錫」

와 비교해 볼 때, 「近江荒都歌」에 표출되어 있는 서정은 어디까지나
자신과는 아무런 관련성이 없다는 식으로 노래하고 있는 다케치노 후루
히토의 작품이나 한결같이 亡國의 서러움과 懷古의 정을 노래한 고려
유신들의 노래와도 사뭇 다르다는 사실을 언급한 바 있다. 그리고 필자
가 近江荒都歌에 나타난 서정이 히토마로의 개인적 · 주체적 감동임을
주장하는 배경에는 다음과 같은 두 가지 점에 근거하고 있다. 즉, 첫 번
째는 「近江荒都歌」의 長歌와 反歌 두 수와의 관계를 고려해 볼 때,
개인적 서정표현에 적합한 短歌로서의 反歌에 나타난 懷古的 감동과
諦念的 서정은 장가말미의 감동과 일맥상통할 뿐만 아니라, 서정의 본
질적인 면에 있어서도 끊을래야 끊을 수 없다는 점이다. 두 번째는 히토
마로 개인의 주체적 감동임을 암시해 주는 근거로서 다음과 같은 작품이
있다.

　　　　　　柿本朝臣人麻呂從近江國上來時, 至宇治河邊作歌一首
　　　　　(柿本朝臣人麻呂, 近江지방에서 上來할 때, 宇治河邊에 이르러 지은
　　　　　노래 한 수)

　＊ もののふの 八十氏河の 網代木に いさよふ波の 行く方知らずも
　　　　　　　　　　　　　　　　　　　　　　　　　　(卷三, 264)

우지강(宇治河)의 어살물 때문에 흐르지 못하고, 머무르던 물결이
어느새 행방도 모르게 되었구나!

　　　　　柿本朝臣人麻呂歌一首
　　＊ 淡海の海 夕浪千鳥 汝が鳴けば 情もしのに 古思ほゆ

　　　　　　　　　　　　　　　　　　　　　　　　（卷三，266）
　　近江 琵琶湖의 저녁물결 위에 지저귀는 물새떼여, 네가 울면 내 마음
　　도 풀이 죽어 그 옛날이 생각나네!

　　먼저 위의 卷三의 264번가는 필자가 이미 논술한 바와 같이,[10) 'も
ののふ'가 '八十'에 걸리는 枕詞(마쿠라고토바)로서, 'もののふの 八
十氏'가 '宇治川'를 이끌어내는 序詞(죠고토바)로서 사용되어 實景을
노래하고는 있지만, 결코 그러한 단순하고도 평범한 敍景詩가 아니라,
히토마로가 實景을 바라보며, 그것에 비유하여 壬申의 난에 패배한 近
江朝廷側의 文武百官·諸氏族의 零落, 流離의 相을 시인 특유의
감수성으로 예민하게 감지하고 있는 노래라고 볼 수 있다. 따라서 어디
까지나 人麻呂의「近江荒都歌」속에 나타난 서정의 연장선상에서 파
악해야 하리라고 판단된다.
　　266번가도「近江荒都歌」와 같은 시기의 작품인지 어떤지는 확실히
알 수 없다. 그러나 시의 운율과 내용상으로 볼 때, 역시「近江荒都歌」
의 反歌 두 수의 연장선상에서 쉽게 이해될 수 있는 작품이다. 해질 무
렵 近江의 琵琶湖가 있는 가라사키에서, 물새떼가 요란스럽게 지저귀
는 소리를 들으며 눈물을 글썽이고 우두커니 서 있는 히토마로의 모습이
연상되어지는 노래이기도 하다. 荒都歌 말미에서 차마 믿기 어려웠던
폐허와 멸망의 현실을 목격하고 놀람과 비탄을 감출 수 없었던 히토마로
의 슬픔은 266번가에 와서는 마음속 깊은 곳으로 가라앉으면서 그야말

---

10) 尹永水, 앞의 논문,「柿本人麻呂의 抒情의 本質」, pp.299～302.

로 침통한 심정으로 정다웠던 지난날을 회상하고 있는 것이다. 이 노래가 띠고 있는 애절한 가락과 여운은 진정 사랑의 대상을 잃어버린 사람이 아니고서는 도저히 표출해 낼 수 없을 것이다.

이상과 같이, 264·266번가는 한없는 사랑과 상실의 슬픔을 노래한 작품일 뿐만 아니라, 히토마로의 「近江荒都歌」에 나타난 서정적 특성을 이해하는 데도 중요한 역할을 하고 있다. 뿐만 아니라, 荒都歌와 더불어 고대일본에 있어서 최대의 정치적·역사적 사건이었던 壬申의 난과, 그로 인해 멸망해 버린 近江朝에 대한 각별한 인상과 감동을 노래 속에 담고 있다고 볼 수 있다. 따라서 필자는 위의 노래들이야말로 히토마로의 생의 비밀까지도 암시해 주는 중요한 단서로 파악하고 있는 것이다.

그러면, 마지막으로 본 연구의 핵심과제인 히토마로의 시간의식에 대하여 고찰해 본다.

5. 人麻呂의 時間意識

서론에서 언급한 바와 같이, 일본의 고대시인 중에서 히토마로만큼 세월의 변화와 시간의 推移에 민감하게 반응하면서 그 감동을 노래한 가인도 별로 없다. 히토마로가 '시간'이라는 것을 얼마나 깊이 인식하고, 그 인식에서 비롯된 감동을 열렬히 노래했는가는 이미 人麻呂作歌이전의 전단계인 「人麻呂歌集歌」 중에서 쉽게 찾아볼 수 있다.

> * 巻向の 穴師の川ゆ 行く水の 絶ゆることなく またかへり見む
>
> (巻七, 1100)
>
> 마키무쿠의 아나시강(痛足川)을 흘러가는 물처럼 끊임없이 다시 돌

아와 보리라!

* <u>行く川の</u> 過ぎにし人の 手折らねば うらぶれ立てり 三輪の檜原は

(卷七, 1119)

흘러가는 강물처럼 지나가버린 사람들이 꺾지 않았기 때문에 쓸쓸히 서 있네. 미와(三輪)의 노송나무 들녘은

* 卷向の 山邊響みて <u>行く水の</u> 水沫のごとし 世の人我れは

(卷七, 1269)

마키무쿠산의 언저리를 콸콸 소리내며 흘러가는 물거품처럼 허무하기만 하네. 현세에 사는 우리들은

* 潮氣立つ 荒磯にはあれど <u>行く水の</u> 過ぎにし妹が 形見とぞ來し

(卷九, 1797)

소금내 나는 거친 바닷가지만 흐르는 물처럼 저 세상으로 가버린 그녀와의 추억이 그리워 찾아왔네!

* 宇治川の 水沫さかまき <u>行く水の</u> 事かへらずぞ 思ひそめたる

(卷十一, 2430)

우지강의 물거품이 역으로 흘러 다시 돌아오지 않듯이 그 사람을 다시 사랑할 수는 없으리!

* 八釣川 水底絶えず <u>行く水の</u> 繼ぎてぞ戀ふる この年ころを

(卷十二, 2860)

야츠리강(八釣川)의 밑을 끊임없이 흐르는 물처럼 언제나 그리워하리라! 이 오랜 세월을

　위의 「人麻呂歌集歌」 중에 표현된 '行く水'는 끊임없이 흐르는 시간의 相이나 언제까지나 계속되는 영원성의 상징, 또는 '行く水の 水沫のごとし 世の人我れは' '行く水の 過ぎにし妹'처럼 인생의 덧없음을 상징하고 있음을 알 수 있다. 또한 히토마로는 時間意識의 표현으로서,

* 阿騎の野に 宿る旅人 打ち靡き 眠も寝らめやも <u>古</u>思ふに

(巻一, 46)

아키(阿騎)들녘에 묵고있는 나그네들은 편히 누워 잠자고 있을까.
아니 잘 수는 없으리! 그 옛날이 생각나서.

* ま草刈る 荒野にはあれど 黄葉の <u>過ぎにし君</u>が 形見とぞ來し

(巻一, 47)

풀 베는 거친 들판이지만 단풍잎처럼 (저세상으로) 가버린 그대의
추억이 담긴 곳이기에 찾아왔네!

* 淡海の海 夕浪千鳥 汝が鳴けば 情もしのに <u>古</u>思ほゆ

(巻三, 266)

近江 琵琶湖의 저녁물결 위에 지저귀는 물새떼여, 네가 울면 내 마음
도 풀이 죽어 그 옛날이 생각나네!

* 兒等が手を 巻向山は 常にあれど <u>過ぎにし人</u>に 行き巻かめやも

(巻七, 1268)

아내손 감는다는 마키무쿠산은 변함없이 항상 있건만 저 세상으로
가버린 사람의 손을 감쌀 수는 없게 되었구나!

* 黄葉の <u>過ぎにし子等</u>と 携はり 遊びし磯を 見れば悲しも

(巻九, 1796)

단풍잎처럼 저 세상으로 가버린 그녀와 손을 맞잡고 뛰놀던 바닷가
를 보니 슬프구나!

* 潮氣立つ 荒磯にはあれど 行く水の <u>過ぎにし妹</u>が 形見とぞ來し

(巻九, 1797)

소금내 나는 거친 바닷가지만 흐르는 물처럼 저 세상으로 가버린 그
녀와의 추억이 그리워 찾아왔네!

* <u>古に</u> 妹とわが見し ぬばたまの 黒牛潟を 見ればさぶしも

(巻九, 1798)

그 옛날 그녀와 내가 함께 본 이 검은 黒牛(구로우시)의 갯벌을 바
라보니 쓸쓸하구나!

등의 作歌・歌集歌에서 보는 바와 같이, 'いにしへ(옛날)'나 '過ぐ (지나다)'라는 詩語를 사용하여 그 옛날을 회상하거나 저 세상으로 이미 가버린 사랑하는 사람을 그리워하고 있는 것이다. 이와 같이 위의 노래들은 세월의 변화와 시간의 흐름을 예민하게 감지하면서 그 감회를 토로한 작품이라 할 수 있다.

그러면, 荒都歌에 나타난 히토마로의 시간의식은 구체적으로 어떠한 것이었는가? 계속해서 작품에 있어서의 히토마로의 서정과 행위 및 작품의 성립사정을 想定하면서 히토마로의 시간의식에 천착해 보기로 한다.

앞에서도 언급했지만, 「近江荒都歌」長歌의 전반부는 초대 神武천황부터 역대의 천황들이 차례차례 大和지방에서 등극하여 천하를 다스렸건만, 天智천황은 어찌하여 야마토를 떠나 하늘 저 멀리 떨어진 시골인 近江지방으로 천도하였는가 하는 신화적・역사적 사실을 마치 주술적 문장처럼 노래하고 있다. 그리고 후반부는 荒都의 현실에 직면한 히토마로가 '슬프다!'라고 하는 감동을 생생히 토로하면서 끝맺고 있는데, 그 인상이 너무도 강렬하고 선명하다. 이와 같이 장가말미에서 주체적 감동을 생생하게 토로한 히토마로는 작품의 詩的・서정적 구조로 보아, 이번에는 골똘히 사색에 잠겨 천천히 걸으면서 호반의 가라사키에 이르렀음을 알 수 있다. 그리고서 변치 않은 자연의 모습을 바라보면서, 한편으로는 마음속으로 정답고 친숙했던 옛날을 회상하면서 이제는 더 이상 기다릴 수 없고, 만날 수 없게 된 사람들을 한없이 그리워하는 反歌 두 수를 부르고 있는 것이다. 이 反歌에 표출된 히토마로의 침통하고 심화된 슬픔은, 가령 인간의 보편적 정서가 외부로부터의 충격(죽음・이별・폐허・멸망)에 대하여 '놀람과 탄식・현실부정 → 현실인식과 현실긍정 → 서정표출 → 서정의 심화 → 망각'이라는 과정을 밟는다고 할 때,[11] 바로 '서정의 심화'라고 하는 4단계에 와 있는 것이라 할 수 있다. 그러나 여기에서의 서정은 앞에서도 언급한 바와 같이, 장가말미의 그것과는 사뭇 다르다고 볼 수 있다. 즉, 장가에서 느낄 수 없었던 자제되고 정화된 슬픔, 체념의 서정과 회고의 감동, 과거와 현재와의 단절감이 뚜렷이 나타나 있는 것이다. 게다가 자연과 인간과의 괴리감 속에서 끝없이 流轉하는 인간세상의 모습과 시간의 흐름을 예민하게 의식하고 있는 히토마로의 모습도 감지된다. 히토마로는 지나간 시간의 흐름에 필사적으로 저항하면서 침통한 심정을 표출하고는 있지만, 이미 荒都의 현실은 돌이킬 수 없는 과거의 역사이자 시간이라는 사실을 인식하고, 그것을 현실로 받아들이고 있는 것이다.

이러한 시간의 흐름에 대한 히토마로의 인식은 荒都歌의 反歌 두 수와 연장선상에 있는 卷三의 264번가와 266번가를 통해서도 파악해 볼 수 있다. 즉, 체념과 達觀의 경지에 서서 近江朝에 봉사했던 문무백관들의 流離의 相을 시간의 흐름으로 상징되는 우지천(宇治川)의 강물결의 흐름을 통해 응시하고 있는 264번가의 히토마로에게서 '시간'이라는 것은 끝없이 흐르는 강물과 같은 것이고, 한 번 흘러가면 다시 돌아오지 못한다고 하는 인식이 강하게 느껴지는 것이다. 이러한 의미에서 '현재'라고 하는 시점에 서서 그 '옛날'을 회상하는 266번가도 시간의 흐름에 따른 히토마로의 서정이 한층 심화된 노래라고 볼 수 있다.

6. 結 論

히토마로는 구승문학이 기록문학으로, 신화시대가 역사시대로 넘어오는 과도기에 살았던 사람으로서 그 누구보다도 세월의 변화와 시간의 흐름에 민감하게 반응했던 시인이었다. 그의 대표작 「近江荒都歌」와

---

11) 尹永水, 앞의 논문, 「히토마로(人麻呂) 長歌의 抒情構造」, pp.192~193.

264번가・266번가 등에 나타난 시간의식을 고찰해 보았을 때, 히토마로는 다음과 같은 時間観을 가지고 있었음을 파악할 수 있었다.

히토마로는 현재의 시점에 서서, 지나간 잃어버린 그 무엇인가를 열렬히 추구해 마지않는 영원성(永遠回歸)에 대한 갈망을 절실히 노래하기는 하지만, 결국 '시간'이라는 것은 흐르는 시냇물처럼 한 번 흘러가면 되돌아 올 수 없다는 깊은 인식과 더불어, 지나간 '과거'라는 시간도 결코 다시 돌이킬 없다는 시간관을 가지고 있었다. 물론 이러한 시간관에는 인간이란 有限的인 존재라는 인식도 함께 내포되어 있다고 볼 수 있다.

히토마로는 역사의 커다란 소용돌이 속에서 인간의 삶과 죽음・왕조의 흥망과 성쇠・역사와 인간의 변화를 體現한 전환기의 시인이었던 것이다.

參 考 文 獻

『萬葉集』(日本古典文學大系), 岩波書店, 1985.

『日本書紀 下』(日本古典文學大系), 岩波書店, 1967.

『懷風藻』(日本古典文學大系), 岩波書店, 1964.

尹永水, 「百濟滅亡이 日本에 미친 影響」, 『日本歷史研究』第10輯, 日本
   史學會, 1999.10.

尹永水, 「柿本人麻呂의 抒情의 構造와 表現方法」, 『京畿人文論叢』第7
   號, 京畿大學校 人文科學研究所, 1999.12.

尹永水, 「히토마로(人麻呂) 長歌의 抒情構造」, 『日本文學研究』 第2集,
   韓國日本文學會, 2000.5.

尹永水, 「近江荒都歌小論」, 『國學院大學大學院紀要－文學研究科－』第
   25輯, 1994.2.

尹永水, 「柿本人麻呂의 抒情의 本質」, 『日語日文學研究』第26輯, 韓國
   日語日文學會, 1995.6.

尹永水, 「日本의 古代歌聖, 柿本人麻呂는 百濟系인가?」, 『東아시아古代
   學』第1輯, 東아시아古代學會, 2000.6.

靑木生子, 「柿本人麻呂の抒情と時間意識」, 『萬葉集研究』第8集, 塙書房,
   1979.

粂川光樹, 「試論・人麻呂の時間」, 『論集上代文學』 第四冊, 笠間書院,
   1973.

淸水克彦, 「近江荒都の歌」, 『萬葉』第27號, 萬葉學會.

平野仁啓, 「柿本人麻呂の時間意識の構造」, 『文藝研究』第28号, 1972.

森朝男, 「時間への恐怖」, 『國文學研究』 第39集, 早稻田大學國文學會,
   1969.

吉田とよ子, 「柿本人麻呂の空間・時間意識」, 『上代文學』第42号, 上代文
   學會, 1979.

일본 헤이안문학에 나타난 '해질녘(夕暮れ)'

남 이 숙*

1. 첫머리에

이즈미시키부 가집에 「五十首」라는 대규모의 연작이 있다. 이 대작을 읊은 이유를 작가는 연작의 서문에서 "무료함을 견디지 못해 생각나는 것들을 써 모았더니 이 또한 노래와 같은 모양새를 갖추었다(つれづれの尽きせぬままに, おぼゆる事を書き集めたる, 歌にこそ似たれ)"고 언급하면서, 「낮엔 그리워하고, 해질 무렵엔 임이 오시나 기다리고, 초저녁엔 연모하고, 한밤중에 깨어 있고, 새벽녘엔 사랑한다(昼偲ぶ 夕べの眺め 宵の思ひ 夜中の寝覚め 暁の恋)」라는 노래 제목을 소개하고 있다.[1]

그녀는 자신이 가장 사랑했던 소치노미야를 여읜 슬픔을 하루의 특정

---

* 군산대학교 교수

1) 이즈미시키부 와카의 인용은 伊藤博・久保木哲夫氏 編, 『和泉式部集全集 – 本文と総索引』(貴重本刊行会)에 의함.

한 시간대인 「昼·夕べ·宵·夜中·曉」와 「그리워하다·기다리
다·사모하다·깨어있다·사랑하다」라는 연사를 짝지어 노래했다. 그
녀는 이같이 짝지은 노래를 각 시간대 별로 십여 수씩 배열해 매우 독창
적인 형태의 정수가(定數歌)를 완성해 이채를 발하고 있다.

일본의 현대 대중가요 가운데 N·S·P가 부른 「해질 무렵은 쓸쓸할 것
같아(夕暮れ時はさびしそう)」라는 제목의 노래가 있다(作詞: 天野滋).
가사 중의 일부를 인용하면 다음과 같다.

> 시골의 둑 제방, 해질 무렵 멍하니 벤치에 앉아 있을까.
> 산보하는 건 좋지만 서로 기댈 사람이 필요한 법
> 그녀가 있으면 나도 쓸쓸한 기분은 안 들 텐데…
> 해질 무렵은 쓸쓸한 것 같아 혼자서 지낼 수 없다.
> (田舎の堤防, 夕暮れ時にぼんやりベンチに, すわるのか,
> 散歩するのもいいけれど, 寄り添う人が欲しいもの
> あの娘がいれば僕だって淋しい気持にゃならないさ
> 夕暮れ時はさびしそう とっても一人じゃ, いられない)

가사의 전체적인 내용은 "해질 무렵은 쓸쓸할 것 같아 혼자서 지낼 수
없다"로 요약할 수 있으며, 후렴구에서 이 주제를 몇 번이고 되풀이하는
형식을 취하고 있다.

뿐만 아니라 히라오카 토시오(平岡敏夫)씨의 지적에 의하면 아쿠다가
와 류노스케(芥川竜之介)의 소설 작품의 대부분은 '해질 무렵(夕暮れ)'
이라는 시간대로 시작된다. 이로 미루어 볼 때 '해질녘(夕暮れ)'이라는 시
간대는 일본인들에게는 특별한 감정을 불러일으키고 있음에 틀림없다.[2]

---

2) '해질녘(夕暮れ)'이라는 시간대에 관한 선행논문은 平岡敏夫씨의 <「王朝物
   語 の<夕暮>」, 『國際日本文學研究集會會議錄』第20回, 国文學研究
   資料館, 1996>의 논문과 河添房江씨의 <「源氏物語における夕べ」, 『む
   らさき19』, 武蔵野書院, 1982>란 논문이 있다. 전자는 아쿠다가와의 작품이
   헤이안 왕조 모노가타리인 『今昔物語』와 깊은 관계를 맺고 있음을 고찰하고

　본고에서는 이와 같은 점에 착안하여 주로 일본 헤이안 문학 작품을
통해 '해질녘(夕暮れ)'이란 시간대가 일본인들에게 어떻게 인식되고 있
는지 그 표현의 계보에 대해 살펴보고자 한다.

2. 연정을 환기시키는 시간대

　'해질녘(夕暮れ)'은 해가 지며 어둑어둑 밤이 시작되는 시간대를 말
한다. 『만요슈(万葉集)』에는 '由布倍', '入り日', '夕闇', '夕', '暮'
라는 표기로 된 노래들이 많이 검색된다. 그러나 이들 노래 전부가 연정
과 깊이 관계된 것은 아니다. 가장 오래된 최고(最古)의 가집이기 때문
에 어떤 노래들이 불렸는지 전반적인 이해를 돕기 위해 한 수 한 수 살
펴보기로 하자.3)

> 904 …わが子ふるひは 明星の あくる朝は しきたへの 床の辺さらず
> 　　　たてれども をれども ともにたはぶれ ゆふつつの 夕べになれば
> 　　　いざねよと てをたづさはり…
> 　　　(…우리 아이 후루히는 새벽별 남아 있는 아침에는 베개 주변에
> 　　　서 사라지지 않고 같이 놀고 해질녘이 되면 함께 자자하고 손을
> 　　　붙잡고…)
> 1069 常はさね思は濡ものをこの月の過ぎ隠らまく惜しき夕べかも
> 　　　(평소 때는 그렇게 생각지 않는데, 이 달이 숨어 보이지 않게 되
> 　　　는 일이 안타까운 저녁 무렵이구나.)

　그밖에 'よひ', '夕', '暮'란 시어를 이용한 노래가 있다. 먼저 '夕'를

　있으며, 후자는 『源氏物語』 속의 <夕べ>란 용례는 죽음을 상징하는 표현과
　관계가 깊음을 고찰하고 있다.
3) 『만요슈』의 본문 와카 인용은 『万葉集』, 新編日本古典文学全集, 小学館,
　1996에 의함.

넣어 부른 노래에 관해 살펴보자.

> 730 あはむ夜はいつもあらむをなにすとかその夕あひてことのしげきも
> (만나려고 생각하면 얼마든지 있는데, 하필이면 왜 그날 해질 무렵 만나 소문이 자자해졌지?)
> 1712 天の原くもなき夕(よひ)にぬばたまの夜渡る月の入らまく惜しも
> (넓은 하늘에 구름 한 점 없는 초저녁 하늘에 떠 있는 달이 지는 것이 아깝다.)
> 1762 明日の夕逢はざらめやもあしひきの山彦とよめ呼びたて鳴くも
> (내일 해질녘 사랑하는 이와 만날 수 있을까? 메아리칠 정도로 이름을 부르며 울고 있다.)

다음으로 '暮'란 용어를 이용해 부른 노래에 관해 살펴보자.

> 60 暮に逢ひて朝面なみ名張りにか日長き妹がいほりせりけむ
> (저녁에 만나 아침 부끄러워 숨는다고 하는 지명을 가진 나바리로 여행 떠난 당신은 한뎃잠을 자고 있겠지요.)
> 1536 暮に逢ひて朝面なみ名張り野の萩はもみちはや継げ
> (저녁 무렵이 되어 나바리의 싸리는 져 버렸구나. 단풍이여 얼른 물들어라.)

이와 같이 살펴보면 904번은 잠자리에 드는 시간대, 1069, 1712는 떠오르는 달의 모습이 아름다운 시간대로, 1536은 꽃이 지는 시간대로 인식되고 있다. 연정을 환기시키는 시간대로 인식된 것은 60번과 1762번 정도이다. 이로 볼 때 『만요슈』에서는 '해질녘(夕暮れ)'이 아직 연정을 환기시키는 시간대로 정착되지 않은 게 분명하다.

그러면 최초의 칙찬 와카집인 『고킨슈(古今集)』(905년 성립)에 수록된 노래는 어떠한가. 『고킨슈』에는 'ゆふぐれ', '夕べ'의 시간대를 도입한 노래가 많다. 먼저 'ゆふぐれ'라는 용어를 사용한 노래에 관해 살펴보자.[4]

484 夕ぐれは雲のはたてに物ぞ思ふあまそらなる人をこふとて
(저녁하늘에 나부끼는 깃발 형태의 구름처럼 내 마음은 어지럽기만 하다. 하늘 저편의 고귀한 분을 멀리서 연모하기에.)

515 唐衣日もゆふぐれになるときは返す返すぞ人はこひしき
(오늘도 임이 오실 해질녁이 되었는데 이 시간이면 너무 임이 그리워 견디기 어렵다)

772 来めやとは思ふ物からひぐらしのなくゆふぐれは立ち待たれつつ
(정말로 올까? 오지 않겠지 하지만 귀뚜라미 우는 저녁 무렵이 되면 기다리지 않고 못 배긴다.)

1103 来し時と恋ひつつをればゆふぐれのおもかげにのみ見えわたるかな
(그 사람이 올 시간이지 하고 임 생각에 빠져 있으면 저녁 해 속에 그의 그림자만이 떠오른다.)

다음은 '夕べ'를 도입한 노래들이다.

546 いつとてもこひしからずはあらねども秋のゆふべはあやしかりけり
(어느 계절이든 임이 그립지 않은 계절은 없건만 가을 저녁 무렵이면 더욱 그립다.)

1001 あふことの まれなるいろに おもひそめ わが身はつねに……すみぞめのゆふべになればひとりゐて あ はれあはれと なげきあまり せむすべなみに……
(좀처럼 만날 수 없는 아름다운 당신을 생각하면서부터 내 마음은 갤 틈이 없고 허전하기만 하다……어둠이 찾아드는 저녁 무렵에는 단지 혼자 앉아 한숨을 내쉬고 하릴없이 정자를 거닐면 이슬에 젖는다.)

1103번의 츠라유키(貫之)의 노래를 제외한 나머지는 모두 작자 미상의 노래이다. 모두 다 여성의 심리를 잘 대변하고 있다. '해질녁'이란 시간대는 '임 생각이 더해지는 시간', '임이 오실 시간', '오지 않는 임을

---

4) 『고킨슈(古今集)』이하 8代集의 본문 와카 인용도 日本古典文学全集, 小学館, 1978에 의함.

기다리는 시간', '임이 방문해주는 시간' 등으로 읊어지고 있다. 당대의
혼인제도가 남성이 여성을 방문하는 '가요이콘(通い婚)'이기 때문에 결
혼한 남편도 방문해 주지 않으면 만날 수 없다. 따라서 이 같은 노래들이
불린 것으로 생각된다. 546의 와카에 '가을 해질녘'이 처음으로 등장하
는데, 이는 『신코킨슈(新古今集)』에 이르러 특정한 미감을 자아내는 시
어로 자주 애송된다.

　다음에 두 번째 칙찬집인 『고센슈(後撰集)』을 살펴보자.

> 510 来や来やとまつ夕暮れと今はとて帰る朝といづれまされり
> 　　(올까 하고 기다리는 저녁 무렵과 자고 새벽에 돌아가는 아침 어
> 　　느 쪽이 나을까?)
> 739 夕さればわが身のみこそかなしけれいづれの方に枕定めむ
> 　　(저녁이 지나면 섧기만 하다. 어느 쪽으로 베개를 두어야 할지.)
> 1062 夕さればおもひぞ繁き待つ人の来るや来じやの定めなければ
> 　　(저녁 무렵만 되면 생각만 무성해진다. 기다리는 이가 올지 어떨
> 　　지 모르기 때문에.)

　'夕暮れ'란 임이 찾아오는 시간이다. 하지만 반드시 찾아오는 것은
아니기 때문에 불안한 마음을 호소하는 여성들의 노래가 많다. 당시 여
성들은 일방적으로 기다리는 수밖에 없었던 것이다.

　『슈이슈(拾遺集)』의 경우도 그리 다르지 않다.

> 478 夕されば衣手寒しわぎもこが解き洗ひ衣行きてはや着む
> 　　(저녁 무렵이 되면 소맷자락이 추워진다. 얼른 돌아가 아내가 손
> 　　질해 놓은 옷을 입고 싶다.)
> 722 いつしかと暮れを待つ間の大空は曇るさへこそうれしかりけれ
> 　　(언제 어두워지나? 어둠을 기다릴 때는 구름 끼는 것조차 기쁘기
> 　　만 하다.)
> 725 うつつにも夢にも人に夜しあへば暮れゆくばかりうれしきはなし
> 　　(생시에서건 꿈에서건 밤에 만나기 때문에 어두워지는 것만큼 기

쁜 일은 없다.)
1197 暮ればとて行て語らむ逢ふ事のとをちの里の住みうかりしも
(날이 어두워지지만 빨리 찾아가 이야기하자. 만날 길이 멀다고
하는 〈도치노 사토〉에서 지내기는 어렵구나.)

'夕暮れ'는 남성들의 노래에서는 아내 있는 곳으로 빨리 돌아가고 싶
어 하는 시간대로, 여성들의 노래에서는 임을 만나는 기쁨으로 더욱 빨
리 어두워지기를 바라는 시간대로 인식되고 있음을 알 수 있다.

헤이안 중기를 대표하는 여류가인들의 노래에도 여전히 연정을 호소
하는 노래가 차지하는 비중이 크다. 이즈미시키부의 노래를 살펴보자.

113 よも山のしげきをみればかなしくしかなきぬべき秋の夕暮れ
(사슴이 짝을 찾아 우는 가을의 해질녘은 더욱 슬프다.)
264 夕暮のあはれはいたくまさりけり日ひとひ物は思ひつれども
(하루 종일 임 생각으로 수심에 잠겨 있지만 해질녘에는 더하다.)

하루 중에서도 '해질녘'이란 시간대는 임에 대한 그리움이 더해지고,
사슴이라도 우는 가을의 '해질녘'은 더욱 그런 느낌이 강해지는 시간대
라고 인식하고 있다.

3. 고독감과 무상감을 자아내는 시간대

평생 말단 관료로 지내면서 가인으로 인정받지 못한 삶을 보낸 소네노
요시타다(曾根好忠)의 가집 『好忠集』에 다음과 같은 노래가 수록되어
있다.5)

---

5) 好忠; 생몰년 미상, 대체로 923~1003년으로 추정되고 있음.

119 日暮るれば下葉こぐらき木のもとの恐ろしき秋の夕暮れ
(어둑해지면 무성해진 나무 밑은 무섭기만 한 해질녘이구나.)

고대인이 느끼는 해질녘은 휘황찬란한 불빛 아래에서 생활하는 현대인들이 느끼는 바와는 큰 낙차가 있었던 모양이다. 마루야마 겐지의 <소설가의 각오>란 에세이에 다음과 같은 구절이 있다.[6]

> 달이 떠 있든 떠 있지 않든 산촌의 밤에는 무시무시함이 떠다닌다. 도시에서는 밤이 시간을 두고 점차 깊어가지만, 산촌의 밤은 해가 떨어진 순간 깊은 수조 가득 채워진 물이 느닷없이 일시에 빠져 나가는 것 같은 놀람과 함께 찾아온다. 낮과 밤의 차이가 터무니없이 크고 자연이 자아내는 밤의 요기에 압도된 나는 이부자리에 누워서도 잠 한숨 이루지 못한다.

밤을 재촉하는 해질녘에 대한 고대인의 생각은 이처럼 무서움과 놀라움이 함께 찾아오는 시간대였을 것이다. 그래서인지 '해질녘'이란 시간대를 읊은 노래에는 쓸쓸함과 고독감이 배어 있는 노래가 상당히 많다. 가장 오래된 노래는 『만요슈(万葉集)』의 山上憶良의 노래이다. 「悲歎俗道仮合即離. 易去難留詩」라는 제목으로 그 일부를 소개하면 다음과 같다.

896 …世に恒の質なし, 所以に陵谷もかはり, 人に定まれる期なし, 所以に寿夭も同じからず. 撃目の間に, 百歳もすでに尽き, 申臂の頃に千代も亦空し. 且には席上の主と作り, 夕べには泉下の客と為る. 白馬走り来るとも黄泉にいかにか及かむ.
(세상에는 영구불변의 본질이라는 것이 없다. 때문에 언덕이 계곡이 되고 계곡이 언덕이 되기도 한다. 사람도 또한 정해진 수명이 없기 때문에 장수와 요절의 차가 있는 법이다. 순식간에 백 살이 되고 기지개를 켜는 동안에 천년이란 세월이 지나간다. 아침 동안에 연

---

6) 마루야마 겐지 지음, 김난주 옮김, 『소설가의 각오』, 문학동네, 1999, p.16.

회의 주인으로 행세해도 저녁 무렵에는 황천의 객이 된다. 백마의 발이 아무리 빠르다고 해도 황천 가는 속도에 비할 수는 없다.)

이 노래의 서문에서도 설명하고 있는 바와 같이 불교적 무상관을 수용한 것이라고도 볼 수 있다. 文選의 '朝爲媚少年 夕暮成醜老'(卷二十二 詠懷詩十七首 阮嗣宗)이나 백씨문집의 '朝露貪夕利 夕陽憂子孫'(卷二 不致仕)란 시구의 영향관계도 생각할 수 있다. 『겐지모노가타리(源氏物語)』에도 [夕霧] 卷 '夕の露のかかるほどのむさぼりよ'[7]의 표현이 나오는데, 이는 아침이슬(朝露)을 일부러 변형시킨 것으로 보인다.

유사한 표현은 오토모노 야카모치(大伴家持)의 4160번 노래에서도 엿볼 수 있다.

> 4160 天地の遠き初めよ 世の中 常なきものと 語り継ぎ 流らへ来たり …
> 朝の笑 夕変わらひ 吹く風の 見えぬがごとく 行く水の 止まらぬごとく 常もなく うつろふ見れば にはたづみ 流るる涙 留めかねつも
> (천지가 구분된 옛날부터 세상은 무상한 것이라고 전해지고 있다. 드넓은 하늘을 올려다보면 떠 있는 달도 찼다가 이지러지고, 산의 나뭇가지도 봄이 되면 꽃을 피우고, 가을이 되면 이슬을 맞고 단풍이 되어 바람에 섞여 떨어진다. 세상 사람들도 예외는 아니다. 홍안은 초췌해지고, 검은 머리는 백발이 되고, 아침에 웃었던 얼굴이 해질녘에는 갑자기 달라져 불던 바람이 눈에 보이지 않는 것처럼, 흐르는 물이 멈추지 않는 것처럼, 덧없이 변하는 것을 보면 흐르는 눈물을 멈출 수 없다.)

노래의 제목도 「세상의 무상을 슬퍼하는 노래 한 수(世の無常を悲

---

7) 1008년 성립. 모두 3부 54첩으로 히카루 겐지의 생애를 중심으로 한 이야기이다. 『겐지모노가타리(源氏物語)』의 본문 인용은 日本古典文學全集, 小學館, 1976에 의함. 『源氏物語』 4, p.443.

しぶる歌一首)」이다. 이 노래를 보면 무상감이란 이와 같이 중국문학의 영향이나 불교의 가르침이 없더라도 인간이 생래적으로 터득할 수 있는 느낌이라고 생각된다. 성장과 함께 죽음은 피할 수 없다는 사실을 생각하면 누구라도 이와 같은 보편적인 절대 진리를 깨달을 것이다.

후대로 내려가면서도 이러한 경향의 노래는 계속 이어진다.

815 夕されば人なき床をうち払ひなげかむためとなれる我身か(古今集)
(해질녘이 되면 사랑하는 이도 없는 쓸쓸한 잠자리의 먼지를 털어내며 탄식만 하고 있는 게 내 신세로구나.)
109 身のうきをつねはしらぬにあらねどもなぐさめがたき春の夕暮れ(重之女集)
(자신의 쓰라린 처지를 항상 모르는 건 아니나 기다릴 사람 없어 외로운 봄날의 해질녘.)
4 秋はなほゆふまぐれこそたゝならぬおきのうはかせはきのしたつゆ(義孝集8))
(가을의 해질녘은 여느 때와 다르다. 억새에 부서지는 바람. 싸리에 맺힌 이슬.)

해질녘이란 시간대는 역시 다른 시간대보다 쓸쓸함과 고독이 더해지며 감상적으로 흐르기 쉬운 시간대로 인식되고 있음을 알 수 있다.

서두에서 언급한 바와 같이 헤이안 중기에 와카 분야에서 두각을 나타낸 이즈미시키부는 <夕べのながめ>란 제목 하에 10수의 연작을 완성했다. 그 10수를 소개하면 다음과 같다.

続121 山のはに入る日を見ても思ひいづる涙にいとどくらさるるかな
(서녘으로 기우는 해를 보아도 임 생각하는 눈물로 더 괴롭게 지내는 요즘이구나.)
続122 今のまの命にかへて今日のごと明日の夕べを嘆かずもがな

8) 954~974년 활약.

(곧 죽을 목숨으로 바꾸어 내일 저녁 무렵은 탄식하고 싶지 않다.)

続123 夕暮はいかなるときぞ目に見えぬ風の音さへあはれなるかな
　　　(해질녘은 어떠한 시간대인가. 바람소리조차도 애조를 띤다.)

続124 たぐひなく悲しきものは今はとて待たぬ夕べのながめなりけり
　　　(전례 없이 슬픈 시간은 그리워하는 이를 기다리지 못하는 저녁.)

続125 おのがじし日だに暮るれば飛ぶ鳥のいづかたにかは君をたづねむ
　　　(새들도 날이 어두우면 각각 갈 길을 가는데 난 어디로 나서 당
　　　신을 찾아야할지.)

続126 夕暮は君が通ひし道もなく巣がける蜘蛛のいとぞかなしき
　　　(해질녘 당신이 오던 길에 거미줄이 걸려 있는 일이야말로 더할
　　　나위 없이 슬프다.)

続127 ひのやくと嘆く中にもいとせめてもの侘しきは夕まぐれかな
　　　(늘 탄식하며 살지만 가장 쓸쓸할 때는 해질녘이다.)

続128 忘れずは思ひおこせよ夕暮にみゆれば凄き遠の山影
　　　(잊지 않고 있으면 생각을 전해주오. 해질녘에 보니 고독감이
　　　더욱 사무치는 산그림자구려. 그 밑에 잠든 임이시여.)

続129 夕暮は雲の景色を見るからに眺めじと思ふ心こそつけ
　　　(해질녘이 되면 구름만 바라봐도 그리움이 밀려와 이제 경치 같
　　　은 건 바라보지 않겠다고 다짐한다.)

　그녀가 가장 사랑했던 아쓰미치 친왕을 여의고 읊은 노래로 연정과 관
계 깊은 노래가 많다. 그녀는 '해질녘'은 이미 고인이 된 사랑하는 사람
에 대한 사모의 정을 환기시키기 때문에 더욱 슬프고 쓸쓸하고 외롭다고
호소하고 있다. 해질녘이란 시간대는 이와 같은 감상을 이끌어내기에 적
합한 시간대인지도 모른다. 50수 이외의 다음 노래에서도 이러한 느낌은
잘 드러나 있다.

　352 あはれなることをいふには人しれず物おもふ時の秋の夕暮
　　　(왠지 서글픔을 자아내는 계절은 가을의 저녁 무렵.)

　408 なぐさむる君もありとはおもへども猶夕暮はものぞ悲しき
　　　(위로가 되는 당신도 있지만 해질녘은 왠지 사람을 슬프게 한다.)

그러면 산문인 『겐지모노가타리』의 경우는 어떠할까.

다음은 이야기의 발단으로 기리츠보 천황이 가장 총애하는 후궁 기리쓰보노 고이(桐壺更衣)9)를 잃고 생전의 그녀를 그리워하는 장면이다. 제1첩에 수록되어 있다.

> 野分だちて, にはかに肌寒き夕暮のほど, 常よりも思し出づること多くて, 靫負命婦といふ者を遺わす.
> 夕月夜のをかしきほどに出だし立てたまひて, やがてながめおはします. [桐壺]
> (가을의 거센 바람이 불어 찬 기운이 느껴지는 해질녘 주상은 평소보다 고이에 관한 생각이 더 하고, 그리움이 깊어져 유게이 명부를 고이의 친정집으로 보낸다. 그리고 저녁달이 아름답게 나와 있을 무렵 밖으로 나와 한참 달을 바라보고 계신다.)

이렇게 해서 해질녘 찾아가 본 고이의 친정집은 잡초는 우거질 대로 우거져 있고, 형용할 수 없는 쓸쓸함과 슬픈 기운에 가득 차 있고, 어머니는 딸을 잃은 슬픔에 잠겨 있는 것으로 묘사되어 있다.

> たとしへなく静かなる夕の空をながめたまひて, 奥の方は暗うものむつかしと, 女も思ひたれば, 端の簾をあげて添ひ伏したまへり. 夕映えを見かはして女もかかる有り様を思ひの他にあやしき心地はしながら, よろづの嘆き忘れてすこしうちとけゆく景色いとらうたし. [夕顔]
> (비할 데 없이 조용한 노을 진 하늘을 바라보고 있는데, 방 안쪽은 어둡고 음산해 지내기 어렵다고 겁을 내니 겐지도 발을 올리고 곁에 나란히 누웠다. 저녁노을에 비친 서로의 얼굴을 보며 여자도 뜻하지 않게 이렇게 된 것을 불가사의하게 생각하고, 겐지도 모든 근심을 잊고 자신

---

9) 헤이안 중기 이후 천황의 처첩제도는 황후(중궁)·뇨고·고이의 순이었다. 뇨고는 황후 다음의 위치로 천황의 침소에서 시중들던 고위직 여관으로 후에 황후로 책봉된다. 고이(更衣)는 뇨고 다음의 위치로 천황이 옷 갈아입는 일을 돕고 천황의 침소에서 시중드는 일을 했다.

에게 마음을 열고 의지하는 여자가 사랑스럽다고 보았다.)

<비오는 날의 여인의 품평회>에서 어리석은 여자의 예로 등장한 유가오와 겐지의 만남을 묘사한 장면이다. 유가오는 부모도 없이 혼자 지내는 여인으로 정분이 있는 남자와의 사이에 아이까지 있다. 비할 바 없이 조용한 저녁 무렵 수줍어하고 연약한 여인인 유가오와 겐지가 만나는 장면이다. 8월 보름날 달 밝은 날 밤 남녀의 관계를 맺게 되지만 이후 여주인공은 모노노케 원령에 씌어 죽는다. 이 밖에도 이야기 속에서 가장 이상적인 여주인공으로 등장해 가장 많은 사랑을 받은 무라사키노 우에(紫上)와 만나는 시간도 해질녘이다. 그녀 역시 임종 무렵에 이르러서는 출가를 원하지만 결국 이루지 못하고 죽음을 맞는다. 작가인 무라사키시키부(紫式部)가 '해질녘'이란 시간대에 상당히 집착해 있음을 알 수 있는 대목인데, 불길한 예감을 가져다주는 시간대로 작용하고 있다.

'해질녘'을 도입한 노래에는 인생이 저물어가는 것을 비유해 인생무상과 막연한 불안을 야기하는 시간대로 형상화시키는 내용들이 많다.

그러나 반드시 그렇다고만 확신할 수는 없다. 일본 최초의 수필인 세이쇼나곤의 『枕草子』의 제1단을 보면 다음과 같은 구절이 있다.[10]

> 秋は夕暮. 夕日のさして山のはいとちかうなりたるにからすのねどころへ行くとて, みつよつ, ふたつみつなどとび急ぐ笹へあはれなり. まいて雁などのつらねたるが, いとちひさくみゆるはいとをかし.
> (가을은 해질녘이 가장 좋다. 석양이 비치고 산봉우리가 가깝게 보일 때 까마귀가 둥지를 향해 서너 마리 내지는 두 마리씩 떼 지어 날아가는 광경에는 가슴이 뭉클해진다. 기러기가 줄지어 저 멀리로 날아가는 광경은 한층 더 정취가 있다.)

---

10) 『枕草子』, 日本古典文学全集, 小学館, 1978, p.63.

하루 중 특정한 시간대를 사계절에 할당해 각각의 풍경의 아름다움을 유니크하게 포착하고 있다. 당시 문학 중에 유례없이 간결한 문체로 사계절의 아름다움을 예리하게 묘사하고 있어 큰 주목을 받고 있는 문장이다. 여기서 세이쇼나곤은 가을은 역시 해질녘이 정취가 있다고 밝히고 있다. 가을의 해질녘은 왠지 서글픔을 자아내 사람을 고독감에 젖게 하지만 사람을 매료시키는 정취를 물씬 풍겨주는 시간대이기도 한 것이다.

이러한 와카의 영향을 받은 탓인지『신고킨슈』에는 '秋の夕暮れ'를 읊은 노래가 열아홉 수나 있다. 그 중에서도 다음의 노래는 널리 알려져 있다.

361 寂しさはその色としもなかりけりまき立つ山の秋の夕暮れ (寂蓮法師)
(슬픔의 색깔은 없지만 굳이 표현하자면 해질녘 숲 속 풍경이 아닐까.)

가을 해질녘의 희미한 빛 속에 농담만의 식별이 가능한 수묵화처럼 삼나무나 향나무가 들어선 산중은 천지자연이 정적에 싸여 견디기 어려운 고독한 그림자를 드리우고 있다. 작자가 느끼는 외로움을 굳이 색깔로 표현하자면 이런 산 속의 모습이 아닐까.

관념적이고 상징적인 신고킨슈적인 세계의 표현이 잘 드러나 있는 작품이라 할 수 있는데, 저녁의 해질녘이란 시간대는 이와 같이 쓸쓸하지만 정취가 물씬 풍기는 분위기를 자아내는 시간대라 인식되고 있다. 다음의 노래들 역시 같은 관점에서 감상할 수 있는 노래들이다.

362 心なき身にも哀れは知られけりしぎ立つ沢の秋の夕暮 (西行法師)
(슬픔이나 슬쓸함 같은 감정을 분별하지 못하는 나도 알 것 같다. 도요새 날아가는 물가의 가을날 해질녘.)
363 見わたせば花も紅葉もなかりけり浦のとまやの秋の夕暮 (藤原定家 朝臣)
(둘러보면 꽃도 단풍도 다 져버렸구나. 쓸쓸하게 뜸집만이 남아 있는 가을의 해질녘.)

4. 죽음의 상징으로서의 시간대

앞 장에서 언급한 이즈미시키부의 10수 연작 <夕べのながめ>의
첫 노래를 살펴보자.

> 続121 山のはに入る日を見ても思ひいづる涙にいとどくらさるるかな
> (서녘으로 기우는 해를 보아도 임 생각하는 눈물로 더 괴롭게
> 지내는 요즘이구나.)

가장 사랑했던 아쓰미치 친왕을 잃고 부른 노래인데, 서녘으로 기우는
해를 저 세상으로 가버린 임에 비유하고 있다.

『만요슈』의 히토마로의 만가에서도 이와 유사한 표현을 찾을 수 있다.

> 207 …軽の道は我妹子が里にしあればねもころに 見巻く欲しけど止ま
> ず行かば人目も多み まねく行かば人知りぬべみ さね葛 後も逢は
> むと大船の思ひ頼みて玉かぎる磐垣淵の隠りのみ恋ひつつあるに
> 渡る日の暮れぬるがごと照る月の雲隠るごと 沖つ藻の なびきし
> 妹は もみち葉の 過ぎて去にきと
> (가루노미치는 아내가 살고 있는 곳이라서 시간을 충분히 내어 만
> 나고 싶지만 계속 찾게 되면 사람들 눈도 있고 자주 가면 사람들
> 이 알 것 같아 나중에 만나자고 후일을 기약하여 이와가키 여울처
> 럼 그리움 가득 차 있는데 하늘을 가로지르는 해가 서녘으로 기울
> 듯이 떠 있는 달이 구름 속으로 모습을 감추듯이 해초처럼 서로
> 기대고 의지하며 지내던 아내는 덧없이 가버렸다.)

히토마로는 사랑하는 아내가 죽었다는 소식을 전하는 이의 얘기를 듣
고 아내가 자주 찾았던 가루노미치로 달려갔지만 우네비산에서 들려오
는 새소리처럼 아내의 목소리는 어디에도 없고 아내와 닮은 통행인의 모

습은 어디에도 없다고 긴 장가를 통해 절규하고 있다.

> 210 …頼めりし児らにはあれど世の中を背きし得ねばかぎろひのもゆる
> 荒野に白たへの天領巾隠り鳥じもの朝立ちいまして入り日なすかく
> りにしかば吾妹子が形見に置けるみどり子の乞ひ泣くごとに　取り
> 与ふる　物しなければ…
> (의지했던 여자인데 세상의 도리를 배반할 수도 없기 때문에 아지
> 랑이 피어오르는 거친 들에 새하얀 天人의 얇은 천에 푹 싸여 사
> 라졌다. 닭도 아닌데 아침에 집을 나서 저녁 무렵에 유명을 달리하
> 니 어린 아이는 조르며 울고 그때마다 줄 것 없으니….)

노래 내용은 죽은 아내와 함께 했던 별채에 어린 아이를 옆에 끼고 들
러 보기도 하면서 자나 깨나 그녀 생각을 하며 지냈지만 만날 수가 없어
우가이 산중에 가면 죽은 이와 만날 수 있다는 소문을 듣고 찾아갔지만
소용이 없었다는 탄식으로 이어지고 있다. 고향에서 갑작스럽게 맞이한
처의 죽음을 황혼과 밀접하게 관련된 낙양의 이미지에 비유하고 있다.
태양의 율동 표현이 빚어내는 장중한 분위기에 비견될 만큼 아내의 죽음
은 그에게 슬픈 일이었던 것이다.

오토모노 야카모치(大伴家持)가 아내가 먼저 죽어간 모습을 466의
노래에서 "…잠깐 거쳐 가는 인생이라 아침이슬이나 서리가 사라지는
것처럼 산 넘어 해가 저물어 가는 것처럼 모습을 감추었기 때문에(…借
れる身なれば露霜の消ゆるが如く足引きの山道をさして　入り
日さす隠りにしかば…)"라고 표현하고 있다.

그러한 표현이 사카노우에노 이라쓰메(坂上郎女)의 460의 노래에서
는 신라에서 도래한 리관(理願)스님의 죽음을 "…산 넘어 저녁 어스름
처럼 자취를 감추었기 때문에…(…あしひきの山をさしてゆふ闇と
隠りましぬれ…)"로 표현하고 있어 'ゆふ闇'란 시간대로 변용되고
있음을 확인할 수 있다.

『겐지모노가타리』에서는 '해질녘(유우베)'란 용례가 많이 쓰이고 있는데, 먼저「夕顔」卷에 다음 부분에 주목해 보기로 하자.11)

> 空の雲うち曇りて, 風冷やかなるに, いといたくながめたまひて
> 見し人の煙を雲とながむれば夕べの空もむつましきかな
> と, 独りごちたまへど, えさし答へも聞こえず.12)
> (하늘은 완전히 어두워지고 차가운 바람이 일 때인지라 겐지는 수심에 잠겨
> 나와 함께 한 그녀를 화장한 연기가 저 구름인가하고 보고 있자니 해질녘
> 하늘도 친근하게만 느껴지는구려 라고 혼잣말을 하지만 아무 응답도 없었다.)

사랑스러운 여인 유가오가 돌연사한 충격으로 깊은 시름에 빠진 히카루 겐지는 해질녘의 구름에 가려 어두워진 하늘을 슬프게 바라보며 이 노래 한 수를 읊는다. 유가오를 화장시킨 연기를 구름으로 비유해 겐지 자신의 내면세계는 아무도 범접할 수 없는 사랑하는 사람을 위한 혼자만의 시공간으로 펼쳐지고 그 해질녘의 노래를 애송하는 행위에 의해 죽은 자에 관한 상념을 체념으로 승화시키려는 의지로 차 있음을 나타내 주고 있다. 이처럼 '해질녘'은 슬픔과 비통함을 완화시키고 치유해주는 다정한 하늘, 사별의 세례를 받아 무상의 바람이 이는 겐지의 영혼에 깃드는 시간대로 작용하고 있다.

　'해질녘'이란 용례는 다음 松風卷에서도 찾아볼 수 있다.

> 命尽きぬと聞こしめしすも, 後の事思ひととなむな. 避らぬ別れに御心
> 動かしたまふなと言ひ放つものから, "煙ともならぬ夕べまで若君の御に

---

11) 河添房江,「源氏物語における夕べ」,『むらさき19』, 武蔵野書院, 1982, pp.22～26 참조. 이하 씨의 설을 많이 참고로 함.
12) 夕顔(1), p.262.

とをなむ, 六時の勤めにもなほ心きたなくうちまぜはべりぬべき"とて, これにぞうちひそみぬる.13)

("내 목숨이 다했다고 들어도 내세를 비는 법회 같은 건 하지 마라. 피할 수 없는 사별에 마음을 움직이거나 하지 마라"라고 내뱉듯이 말하지만 "화장터의 연기가 되는 해질녘까지는 미련이 남아 있는 것처럼 와카기미를 위해 기도하련다"라고 말하고는 금방이라도 울 것처럼 되었다.)

겐지의 환영을 받아 도읍으로 향하는 아카시노 키미와 아버지 뉴도의 사별 장면이다. 뉴도는 사랑하는 외동딸에게 죽어서도 외손녀인 아카시노 히메기미를 후원하겠다는 뜻을 말하고 있다. 히메키미의 장래를 걱정하는 이 말은 나중에 와카나 조(若菜上)권에서는 실제로 꿈속에 뉴도가 나타나 왕권장악이라는 힘을 발휘하는 구조로 되어 있다. 그런데 여기서 문제가 되는 것은 아카시 뉴도가 죽어가는 '화장터 연기가 되는 해질녘'이란 표현이다. 화장(火葬)하는 시각을 '해질녘'이라고 설정한 것이다. 그러면 실제 당시 화장하는 시각이 '해질녘'이었던가? 않다. 당시 장송(葬送)은 심야에 시작해 새벽에 합골이 이루어졌다는 것이다.14)

그럼에도 불구하고 이와 같은 표현은 아카시 뇨고(明石女御)가 황자를 출산했다는 연락을 받고 쓴 뉴도의 편지글의 일부에서도 찾아볼 수 있다. 若菜上卷의 다음 부분이다.

遥かに西の方, 十万億の国隔てたる九品の上の望み疑いなくはべりぬれば, 今はただ迎ふる蓮を待はべるほどその夕べまで水草清き山の末にて勤めはべらむとてなむまかり入りぬる.15)

(단 하나의 소원이 곧 이루어질 테니 멀리 서방 십 만 억토 떨어진 극락에 상품 상생16)으로 왕생할 것은 의심할 여지가 없어졌기 때문에 지

---

13) 『源氏物語』 2, 日本古典文学全集, 小学館, 1976, p.396.
14) 河添房江, 「源氏物語における夕べ」, 『むらさき19』, 武蔵野書院, 1982, p.23.
15) 『源氏物語』 4, 日本古典文学全集, 小学館, 1976, p.107.

금은 단지 아미타여래가 와 주실 것을 기다릴 뿐이지만 그간 임종의 종말까지는 물과 풀이 깨끗한 산 속에서 정진하려고 산 속에 칩거해 있는 것이오.)

자신이 소원을 성취해 서방의 극락정토에 왕생할 것을 확신한 외조부인 아카시 뉴도(明石入道)가 죽음을 맞이할 시간대를 '해질녘'으로 설정해 표현하고 있다. 나아가 幻巻에 이르러서도 유사한 표현을 찾아볼 수 있다.

世のはかなくうきを知らすべく、仏などのおきたまへる身なるべし、それを強いて知らぬ顔にながらふれば、かくいまはの夕近き末にいみじき事のと締めを見つるに[17]
(이승의 삶이 얼마나 괴로운 것인가를 알기 위해 부처님이 정해 놓은 신세일 것이다. 그 부처님의 의향을 억지로 모른 척 하며 세상을 살아 왔기 때문에 이렇게 임종에 이르러 비통한 결말을 맞게 된 것이다.)

고인이 된 무라사키노 우에의 시녀들을 앞에 두고 이야기하는 로쿠죠인 겐지의 술회로 잘 알려진 대목인데, 'いまはの夕'란 표현이 <해질녘의 임종>이란 뜻으로 쓰이고 있다. 여기서 주목할 것은 앞에서 든 '煙ともならぬ夕べ', '迎ふる蓮を待はべるほどその夕べ', 'いまはの夕' 등은 모두 이승의 종말을 표상하는 비유로 쓰여 지고 있다는 점이다. 이러한 용례는 河添씨의 설명에 의하면 매우 이례적이라고 한다. 임종의 뜻을 지닌 'いまは'는 '임종의 시각(いまはの刻み)', '임종의 최후(いまはの閉め)', '임종의 때(いまはの時)' 등의 표현이 일반적이었는데 『겐지 모노가타리』를 기점으로 '해질녘'이 <죽음>을 상징하는 시간대로 표현되고 있다는 것이다.

---

16) 극락정토에서의 왕생은 上品, 中品, 下品의 세 등급으로 나뉘고 각 품은 거듭 上生, 中生, 下生으로 나뉘어 9단계의 삶이 있다고 생각되어지고 있었다.
17) 『源氏物語』4, 日本古典文学全集, 小学館, 1976, p.511.

'해질녘'과 <죽음>의 이미지가 이처럼 강하게 연관성을 가진 이유는 무엇일까.

3장에서도 언급했지만 '해질녘'이라는 시간대는 무상감을 재촉하는 시간대로 해가 저무는 모습과 인생이 막을 내리는 모습이 중복되는 이미지를 가지고 있다. 만엽의 노래의 '入り日'가 'ゆふ闇'에로 변용되는 표현에서도 알 수 있는 것처럼『겐지모노가타리』에 이르러 '해질녘'이란 표현은 죽음과 친숙한 용어들과 결합해 새로운 표현의 세계를 구축한 것이다. 실제로『겐지모노가타리』의 작자인 무라사키시키부는 남편 宣孝의 죽음을 맞아

> 見し人のけぶりとなりし夕よりなぞむつましきしほがまのうら
> (함께 지냈던 그이가 화장터 연기로 사라진 해질녘 이후 더욱 친근하게 느껴지는 시오가마노 우라이구나.)

라는 애도가를 그녀의 가집에 남기고 있다. 작자는 아마 염전이 있는 '시오가마노 우라'를 여행하며 '해질녘'의 연기가 피어오르는 모습을 보았을 것이고 이런 수묵화의 한 폭 같은 풍경이 자신의 남편을 여읜 후로 더욱 친근하게 느껴져 이런 노래를 남겼을 것이다. 새벽녘의 어슴프레한 밝음, 낮 동안의 눈부심과 비교해 '해질녘'은 해가 지는 서방정토란 세계를 연상시키고 그리하여 죽음과 친근한 이미지를 떠올리게 된 것은 아닐까.

이렇게 해서 이 표현은『겐지모노가타리』와 이후의 와카 내지는 산문 속에 확실하게 자리매김을 하게 되었다고 생각된다. 이후의 헤이안 후기 가집인『센자이슈(千載集)』,『신고킨슈』등에서도 이와 같은 영향을 받은 표현은 다음과 같이 확인할 수 있기 때문이다.

> 1124 此の世をば雲のはやしにかどでしてけぶりとならんゆふべをぞまつ (千載集)

(이 세상을 떠나 구름숲으로 가려고 화장터 연기되는 해질녘을 기다리는구나.)

922 おもひ出よゆふべの雲もたなびかばこれやなげきにたへぬけぶりと (千載集)

(생각해다오. 해질녘의 구름이 드리우면 이거야말로 탄식이 끊이지 않는 나의 화장 연기라고.)

803 なき人のかたみの雲やしをるらん夕べの雨に色は見えねど(新古今集)

(죽은 임의 흔적인지 구름이 무겁게 드리워졌구나. 저녁 무렵의 비로 색깔은 없지만….)

1744 かくしつつ夕べの雲となりもせばあはれかけても誰か忍ばむ(新古今集)

(이처럼 절에 숨어 지내는 채로 해질녘 구름처럼 죽는다면, 날 불쌍하게 여겨줄 누군가가 있을까?)

1233 はかなしといふにもたらぬ身の果てはただうき雲の夕暮れの空 (続後撰集)

(덧없다고 하기에도 모자란 내 신세의 종말은 어두운 해질녘의 하늘과 같구나.)

　　세세한 검토를 할 지면이 할애되지 않기 때문에 간단히 살펴보았지만, 겐지 이후 <유우베>는 죽음과 관련지어져 많은 시가에 등장하고 있다. 夕煙나 夕雲에 소멸해 가는 자신의 모습을 비유하고 또한 죽은 이의 흔적으로 인식되게 된 것이다. 이는 그만큼 헤이안 중기 이후에 죽음에 대해 관조하고 응시하는 일이 급속히 심화되었다는 증거이기도 하다.

　　근대 이후에도 아쿠다가와 류노스케(芥川竜之介) 같은 작가는 시대, 환경, 날짜, 시각, 상황, 등장인물의 인상 등을 뚜렷이 부각시키는 소설 기법을 많이 구사하는데, 그의 소설의 대부분의 작품의 시간 설정이 <유구레>로 되어 있다. 예를 들면 다음과 같다.

・『羅生門』
或る日の夕方の事である. 一人の下人が羅生門の下で雨やみを待っている.
・『手巾』
…前略… 長い夏の夕暮はいつまでも薄明りを漂わせてガラス戸をあけ

はなした広いベランダーはまだ容易にくれそうなけはひもない.
・『蜜柑』
ある曇った冬の日暮れである.
・『杜子春』
ある春の日暮れであった.

<관련노트>를 참고하면 『羅生門』의 경우 초고에서 유구레란 시간대가 설정되어 있지 않았으나 나중에 집어넣었다고 기록되어 있는데, 이상에서 본 바와 같이 아쿠다가와의 '해질녘'에 대한 집착은 대단했던 것 같다. 작품에 따라 다양한 분위기를 연출하고 있는데 이들 작품의 이미지는 헤이안 시대 작품에서 보아온 이미지의 유형을 크게 벗어나지 않고 있다.

히라오카 토시오(平岡敏夫)씨는 아쿠다가와 자신이 『今昔物語』와 같은 헤이안 시대 산문작품을 보며 '해질녘' 시간대의 기이한 매력에 이끌려 새로운 이야기의 시작을 끊임없이 발굴한 것이 아닌가 지적하고 있다.[18] 수긍할만한 지적이다.

이어서 아쿠다가와뿐만 아니라 모리오가이의 <기러기(雁)>, <마이히메(舞姫)>, 다니자키쥰이치로의 소설 <아시카리>도 '해질녘'이란 시간대로 시작되는 소설도 같은 방식으로 이해할 수 있다고 지적하고 있다.

5. 끝머리에

이상 '해질녘'과 관련된 용어를 중심으로 이 시간대가 일본인들에게 어떤 정서를 촉발하고 어떻게 인식되었는가에 관해 살펴보았다.

---

18) 「王朝物語 の <夕暮>」, 『国際日本文学研究集会会議録』 第20回, 国文学研究資料館, 1996, pp.184~185.

가장 먼저 연정을 환기시키는 노래가 많음을 알 수 있었다.『만요슈』에서는 '해질녘'이란 시간대는 반드시 연정과 결부된 의미만 있는 것이 아니었으나,『고킨슈』,『고센슈』,『슈이슈』 등의 三代集까지의 와카를 검토하면 '임 생각이 깊어지는 시간', '임이 그리워지는 시간', '오지 않는 사람을 기다리는 시간'으로 읊어져, 연정과 관계 깊은 감정을 환기시켜주는 노래가 대부분을 차지하고 있다. 이는 당시의 결혼제도가 '통혼'으로 여성이 있는 곳으로 남성이 방문해 주지 않으면 안 되는 당시의 결혼제도와 관계가 깊다고 생각된다.

두 번째로 고독감과 무상감을 불러일으키는 시간대로 인식되고 있음을 지적할 수 있다. 이는 만요슈에서도 그 시원을 살펴볼 수 있는데 인생이 저물어가는 것과 해가 저물어가는 과정이 비슷해 이를 비유한 발상이라 여겨진다. 고독감이나 무상감을 노래한 와카는 헤이안 중기 이즈미시키부 이후의 노래에 많이 등장하는데, 특히 신고킨슈에서는 가을 해질녘을 소재로 고독감을 노래한 와카들이 많음을 알 수 있다.

세 번째로 해질녘이 죽음을 상징하고 있음을 들 수 있다. 임종이나 죽음의 상징으로 사용되는 드물지만『만요슈』에서도 검색되고 이즈미시키부 노래에서도 검색된다. 특히『겐지모노가타리』에서는 '해질녘의 하늘', '해질녘 구름', '해질녘 연기'와 같은 표현이 많이 등장하고 '임종의 해질녘' 등 서방 왕생의 의미로 다용되고 있음을 확인할 수 있다. 이는 이 시기에 이르러 비로소 죽음을 '해질녘'과 중복시켜, 죽음에 대해 관조하고 응시하는 일이 많아졌기 때문이라고 추측된다.

근대에 이르러 아쿠다가와의 작품에 '유구레'란 시간대로 시작되는 것들이 많은데, 이들이 빚어내는 분위기는 획일적이지 않고 다양하다. 이후 모리 오가이 다니자키 준이치로의 작품에도 많이 등장하는데 이는 결코 지금까지 검토한 '해질녘'의 분위기와 무관하지 않다고 생각된다. 이에 관해서도 더욱 천착해야겠지만 금후의 과제로 삼고자 한다.

參 考 文 獻

伊藤博・久保木哲夫氏 編,『和泉式部集全集－本文と総索引』, 貴重本刊
　　　行会, 1987.

小島憲之 등 校注 飜訳,『万葉集』, 新編日本古典文学全集, 小学館, 1996.

『古今集』, 日本古典文学全集, 小学館, 1978.

『後集撰』, 日本古典文学全集, 小学館, 1978.

『拾遺集』, 日本古典文学全集, 小学館, 1978.

『源氏物語』, 日本古典文学全集, 小学館, 1978.

『枕草子』, 日本古典文学全集, 小学館, 1978.

河添房江,「源氏物語における夕べ」,『むらさき19』, 武蔵野書院, 1982.

平岡敏夫,「王朝物語の＜夕暮＞」,『国際日本文学研究集会会議録』 第20
　　　回, 国文学研究資料館, 1996.

마루야마 겐지 지음, 김난주 옮김,『소설가의 각오』, 문학동네, 1999.

犬養廉 등 編集,『和歌大辞典』, 日本古典文学全集, 小学館, 1989.

新編国歌大観 編輯委員会,『新編国歌大観』, 角川書店, 1985.

가키노모토노히토마로(柿本人麻呂) 詩歌 속에 나타난 時間観念의 고찰

고 용 환*

1. 序 論

주지하듯이 일본 고대 和歌史에 있어서 최고의 歌聖이라 불리는 히토마로(人麻呂)의 作歌 및 歌集에는 題詞에서 시작하여 時間的인 표현으로 점철되어져 있다는 것을 알 수 있다. 논자는 예전에 히토마로의 「時空相待」詩歌[1]라는 논제로 和文漢字(万葉仮名)表記에 나타난 시간관념을 논한 적이 있다.

이를테면 당시의 작가들은 漢文을 媒介로하여 자유자재로 大和言語를 다양한 표기의 문필로 창작하려는 천재성을 발휘하려던 시기였는데 이러한 논지를 먼저 요약해 보면, 히토마로의 歌集歌(卷七의 一一〇〇番과 一二六九番歌, 卷九의 一七九七番歌, 卷十一의 二四

---

* 경남정보대학교 교수

1) 拙著,『日語日文学』第4輯, 大韓日語日文学会, 1995年 11月, pp.181~205.

三〇番歌, 卷十二의 二八六〇番歌, 卷七의一一一九番歌)에도 시간의 흐름을 매체로 한 歌語의 예가 많고, 심지어 二一七番歌에서는 아침이슬과 저녁안개를 대비시켜가면서 현재의 모습을 가지고 미래<생각하며 잘 것이라(思ひ寝らむ)>의 쓸쓸함을 시시각각으로 時制에 의한 예민한 터치로 감성을 잘 묘사해내고 있다는 것을 유추해볼 수 있다.

그 대표적인 한 예로 過去를 등에 업고 강의 흐름(川の流れ)에 譬喩해서 지나가 버린 時間을 아쉬워하는 감회를 표출하려는 것으로 卷七의 一二六八, 卷九의 一七九六, 卷十一의 二四五五)에 있는 「過」의 표현에서 엿볼 수 있는데 이는 곧 空間的인 通過의 뜻인 時間経過의 의식을 담고 있다 하겠다.

이와 같이 히토마로歌의 多樣한 표현군의 예(卷七의 一一一八, 卷九의 一七二五, 一七九八, 卷十의 一八一四) 중에서도 過去를 追想하려는 작가 特有의 표현세계를 발견할 수가 있는데, 동 논고는 2007년 7월 중국 산동대학교에서 개최된 <동아시아의 시간관>의 주제 발표를 계기로 히토마로의 작품세계(歌集과 作歌 속에) 나타난 歌語를 통해서 느껴지는 서정의 軸인 시간관념을 구체화된 표현문구로 확인하고 시인 특유의 時間性에 의한 内在律을 고찰해 보고자 하였다.

2. 히토마로「七夕歌」의 配列과 構造

1)「七夕」以前의 노래

秋雑歌 七夕
① 天漢 水左閇而照 舟竟 舟人 妹等所見寸哉

(10・一九九六)

(은하수물이 선명하게 비치는 배 닿는 곳에 뱃사람〈달〉을 연인들
〈직녀성〉은 보았을까.)

② 久方之 天漢原丹 奴延鳥之 裏歎座都 乏諸手丹

(10・一九九七)

(히사카타의 은하수에 호랑지빠귀 새가 남몰래 울고 계셨다네 안타
깝게도.)

③ 吾恋 嬬者知遠 往船乃 過而応来哉 事毛告火

(10・一九九八)

(내 사랑은 아시련만 지나가는 배 그냥 지나쳐 오게 할 것인가. 뭔가
한마디라도 전해주시게.)

④ 朱羅引 色妙子 数見者 人妻故 吾可恋奴

(10・一九九九)

(볼을 빨갛게 물들인 미인인 직녀성을 여러 번 보게 되면 내가 남의
처라 알면서도 사랑하게 될 것 같네.)

⑤ 天漢 安渡丹 船浮而 秋立待等 妹告与具

(10・二○○○)

(은하수 야스의 건널목에 배를 띄워 가을이 오기를 서서 기다리고
있다고 아내〈직녀〉에게 알려 주었으면 하오.)

⑥ 従蒼天 往来吾等須良 汝故 天漢道 名積而叙来

(10・二○○一)

(푸른 하늘을 오가는 나〈달〉조차 당신을 위해서 은하수 길을 고생
하며 왔어요.)

⑦ 八千戈 神自御世 乏孀 人知爾来 告思者

(10・二○○二)

(야치호코의 神代로부터 만나기 힘든 아내를 남이 알아버렸네, 알리
려했더니.)

⑧ 吾等恋 丹穂面 今夕母可 天漢原 石枕巻

(10・二○○三)

(내가 그리운 님 볼연지에 홍조 얼굴을 하고, 오늘 밤도 은하수에서
바위 베개를 베고 자고 있는 것일까.)

⑨ 己孀 乏子等者 竟津 荒礒巻而寐 君待難

(10・二○○四)

(남군님을 만나기 어려운 직녀성은 배 도착지에 거친 개벌을 베개
로 자고 있구나. 남편을 기다리다 못해서.)

⑩ 天地等 別之時従 自孁 然叙年而在 金待吾者

(10・二〇〇五)

(하늘과 땅이 나누어 질 때부터 그렇게 내 아내와 떨어져 살고 있네.
때문에 난 가을을 기다린다네.)

⑪ 孫星 嘆須孁 事谷毛 告爾叙来鶴 見者苦弥

(10・二〇〇六)

(견우성이 탄식하는 아내 직녀에게 말이라도 고하려고 왔어요. 보고
만 있으면 괴로우니.)

⑫ 久方 天印等 水無川 隔而置之 神世之恨

(10・二〇〇七)

(히사카타의 하늘을 표적으로 물 없는 강을 경계에 둔 神代가 원망
스럽다.)

⑬ 黒玉 宵霧隠 遠鞆 妹伝 速告与

(10・二〇〇八)

(누바타마의 밤안개에 둘러싸여 멀지라도 아내의 편지는 빨리 알려
줬으면 좋겠네.)

⑭ 汝恋 妹命者 飽足爾 袖振所見都 及雲隠

(10・二〇〇九)

(그대가 그리워하는 직녀님이 불만스러워하며 소매를 흔들고 있었
네. 구름에 가려질 순간까지.)

⑮ 夕星毛 往来天道 及何時鹿 仰而将待 月人壮

(10・二〇一〇)

(저녁별도 다니기 시작한 하늘 길을 언제까지 우러러 기다리면 좋
을 것인지. 네 달님이여.)

⑯ 天漢 已向立而 恋等爾 事谷将告 孁言及者

(10・二〇一一)

(은하수 마주보며 서있는 그리움에, 말이라도 걸게 해 주고 싶다. 구
혼할 때까지.)

⑰ 水良玉 五百都集乎 解毛不見 吾者年可太奴 相日待爾

(10・二〇一二)

(하얀 옥 많은 옥 끈을 풀어보지도 않고, 나는 헤어져 있을 수 없도
다. 만날 그날을 기다려서.)

⑱ 天漢 水陰草 金風 靡見者 時来之

(10・二〇一三)

(은하수 수음초〈참억새〉가 가을바람에 나부낌을 보니 때가 온 것
같구나.)

상기는 히토마로의 대표적인 歌集歌로 巻10에 수록된 칠석노래의
내용이다. 그 중에서 '기다리다(待)'는 주체(견우 혹은 직녀와 달) 별로
그 만남의 표현 과정을 고찰하여보면, ⑤ '가을을 서서 〈혹은, 시간이
경과함을〉 기다리다(秋立ち待つ)'(10・二〇〇〇)와 ⑩ '가을을 기
다리다(秋待つ)'(10・二〇〇五), ⑰ '만나게 될 날 기다리다(逢はむ
日待つ)'(10・二〇一二)고 하여, ⑫의 '견우성이 배를 저어 갈 수 없
는 은하수를 직녀성과 헤어진 상태로 만든 神代가 원망스럽다(水無川
隔而置之 神世之恨)'(10・二〇〇七)고, 묘사한 것 등으로 노래의 시
점을 유추하여보면 가을이 되기 前, 칠석이 到来하기 以前의 상황을
의인화된 경물(별과 달〈星・月〉)들을 매개로 하여 시간의 흐름에 따
라 배열하고 있음을 관찰해 볼 수 있는 것이다.

한편, 와티세마사타다 씨[2]는 먼저 ①의 '은하수 맑게 비취는 배(天漢
水さへに照る舟)'(10・一九九六)의 표기 주체는 '달 배'인 것이고,
이는 上句에 대한 객관적인 서술형태로 他者에 되묻듯이 표현한 칠석
이전에 달 배가 물에 닿는 모습을 그려내고 있다고 主唱하였다.

다음으로 ⑨ '그대 기다리다 못해(君待ちがてに)'(10・二〇〇四)

---

2) 渡瀬昌忠, 『人麻呂歌集非略体歌論下－七夕歌群論－』, 著作集第四,
　平成十四年十二月, pp.162～189.
　「月人壮子」를「いつまでか仰ぎて待たむ(二〇一〇)」と歌い、「妻と言
　ふまでは(二〇一一)」と言い、「逢はむ日待つに(二〇一二)」と言うのが、
　牽牛星が「妻と言ふ」日、「逢はむ日」の近づいていることを示しつつ
　も、まだ秋になる前の晩夏のころであることを思わせるし、「時は来
　にけり(二〇一三)」と詠嘆するのは、「秋風」によって、いよいよ初秋七
　月に入ったことを示しているが、まだ「七日」の当日にはなっておらず、
　その意味では「七夕」以前に属すると言わなければならない.

는, 직녀가 아직 칠석 밤이 아니기에 견우를 기다리다 못해 지쳐가는 모습을 묘사하였고, 또 ⑮ '언제까지 우러러 기다리면 좋을지 달님<남자>이여(何時までか仰ぎて待たむ月人をとこ)'(10・二〇一〇)라고 하여, 달 남자를 使者로하여 직녀에게 연민의 정을 전하려는 인물로 想定하고 있다.

　이와 같이 七夕歌에는 使者로서의 달 배가 경물로 등장하게 되었으며, 칠석이 되기 전에 두별(견우와 직녀성)의 움직임과 접근상황을 근거로 하여, 별 세계를 마치 지상에서 이루어지는 戀愛譚 같이 使者인 달 배의 운행에 맞추어 시간의 흐름에 따라 각색되어 이야기가 전개 서술되어져 있음을 관찰해 볼 수가 있는 것이다.

2) 「七夕」 以後의 노래

　　⑲ 吾等待之 白芽子開奴 今谷毛 爾宝比爾往奈 越方人迩

(10・二〇一四)

　　(내가 기다렸던 가을 싸리 꽃이 피었네. 지금 바로라도 꽃 색을 염색하러 가고 싶어라. 저쪽 언덕 사람 있는 곳으로.)

　　⑳ 吾世子爾 裏恋居者 天漢 夜船滂動 梶音所聞

(10・二〇一五)

　　(저 분을 연모하고 있자니 은하수에서 밤배를 젓고 계실 노 젓는 소리가 들린다.)

　　㉑ 真気長 恋心自 白風 妹音所聴 紐解往名

(10・二〇一六)

　　(오랜 동안 사랑스럽게 생각하고 있던 때에 가을바람에 아내의 기색이 들려온다. 끈을 풀고서 만나러 가자구나.)

　　㉒ 恋敷者 気長物乎 今谷 乏之牟可哉 可相夜谷

(10・二〇一七)

　　(사랑한 것은 오랜 동안이지만 〈만난〉지금만이라도 애태우지 마세요. 만나야만 할 오늘 밤 정도는.)

㉓ 天漢 去歳渡代 遷間者 河瀬於踏 夜深去来

(10・二〇一八)

(은하수강이 작년 건너던 곳이 변했으니까 여울을 디딜〈밟을〉곳을
구하고 있는 중에 밤이 깊어져 버렸네.)

㉔ 自古 挙而之服 不顧 天河津爾 年序経去来

(10・二〇一九)

(오래전부터 직접 만든 직물도 보살피지 않은 채 은하수 강 나루터
에서 일 년이 지나가 버렸네.)

㉕ 天漢 夜船滂而 雖明 将相等念夜 袖易受将有

(10・二〇二〇)

(은하수에서 밤배를 저으며 지새웠다고 한들, 만난다고 정한 밤엔
어찌하여 소매도 교환치 않고 지낼 수 있을까요.)

㉖ 遥媄等 手枕易 寐夜 鶏音莫動 明者雖明

(10・二〇二一)

(멀리 있던 처와 손 베개를 교환하여 잤던 밤엔, 닭이여 울지 말거
라. 새벽 동이 털지라도 상관할게 뭐 있어요.)

㉗ 相見久 猒雖不足 稲目 明去来理 舟出為牟孃

(10・二〇二二)

(서로 만난 일은 만족할 수 없지만, 이나노메노 밤이 새어 버렸네.
배를 저어 가련다. 아내여.)

㉘ 左尼始而 何太毛不在者 白栲 帯可乞哉 恋毛不過者

(10・二〇二三)

(자기 시작하여 얼마 지나지도 않았는데, 시로타에노 띠를 달라고
말해도 좋은 것일까. 쌓인 사랑도 아직 풀지 않았는데.)

㉙ 万世 携手居而 相見鞆 念可過 恋爾有莫国

(10・二〇二四)

(천년이나 서로 손잡고 보고 있어도 마음이 풀릴 것 같은 사랑은 아
닌 것입니다.)

㉚ 万世 可照月毛 雲隠 苦物叙 将相登雖念

(10・二〇二五)

(천년이나 비추일 터인 달도 구름에 숨듯이 헤어져버려 괴롭기 이
를 데 없어요. 만나고 싶다고 생각하는데.)

㉛ 白雲 五百遍隠 雖遠 夜不去将見 妹当者

(10・二〇二六)

(하얀 구름이 천겹이나 감춰져 멀지라도 밤마다 보자구나. 직녀가 있는 부근은.)

㉜ 爲我登 織女之 其屋戶爾 織白布 織弖兼鴨

(10·二〇二七)

(날 위함이라고 직녀성이 그 집에서 짜고 있었던 하얀 베는 벌써 다 짠 것일까.)

㉝ 君不相 久時 織服 白栲衣 垢附麻弖爾

(10·二〇二八)

(그대를 만나지 못하고 오랜 시간 걸쳐서 짜던 베인 시로타에의 옷에 때가 묻을 때까지 기다리다 못할 정도로 오래 기다렸다오.)

㉞ 天漢 梶音聞 孫星 与織女 今夕相霜

(10·二〇二九)

(은하수에서 노 젓는 소리가 들리네. 견우성과 직녀성이 오늘밤 만나는듯하오.)

㉟ 秋去者 川霧 天川 河向居而 恋夜多

(10·二〇三〇)

(가을이 오면 강 안개 피어오르는 은하수 강을 마주하며 사랑스레 생각하는 날들이 많구나.)

㊱ 吉哉 雖不直 奴延鳥 浦嘆居 告子鴨

(10·二〇三一)

(비록 직접 만나는 것은 아니라도 호랑지빠귀 남 몰래 흐느껴 울고 있다면 누군가 그 사람에게 알려줄 사람이라도 있으면 좋을 터인데.)

㊲ 一年迩 七夕耳 相人之 恋毛不過者 夜深往久毛 一云 不尽者 佐宵曾 明爾来

(10·二〇三二)

(일 년에 칠석 날 밤에만 만나는 사람인 사랑도 풀리지 않는데, 밤만 깊어져 가도다.)

㊳ 天漢 安川原 定而神競者磨待無 此歌一首庚辰年作之 右柿本朝臣人麻呂之歌集

(10·二〇三三)

(은하수 야스강 언덕에 정하신 날에 신들이 경합하니, 연마하여 기다려 보세.〈아직 정확한 正訓이 없음〉)

전반부 마지막 노래가 ⑱ '때는 도래하였다(時は来にけり)'(10·二

○一三)고 기록하여, 견우성이 언하수강 언덕 억새풀이 가을바람에 나부낌을 보고서 가을이 도래하였음을 표현하고 는 있지만, 이로서 칠석이 되었다고 단언 할 수는 없을 것이다. 이윽고 음력 칠월이 도래하였다고 하는 뜻으로 후반부의 ⑲ '가을 싸리 꽃이 피었구나(白芽子開奴)'(10·二○一四)와 '지금이라도(今谷毛)'라는 시간의 부사적인 표현을 통하여, 비로소 칠월칠석날의 邂逅를 확인하고 있는 것이다.

한편, 칠석노래 群 후반부인 위의 노래 중에서 ㉒의 二○一七번 노래는 '오랜 그리움 속에서 참고 기다린 오늘밤이 邂逅의 그날이려니 애태우지 말자'고 하여 짜릿한 만남 뒤에 헤어져야할 전율을 암시하고 있다. 또한, ㉗의 二○二二번 노래에서는 칠석날 직녀와 만난 뒤 견우성이 '이 밤이 새는 새벽에는 이제 출항하지 않으면 안돼요. 아내여'라고 호소하듯 짧은 만남 뒤의 아쉬움을 달래듯 노래하였으며, 두별(견우와 직녀)이 만나고 헤어짐 가운데 달이 使者로 왕래하면서 연정을 전달하듯 시간의 경과에 따라서 천상의 경물이 묘사 전개되고 있음을 확인해 볼 수가 있는 것이다.

3. 이와미 相聞歌의 内在律

柿本朝臣人麻呂従石見国別妻上来**時**歌二首 并短歌
石見乃海 角乃浦廻乎 浦無等 人社見良目 滷無等 一云 礒無登 人社見良目 能咲 八師 浦者無友 縦畫屋師 滷者無鞆 一云 礒者 鯨魚取 海邊乎指而 和多豆乃 荒礒乃上爾 香青生 玉藻息津藻 朝羽振 風社依米 夕羽振流 浪社来縁 浪之共 彼縁 此依 玉藻成 依宿之妹乎 一云 波之伎余思 妹之手本乎 露霜乃 置而之来者 此道乃 八十隈毎 万段 顧為騰 **弥遠爾 里者放奴 益高爾 山毛越来奴** 夏草之 念思奈 要而 志怒布良武 妹之門 将見 靡此山

(巻2·一三一)

(이와미 바다, 츠노의 포구를 에워싸고 좋은 갯벌도 없다고 남들은 보고도 있지만, 비록 포구나 갯벌이 없어도, 와타츠 해변의 바위 부근에는 파란 옥 바닷말이랑 바다 속 해초를, 朝夕으로 바람이나 풍랑이 이니까, 그 밀려오는 파도와 함께 이리저리 떠밀리는 옥 바닷말과 같이 서로 다가가 잤던 妻를, 내 자신이 츠노 마을에 놓아두고 왔기에, 이 길을 도는 모퉁이 마다 몇 번 씩이나 뒤 돌아보지만, 이윽고 멀리 마을은 멀어지고 점점 더 높은 산도 넘어와 버렸네. 지금쯤은 여름풀과 같이 시들어서 탄식하며, 나를 멀리서 그리워할 妻의 집 문을 보고 싶구나. 나부껴라 이 山이여!)

　　反歌二首
石見乃也 高角山之 木際従 我振袖乎 妹見都良武香

(巻2・一三二)

(이와미의 다카츠노 山 나무사이로 내가 흔드는 소매를 사랑하는 아내는 보았을까.)

小竹之葉者 三山毛清爾 乱友 吾者妹思 別来礼婆

(巻2・一三三)

(조릿대 잎이 山 全体를 와삭와삭하며 바람에 난무하지만, 나는 흔들리지 않고 오로지 妻를 마음으로 생각한다. 헤어져 왔기에.)

　　或本反歌曰
石見爾有 高角山乃 木間従文 吾袂振乎 妹見監鴨

(巻2・一三四)

角障経 石見之海乃 言佐敝久 辛乃埼有 伊久里爾曾 深海松生流 荒礒爾曾 玉藻者 生流 玉藻成 靡寐之児乎 深海松乃 深目手思騰 佐宿夜者 幾毛不有 延都多之 **別之来**者 肝向 心乎痛 念乍 顧為騰 大舟之 渡乃山之 黄葉乃 散之乱爾 妹袖 清 爾毛不見 嬬隠有 屋上乃山乃 一云 室上山 自雲間 **渡相月**乃 雖惜 隠比来者 天伝 入日刺奴礼 大夫跡 念有吾毛 敷妙乃 衣袖者 通而沾奴

(巻2・一三五)

(이와미 바다의 카라〈韓〉의 산부리에 있는 海石에는 청각채가 돋아나고, 거친 갯벌에 옥 바닷말이 자랐다. 그 해초같이 휘어져 나부끼듯 잔 妻를 가슴깊이 생각하지만, 함께 잤던 밤은 얼마 되지도 않아 헤어져왔

기에, 마음이 아파 이리저리 생각하며 되돌아보아도, 와타리 山의 단풍
이 흐트러져 지고 있기에, 妻가 흔드는 소매도 또렷하기 보이지도 않
고, 야카미 山의 구름사이를 지나가는 달과 같이 애석하지만 숨겨져 보
이지 않는 그때에 마침 햇빛이 비춰오니, 훌륭한 男子라 생각하고 있었
던 자신도 옷소매가 눈물로 펑 젖어버렸네.)

　　反歌二首
青駒之 足掻乎速 雲居曾 妹之当乎 過而来計類 一云 当者 隠来計留
　　　　　　　　　　　　　　　　　　　　　　　(巻2・一三六)
(내가 탔던 파란 말의 발 움직임이 빨랐기에, 사랑하는 아내의 집 부근
을 지나 아득히 멀어져왔구나.)

秋山爾 落黄葉 須臾者 勿散乱曾 妹之当将見 一云 知里勿乱曾
　　　　　　　　　　　　　　　　　　　　　　　(巻2・一三七)
(가을 산에 지는 단풍이여, 잠시 동안 흩날리어 떨어지는 것을 멈춰다
오. 아내의 집 부근을 보고 싶으니.)

　　或本歌一首 并短歌
石見之海 津乃浦乎無美 浦無跡 人社見良米 滷無跡 人社見良目 吉咲八
師 浦者雖 無 縦恵夜思 滷者雖無 勇魚取 海邊乎指而 柔田津乃 荒礒之
上爾 蚊青生 玉藻息 都藻 明来者 浪己曾来依 夕去者 風己曾来依 浪之
共 彼依此依 玉藻成 靡吾宿之 敷妙之 妹之手本乎 露霜乃 置而之来者
此道之 八十隈毎 万段 顧雖為 弥遠爾 里放来奴 益高爾 山毛超来奴 早
敷屋師 吾嬬乃児我 夏草乃 思志萎而 将嘆 角里 将見 靡此山
　　　　　　　　　　　　　　　　　　　　　　　(巻2・一三八)
(131番 노래와 본래는 거의 내용이 같고, 두세 구절이 와전되어 몇 구
절 만 増減이 보여 질 뿐이다 〈해석은 생략〉)

　　反歌一首
石見之海 打歌山乃 木際従 吾振袖乎 妹将見香
　　　　　　　　　　　　　　　　　　　　　　　(巻2・一三九)
(이와미 바다 우츠타 산의 나무사이로 내가 흔드는 소매를 내 여인은
보았을까.)

위 노래는 히토마로가 공무로 이와미 지방에서 상경할 때 아내와의 석별의 정을 아쉬워하며 지은 連作이다. 무엇보다도 사랑하는 연인과의 헤어짐이 영원에 가까우리만큼 비애와 격정을 표출한 작품이라 할 수가 있는데, 작가가 직접 발걸음을 옮겨가면서 시간적 推移에 따라 현실적으로 느낀 詩想을 생생한 歌語로 엮어내고 있는 것이다.

즉, 시인은 도보하며 바다의 갯벌과 산의 경치를 대조하여 움직이는 경치를 묘사하였고, 사랑하는 아내와 멀어져온 거리거리마다 哀歡을 되새기듯 뒤돌아보면서 사무치는 연정을 '구름사이로 지나가는 달과 같이 애석하지만(自雲間 **渡相月**乃 雖惜)'(卷2・一三五) 달이 지나가듯 애절함을 표현하여 평면적 입체적인 공간관념으로 경과한 시간을 탁월한 감성으로 그려내고 있음을 알 수 있다.

　　　　柿本朝臣人麻呂妻依羅娘子与人麻呂相別歌一首
　　　　勿念跡 君者雖言 相**時** **何時**跡知而加 吾不恋有牟

　　　　　　　　　　　　　　　　　　　　　　　（卷2・一四〇）

（걱정하지 말라고 당신은 말씀하시지만, 또 뵈올 날이 언젠지 알고 있다면, 난 그립다고 생각지 않을 텐데.）

4. 殯宮挽歌에서의 「過」表現과 時間性

　　　　日並皇子尊殯宮之時柿本朝臣人麻呂作歌一首 幷短歌
天地之 初時之 久堅之 天河原爾 八百万 千万神之 神集 〃座而 神分 〃
之時爾 天照 日女之命 一云 指上 日女之命 天乎婆 所知食登 葦原乃 水
穂之国乎 天地 之 依相之極 所知行 神之命等 天雲之 八重掻別而 一云
天雲之 八重雲別而 神 下 座奉之 高照 日之皇子波 飛鳥之 浄之宮爾 神
随 太布座而 天皇之 敷座国等 天原 石門乎開 神上 〃座奴 一云 神登
座爾之可婆 吾王 皇子之命乃 天下 所 知食世者 春花之 貴在等 望月乃
満波之計武跡 天下 一云 食国 四方之人乃 大 船之 思憑而 天水 仰而待

爾 何方爾 御念食可 由縁母無 真弓乃岡爾 宮柱 太布 座 御在香乎 高知
座而 明言爾 御言不御問 日之 数多成塗 其故 皇子之宮人 行方不知
毛 一云 刺竹之 皇子宮人 帰邊不知爾為

(巻2・一六七)

(天地가 시작할 때, 아마노가와라에서 많은 神들이 모여서 相談하셨을
적에, 아마테라스오오 神은 天界를 다스리시려고, 이 日本国의 땅 끝까
지 다스릴 神으로서, 天雲을 헤치고 내려두신 히나미시 황태자님은, 이
나라의 아스카 키요미 언덕宮에 神으로서 성스럽게, 나라를 영도하시
어 지토우天皇이 다스릴 나라라고, 아마노하라의 이와토〈岩戸〉를 열어
숨어 버리셨다. 이 히나미시노 皇太子님이 天下를 다스리게 되었으면,
봄꽃과 같이 귀했을 텐데 라고, 満月과 같이 満足하리만큼 번영하였을
텐데라고, 天下의 四方의 사람들이 부탁하여, 가뭄에 단비를 기다리듯
우러러 기다렸건만 어찌 생각하셨는지 인연도 없는 마유미 언덕에 殯
宮을 만드시어, 아침마다의 조례도 분부치 않는 세월이 이미 많이 흘러
가 버렸네. 이런 연유로, 皇太子님의 宮人들은 앞으로 어찌해야 좋을지
알 수가 없구나.)

　　反歌二首
久堅乃 天見如久 **仰見之** 皇子乃御門之 **荒巻惜毛**

(巻2・一六八)

(히사카타의 하늘을 보듯이 우러러 본 황태자님의 궁전이 거칠어 가는
게 애석하구나.)

茜刺 日者雖照有 烏玉之 夜渡月之 隠良久惜毛 或本以件歌為後皇子尊
殯宮之時歌反也

(巻2・一六九)

(큰 하늘을 우러러보듯 받들어 모신 히나미시 皇太子의 御殿이 앞으로
황폐해짐을 생각하니 애석하도다.)

　이 노래는 히토마로가 지토(持統)天皇의 히나미시(쿠사카베) 황태자
가 薨去하였을 때 殯宮에서 지은 輓歌이다. 우선 이 노래를 3단으로
나누어 그 구성을 살펴보면, 제1단에서는 천지개벽의 나라가 열리던 시
절부터 통치하여 온 역대 천황의 일대가 신령에 가호하심을 받을 신분으

로 황통을 万世一系로 이어져왔음을 표출하였고, 제2단에서는 皇太子님이 즉위하시기를 온 천하의 백성들이 '날과 달을 수많이 경과하여 왔다(日月の数多くなりぬる)'고, 기다린 세월이 적지 않음을 시간적으로 묘사함으로써 궁중인들의 슬픔을 더욱 가속화하였다. 제3단에 속하는 마지막 세 구절에서는 황태자를 모시고 있던 東宮에 속해있던 궁인들이 어찌해야할 바를 몰라 하는 모습을 그려내어 깊은 슬픔의 감동을 자아내고 있다.

> 柿本朝臣人麻呂献泊瀬部皇女忍坂部皇子歌一首 并短歌
> 飛鳥 明日香乃河之 上瀬爾 生玉藻者 下瀬爾 流触経 玉藻成 彼依此依 靡相之 嬬乃命乃 多田名附 柔膚尚乎 劍刀 於身副不寐者 烏玉乃 夜床母荒良無 一云 阿 礼奈牟 所虚故 名具鮫兼天 気田敷藻 相屋常念而 一云 公毛相哉登 玉垂乃 越能 大野之 **旦露**爾 玉裳者埿打 **夕霧**爾 衣者沽而 草枕 旅宿鴨為留 不相君故
>
> (卷2·一九四)

(아스카 강 上流의 여울에 자란 물풀은 下流의 개울에 서로 만난다. 그 옥 물풀같이 이리 쏠리고 저리 나부끼고 있다. 그 옥 물풀같이 이리저리 서로 너울거리며 휘어졌던 부군님의 육감이 좋았던 부드러운 피부 곁에서 조차도 잘 수가 없었기에, 밤의 寝床도 황폐해져 있겠지. 그 때문에 마음을 위로하려하여도 위로받지 못하고, 어쩌면 皇子님을 뵈올 수 있을까하고, 오치의 큰 들의 아침이슬에 치맛자락이 흙탕물에 젖어, 저녁 안개에 옷이 다 젖어 풀 베개로 여행 잠을 주무시는 것일까. 이미 만날 수 없는 황태자이니까.)

> 反歌一首
> 敷妙乃 袖易之君 玉垂之 越野**過去** 亦毛将相八方 一云 乎知野爾過奴
>
> (卷2·一九五)

(시키타에의 소매를 섞어 함께 잤던 황태자님은 오치들을 지나가버리셨네. 또다시 만날 수 있을까. 그렇지는 못 할 거야.)

> 右或本曰 葬河嶋皇子越智野之時 献泊瀬部皇女歌也 日本紀云 朱鳥五年辛卯 秋九月己巳朔丁丑浄大参皇子川嶋薨

이 노래는 故人이 된 남편, 가와시마 황태자가 이전과 같이 처의 침상을 이젠 더 이상 찾지 못할 것이니, 남편의 귀한 '밤 침상이 거칠어 질 것이라(夜床母荒良無)'고 표현함으로서 현시점에서 남편을 여위고(死後의) 쓸쓸하게 지내게 될 하츠세베 황녀의 심정을 대변하여 시간의 흐름에 따라(과거→현재→미래) 詠歎하고 있는 것을 발견할 수 있겠다.

明日香皇女木瓲殯宮之**時**柿本朝臣人麻呂作歌一首 幷短歌
飛鳥 明日香乃河之 上瀬 石橋渡 一云 石浪 下瀬 打橋渡 石橋 一云 石浪 生 靡留 玉藻毛叙 絶者生流 打橋 生乎為礼流 川藻毛叙 干者波由流 何然毛 吾王能 立者 玉藻之母許呂 臥者 川藻之如久 靡相之 宜君之 朝宮乎 忘賜哉 夕宮乎 背 賜哉 宇都曾臣跡 念之時 春都者 花折挿頭 秋立者 黄葉挿頭 敷妙之 袖携 鏡成 雖見不猒 三五月之 益目類染 所念之 君与時〃 幸而 遊賜之 御食向 木瓲之宮乎 常宮跡 定賜 味沢相 目辞毛絶奴 然有鴨 一云 所己乎之毛 綾爾憐 宿兄鳥之 片 恋嬬 一云 為乍 朝鳥 一云 朝霧 往来為君之 夏草乃 念之萎而 夕星之 彼往此 去 大船 猶預不定見者 遺悶流 情毛不在 其故 為便知之也 音耳母 名耳毛不絶 天地之 弥遠長久 思将往 御名爾懸世流 明日香河 及万代 早布屋師 吾王乃 形見 何此焉

(巻2・一九六)

(아스카 강 上流 여울엔 돌다리를 걸치고 下流의 개울에는 임의 다리를 걸친다. 그 돌다리에는 뻗어 나부끼는 옥 바닷말도 마르면 새싹이 나오네. 그런데 어찌하여 우리 皇女님은 서 계시면 옥 물풀 같고 누우시면 강 물풀 같이 서로 나부끼어 쏠리었던 훌륭한 낭군님이 아침 어전을 잊으시게 되는 것일까. 이 세상 사람이었을 때 봄에는 꽃을 따 장식하고, 가을이 되면 단풍으로 단장하며, 소매를 이어 거울과 같이 보아도 싫증나지 않고 만월같이 더더욱 보고 싶다고 〈덕을〉기리야만 했었다고 생각하고 계셨던 부군과 때때로 나가노셨던 기노에宮을, 지금은 永久한 궁전으로 정하시어 만나 뵐 수도 말을 주고받는 것도 끊겨 버렸네. 그 때문인가 뭐라고 말할 수 없이 슬프게 느껴져 짝사랑으로 괴로워하는 부군께서는 슬픔으로 시들하여 태백성 같이 이리 갔다 저리 왔다하며 마음이 안정되지 않으신걸 보니, 자신의 마음을 어떻게 위로하면 좋을지 모르겠네. 그 때문에 어찌할 방도도 모르겠지만 적어도

그 소리만이라도 끊임없이 天地와 같이 멀리 오래도록 사모하고 싶다
고 생각한다. 그리운 아스카라고 하는 이름을 업고 있는 아스카 강을
万代까지라도. 슬프다. 이곳은 追慕의 마음에 견딜 수 없는 우리 皇女
의 추억의 장소이라.)

短歌二首
明日香川 四我良美渡之 塞益者 **進留水** 母 能杼爾賀有万思 一云 水乃
与杼爾加有 益

(巻2・一九七)

(아스카 강에 수책을 걸치고 물을 막는다면 흐르는 물도 누긋하게 흐
를 터인데.)

明日香川 明日香谷一云佐倍 将見等 念八方一云念香毛 吾王 御名忘世
奴一云, 御名 不所忘

(巻2・一九八)

(아스카 강을 내일이라도 볼 수 있다고 생각한 탓인지, 그 이름을 업고
계시는 우리 皇女님을 잊을 수는 없는 것이라.)

위는 아스카황녀의 기노혜 嬪宮에서 지은 노래로, '나부끼는 옥 바닷
말도 마르면 새싹이 나온다(玉藻毛叙 絶者生流 打橋 生乎為礼流
川藻毛叙 干者波由流)'고 하여 불변하는 자연의 섭리를 인생과 対比
함으로써 '봄의 행락 철에는 꽃으로 장식하고 가을이 오면 단풍으로 머
리를 장식을 하였던(春部者 花折挿頭 秋立者 黄葉挿頭)' 살아생전
의 꽃다운 옛 시절을 想起하며 流転하는 인생을 표출하고 있다. 長歌
를 내용을 받은 一九七番 노래는, '아스카 강을 수책으로 막았더라면
그 흐름도 완만하였을 텐데'라고 하여 황녀의 생명이 좀 더 길었으면 좋
았다는 내용을 간접적으로 나타내고 있다. 특히, 반가의 一九八番 노래
에서도 강이 바로 아스카황녀 자신을 암시한 것으로 앞의 노래보다는 시
간적으로 진행된 薨去 후의 심정을 담아내고 있는 것이라 할 수 있을
것이다.

高市皇子尊城上殯宮之**時**柿本朝臣人麻呂作歌一首 并短歌

挂文 忌之伎鴨 一云 由遊志計礼杼母言久母 綾爾畏伎 明日香乃 真神之
原爾 久堅 能 天都御門乎 懼母 定賜而 神佐扶跡 磐隠座 八隅知之 吾大
王乃 所聞見為 背 友乃国之 真木立 不破山越而 狛劒 和射見我原乃 行
宮爾 安母理座而 天下 治賜 一云 掃賜而 食国乎 定賜等 鶏之鳴 吾妻乃
国之 御軍士乎 喚賜而 千磐破 人乎 和為跡 不奉仕 国乎治跡 一云 掃部
等 皇子随 任賜者 大御身爾 大刀取帯之 大 御手爾 弓取持之 御軍士乎
安騰毛比賜 斉流 皷之音者 雷之 声登聞麻㐂 吹響流 小角乃音母 一云
笛乃音波 敵見有 虎可ホ吼登 諸人之 恊流麻デ爾 一云 聞或麻 泥 指挙
有 幡之靡者 冬木成 春去来者 野毎 著而有火之 一云 冬木成 春野焼火
乃 風之共 靡如久 取持流 弓波受乃騒 三雪落 冬乃林爾 一云 由布乃林
飃可毛 伊巻渡等 念麻デ 聞之恐久 一云 諸人 見或麻デ爾 引放 箭之繁
計久 大雪乃 乱 而来礼 一云 霰成 曾知余里久礼婆 不奉仕 立向之毛 露
霜之 消者消倍久 去鳥乃 相競端爾 一云 朝霜之 消者消言爾 打蟬等 安
良蘇布波之爾 渡会乃 斎宮従 神風 爾 伊吹或之 天雲乎 日之目毛不令
見 常闇爾 覆賜而 定之 水穂之国乎 神随 太 敷座而 八隅知之 吾大王之
天下 申賜者 万代爾 然之毛将有登 一云 如是毛安良 無等 木綿花乃 栄
時爾 吾大王 皇子之御門乎 一云 刺竹 皇子御門乎 神宮爾 裝 束奉而 遣
使 御門之人毛 白妙乃 麻衣著 埴安乃 御門之原爾 赤根刺 日之尽 鹿 自
物 伊波比伏管 烏玉能 暮爾至者 大殿乎 振放見乍 鶉成 伊波比廻 雖侍
候 佐 母良比不得者 春鳥之 佐麻欲比奴礼者 嘆毛 未過爾 憶毛 未不尽
者 言左敝久 百 済之原従 神葬 〃伊座而 朝毛吉 木上宮乎 常宮等 高之
奉而 神随 安定座奴 雖 然 吾大王之 万代跡 所念食而 作良志之 香来山
之宮 万代爾 過牟登念哉 天之如 振放見乍 玉手次 懸而将偲 恐有騰文

(巻2・一九九)

(마음에 두고 생각하는 것도 삼가 해야 할, 입으로 말하는 것도 진실로
황송한 아스카의 마카미 언덕에 하늘궁전을 정하시고 지금은 신성하
게 거동하시려고 해서 반석에 숨으신 우리 天武天皇님이 다스릴 北国
의 후와 山을 넘어, 와자미 언덕에 강림하시어 나라를 정하시려고, 아
즈마国의 兵士를 호출하시어 乱暴하게 구는 사람들을 온화하게하고
服従하지 않는 나라를 다스리라고 皇太子의 몸으로 계시는 다케치皇
子에게 일임하셨기에, 황태자님은 몸에 칼을 차시고 손에는 활을 잡으
시어 兵士를 불러 모으시고 정비하시어 隊伍를 맞춘 장구의 소리는 벼
락소리로 들릴 만하고 세차게 부는 피리소리도 적을 향한 호랑이가 울

부짖는가 하고 사람들이 겁을 집어먹을 정도이니 받쳐들은 깃발의 나
부낌은 초봄에 놓은 들불이 바람과 함께 휘몰아쳐가듯 하고, 들고 있는
활고자의 울림소리는 눈 내리는 겨울 숲에 회오리바람이 휘몰아쳐 지
나가는가 할 정도로 듣기에도 무섭고, 쏘아 대는 화살이 빈번하게 많은
것은 큰 눈이 흩날리는 것 같아 복종치 않고 항거한 敵軍도, 죽을 것
같으면 죽어라고 목숨을 걸고 싸울 그때에, 伊勢神宮으로부터 神風이
불게하여 敵을 교란시키고 하늘 구름으로 태양 눈도 보이질 않고 이
세상은 암흑으로 뒤 덥히어 平定되어진 미즈호国을 神이신 채로 天皇
이 다스리시니, 우리 다케치皇太子님이 政治를 行하셨기에, 万代까지
이와 같이 이어질 것으로 생각되어 天下에 크게 번영하고 있을 때에
突然, 皇太子님 어전에 喪의 神宮을 장식해드리니, 皇太子님의 사자들
은 모시喪服을 입고, 하니야스의 미카도 언덕에, 대낮에도 왼 종일 사
슴같이 계속 납죽 엎드리고, 저녁이 되면 어전을 뒤돌아 우러러 보니
메추리 같이 기어 돌며 문안드려도, 그런 보람도 없이 봄새와 같이 울
고 있으니 탄식도 사라지지 않았는데 상념도 아직 다하지 않았음에도
불구하고 百済의 언덕을 장례의 대열이 지나가고 기노헤宮을 永久한
宮으로 높이 제사지내고 皇太子님은 神으로서 그기에 진좌하셨다. 그
러면서도 우리 다케치 皇太子님은 万代까지라 생각하셔서 만드신 가
구야마 宮이, 万代 이후까지도 멸망할거라고 생각할 수 있을까. 無窮한
큰 하늘 같이 우러러 보면서 마음에 두고 사모해 드리려마. 황송한 일
이지만.)

　　短歌二首
久堅之 天所知流 君故爾 日月毛不知 恋渡鴨

　　　　　　　　　　　　　　　　　　　　　　　（巻2・二〇〇）

(지금은 薨去하셔서 하늘을 다스리시게 되어버린 다케치皇太子님이신
데, 세월이 흐르는 것도 모르고 언제까지라도 계속 恋慕할 우리들일세.)

埴安乃 池之堤之 隠沼乃 去方乎不知 舍人者迷惑

　　　　　　　　　　　　　　　　　　　　　　　（巻2・二〇一）

(다케치皇太子님의 御殿이 있던 하니야스 제방의 감춰진 늪의 물이 그
行方을 모르듯이 시중하는 사람〈舍人〉은 行方도 모르고 어찌할 바를
모르고 있네.)

이 작품은 바로 앞의 明日香황녀와 같은 장소인 기노헤의 嬪宮에서 지은 것으로 149句節이나 되는 히토마로의 대표작이라고 할 만한 최 장편 노래이다. 첫 구절부터 세부 내용을 점검하여보면, 우선 먼저 '神으로서 궁전을 정하시어, 지금은 神性스럽게 王陵의 반석에 숨으셨다(天つ御門を, かしこくも定めたまひて神さぶと磐隠ます)'고 하여, 父親인 텐무(大武)大皇이 神으로서 영원히 진좌하심을 초두에 발하였고, 그 皇統을 이은 다케치황태자의 壬申의 乱에서 장군으로서의 용맹스런 活躍像을 묘사하였다.

이는 시기적으로도 황태자가 軍功을 세워 국가의 盛運에 이바지하였던 시기의 영웅이었음을 浮刻시키고 있는 것이다. 마지막 連에서는 황태자의 薨去로 因한 悲歎의 마음을 구체화함으로서 영화롭던 영웅시절에 대한 강한 향수와 깊은 아쉬움의 슬픈 현실을 시간적인 어프로치 '세월이 흐르는 것도 모르고 <영구히> 언제까지라도 계속 恋慕할 우리들일세(日月も知らず恋渡るかも)'로 작가의 서정을 대변하고 있는 것이다.

柿本朝臣人麻呂妻死之後泣血哀慟作歌二首 并短歌
天飛也 軽路者 吾妹児之 里爾思有者 懃 欲見騰 不已行者 人目乎多見 真根久往 者 人応知見 狭根葛 後毛将相等 大船之 思憑而 玉蜻 磐垣淵之 隠耳 恋管在爾 度日乃 晩去之如 照月乃 雲隠如 奥津藻之 名延之妹 者 黄葉乃 過伊去等 玉梓之 使乃言者 梓弓 声爾聞而 一云 声耳聞而 将言為便 世武為便不知爾 声耳乎 聞而 有不得者 吾恋 千重之一隔毛 遣悶流 情毛有八等 吾妹子之 不止出見之 軽市爾 吾立聞者 玉手次 畝火 乃山爾 **喧鳥之 音母不所聞** 玉鉾 道行人毛 独谷 似之不去 者 為便乎無見 妹之名喚而 袖曾振鶴 或本有謂之 名耳 聞而有不得者 句

(卷2・二〇七)

(가루의 길은 사랑하는 여인의 마을이니 곰곰이 잘보고 싶다고 생각하지만, 언제나 항상 가면 사람이 많아 남의 눈에 띄게 되고 자주 가게 되면 남에게 알려 질 터라 번거롭고 마아 나중에라도 만날 수 있을 것

으로 생각되어 큰 배와 같이 의지하여 마음속으로만 계속 생각하고 있
었는데 하늘을 지나가는 태양이 저물어 가듯 휘어져 나부꼈던 여인이,
유명을 달리 하였다고 使者가 와서 말하니 어찌하면 좋을까 몰라 訃報
만을 듣고서 가만히 있을 수 없어, 자신이 그리던 마음에 千分의 一이
라도 위로 받을 수 있을까하고 내 여인이 언제나 나가서 보았던 가루
의 시장에 우두커니 서서 귀기울어 들으니, 그리운 사람의 목소리도 들
리지 않고 길가는 사람도 닮은 사람 하나 지나가지 않으니 어찌할 방
도도 없어 사랑하는 여인의 이름을 불러 소매를 흔들었던 것이다.)

　　短歌二首
秋山之 黄葉乎茂 迷流 妹乎将求 山道不知母 一云 路不知而

　　　　　　　　　　　　　　　　　　　　　　（巻2・二〇八）
(가을 山의 단풍이 너무 무성하기에 미궁에 빠진 사랑스런 여인을 찾
아 구하려는 산길을 알 수가 없구나.)

黃葉之 **落去奈倍爾** 玉梓之 使乎見者 **相日所念**

　　　　　　　　　　　　　　　　　　　　　　（巻2・二〇九）
(단풍잎이 떨어져가는 것을 보고 있는 시절에 아내의 부고를 전하러
온 使者를 보니 처음 아내를 만났던 날이 생각난다.)

打蟬等 念之**時**爾 一云 宇都曾臣等 念之 取持而 吾二人見之 秒 出之 堤
爾立有 槻木之 己知碁知乃枝之 春葉之 茂之如久 念有之 妹者雖有 憑
有之 児等爾者雖有 世間乎 背之不得者 蜻火之 燎流荒野爾 白妙之 天
領巾隠 鳥自物 朝立伊麻之弖 入日成 隠去之鹿歯 吾妹子之 形見爾置有
若児乃 乞泣毎 取与 物之無者 烏徳自 物 腋挟持 吾妹子与 二人吾宿之
枕付 嬬屋之内爾 昼羽裳 浦不楽晩之 夜者裳 気衝明之 嘆友 世武為便
不知爾 恋友 相因乎無見 大鳥乃 羽易乃山爾 吾恋流 妹 者伊座等 人云
者 石根左久見手 名積来之 吉雲曾無寸 打蟬等 念之妹之 珠蜻 髣 髴谷
裳 不見思者

　　　　　　　　　　　　　　　　　　　　　　（巻2・二一〇）
(이 세상 사람이었던 때에 우리 둘이서 손을 잡고 보았던 문 앞에 서
있던 둥근 느티나무의 많은 가지에 봄 잎이 무성하듯, 빈번하게 마음을
기울였던 사랑한 여인이었는데 고대하고 있었던 연인이었건만 이 세
상의 道理를 거역할 수가 없기에 아지랑이 피어나는 황량한 들판에

하얗고 고운 얇은 천으로 몸을 숨기고 새와 같이 아침에 떠나 버리셨기에 내 사랑 여인이 남겨진 추억물로 두고 간 푸른 애기가 무언가를 원해서 울 때마다 부여해 줄게 없으니 남자이면서 애기를 옆구리에 차고 내 여인과 둘이서 잤던 사랑방 안에서 낮에는 낮대로 쓸쓸하게 지내고 밤이면 탄식하며 지새우니 어찌해야 좋을지 모르고 그립다고 생각해도 만날 방도가 없기에 하가이山에 사랑하는 여인이 계시다고 남이 말하는 대로 바위를 밟아 헤치고 어렵게 고생하여 왔건만 좋은 일도 없구나. 이 세상 사람이라 생각했던 여인이 희미하게나마도 보이질 아니하니.)

　　短歌二首
去年見而之 秋乃月夜者 雖照 相見之妹者 弥年放

(巻2・二一一)

(작년에 보았던 가을 달은 지금도 비추고 있지만 서로 같이 이 달을 쳐다보았던 사랑한 아내는 점점 해가 경과하여 멀어져가네.)

衾道乎 引手乃山爾 妹乎置而 山径往者 生跡毛無

(巻2・二一二)

(후스마길을 히키데山에 사랑하는 여인의 屍体를 두고 산길을 돌아오니 살아있다는 마음도 들지를 않네.)

　　短歌三首
去年見而之 秋月夜者 雖度 相見之妹者 益年離

(巻2・二一四)

(작년 아내와 함께 보았던 가을 달은 휘황하게 비취며 하늘을 지나가는데, 함께 보았던 妻는 해가 경과해서 멀어져간다.)

위의 長歌 두 편과 각각 短歌가 곁들여진 노래는 제목에서 나타나있듯이 히토마로가 아내 사후에 피눈물을 흘리며 애통해 부른 노래이다. 첫 노래에 담긴 가루의 아내는 사망한 계절이 가을(단풍잎이 지나가버렸다고 '黃葉の過ぎていにきと')이었다고 하는 것을 使者의 전갈로 유추해볼 수 있겠다. 무엇보다도 처의 죽음을 (건너는 태양이 저물어가

듯 비치던 달이 구름에 감추듯 '度る日の晩れゆくが如, 照る月の
雲隠る如') 장중하게 해와 달이 옮겨 가듯 비유하고 있다는 것이다.

　두 번째의 長歌에서도 살아생전에 아내와 동거하였던, 마치 현실과
같은 추억들이 (<우츠세미토> 현세와 같이 생각했던 때에 손잡고 우리
둘이서 보았던 하시리데의 제방에 서있던 둥근 느티나무 가지 여기저기
에 많은 봄 잎이 무성함과 같이 생각했었던 여인이었지만 'うつせみと
念し**時**に取り持て吾ふたり見しはしりでの堤に立れる槻木の
こちごちの枝の春葉の茂が如く念へりし妹はあれども') 아쉬운
연인과의 정겨웠던 추억들을 시간<계절>이 변화하는 추이와 함께 미묘
한 필체로 생시를 떠올리고 있다.

　　　　吉備津采女死**時**柿本朝臣人麻呂作歌一首 幷短歌
秋山 下部留妹 奈用竹乃 騰遠依子等者 何方爾 念居可 栲紲之 長命乎
露己曾婆 朝爾置而 夕者 消等言 霧己曾婆 夕立而 明者 失等言 梓弓 音
聞吾母 髣髴見之 事悔敷乎 布栲乃 手枕纒而 劒刀 身二副寐価牟 若草
其嬬子者 不怜弥可 念而寐 良武 悔弥可 念恋良武 時不在 **過**去子等我
朝露乃如也 夕霧乃如也

　　　　　　　　　　　　　　　　　　　　（卷2·二一七）

(가을山이 빨갛게 물들듯 아름다웠던 여인. 나긋한 대나무 같은 여인
은 뭐라 생각했는지 긴 생명인 것을 이슬이라면 아침에 있던 것이 저
녁 무렵에는 이미 사라진다고 하지만 안개라면 저녁에 피어나 아침에
없어진다고 하지만, 그 評判을 듣고 있던 나도 희미하게 보았을 뿐이었
던 일이 後悔되어지는데 서로 팔베개 베고 곁에 잤던 부군은 쓸쓸하게
여기며 자고 있는 것일까. 애석하게 느끼며 그리워하고 있을까. 아직
죽을 때도 아닌데 돌아가신 기비나루터의 궁녀가 아침이슬과 같이 저
녁안개와 같이.)

　　　　短歌二首
楽浪之 志我津子等何 一云 志我乃津之子我 罷道之 川瀬道 見者不怜毛
　　　　　　　　　　　　　　　　　　　　（卷2·二一八）
(시가나루터의 여인들의 葬送길인 강여울 길을 보게 되면 마음이 쓸쓸

하다.)

　　天数 凡津子之 **相日** 於保爾見敷者 今叙悔
　　　　　　　　　　　　　　　　　　　　　　(卷2・二一九)
　　(오오츠의 여인과 만났을 때 분명히 보지 못했기에 지금에서야 後悔되
　　어진다.)

이 노래는 히토마로가 예전에 한 번 본적이 있었던 궁녀<우네메>의 자살을 전해 듣고 놀람과 의아함의 강한 충격에 휩싸여 지은 輓歌이다. 본래 여성의 아름다움을 존중 하였던 작가 히토마로는 강에 몸을 던져 자살한 美貌의 궁녀가 젊고 아름다웠기에 더욱 의식적으로는 삶에 집착이 강했을 것 이라는 느낌을 가지고, 돌연 세상을 하직한 충격으로 이 노래를 지은 것이다. 여기에, '이슬(露)', '안개(霧)'와 같은 계절감이 돋보이는 시어를 구사하였고, 이슬이 주는 청징함이 짧은 생명을 상징적으로 표현하고 있다고 말 할 수도 있을 것이다. 단가에 있어서도 '시가츠의 처녀가 간 어울 길을 보니 쓸쓸구나(見ればさぶしも)', '만났던 날 힐끗 본 것이 그녀가 없는 지금에서야 후회스럽다(あひし **日**おほに見しかば 今ぞ悔しき).' 쓸쓸함과 후회스러운 감정으로 비명에 간 여인의 안타까운 죽음의 현실을 기억의 시간을 쫓아 애석해하고 있다.

　　　　讃岐狭岑嶋視石中死人柿本朝臣人麻呂作歌一首 并短歌
　　玉藻吉 讃岐国者 国柄加 雖見不飽 神柄加 幾許貴寸 天地 日月与共 満
　　将行 神 乃御面跡 次来 中乃水門従 船浮而 吾榜来者 時風 雲居爾吹爾
　　奥見者 跡位浪立 邊見者 **白浪散動** 鯨魚取 海乎恐 行船乃 梶引折而 彼
　　此之 嶋者雖多 名細之 狭 岑之嶋乃 荒磯面爾 廬作而見者 浪音乃 茂浜
　　邊乎 敷妙乃 枕爾為而 荒床 自伏君 之 家知者 往而毛将告 妻知者 来毛
　　問益乎 玉鉾之 道太爾不知 欝悒久 **待**加恋良 武 愛伎妻等者
　　　　　　　　　　　　　　　　　　　　　　(卷2・二二〇)
　　(사누키国은 나라의 형색이 질리지 않은 걸까. 그렇지 않으면 神의 품
　　격이 귀한 것일까. 天地 해와 달과 함께 정돈된 神의 면모로 전해져온

나카츠항구로 부터 내가 배를 띄워 저어오니 해류풍이 큰 하늘에 불고
바다 한복판을 보니 파고가 일고 해안을 보니 하얀 파도가 요란하다.
바다의 무서움에 가는 배의 노를 휘도록 끌어 여기저기 섬도 많지만
이름도 좋은 사미네섬의 황량한 갯벌 위에 초막을 짓고 보니 파도소리
가 끊임없는 해변을 베개로 하여 거친 침상을 스스로 엎디어 있는 당
신의 집을 알 수 있다면 가서라도 알릴 텐데 妻가 알고 있다면 와서라
도 물을 텐데. 여기에 오는 길조차 모르고서 불안한 마음으로 기다리며
그리워하겠지. 당신의 사랑스런 아내는.)

　　反歌二首
妻毛有者 採而多宜麻之 作美乃山 野上乃宇波疑 過去計良受也
　　　　　　　　　　　　　　　　　　　　　　(卷2・二二一)
(만약 아내라도 곁에 있다면 따서 먹였을 텐데. 사미山의 쑥부쟁이 나
물도 먹을 때가 지났지 않았을까.)

奥波 来依荒磯乎 色妙乃 枕等卷而 奈世流君香聞
　　　　　　　　　　　　　　　　　　　　　　(卷2・二二二)
(먼 바다 파도가 밀려오는 거친 개벌을 베개로 하여 자고 계시는 당신
을, 마아!)

　이 노래는 히토마로가 세토나이카이(瀬戸内海)를 항해하던 중 풍랑
을 피하기 위하여 배를 사누키(讃岐)의 사미네(狭岑)섬에 기착하다보니
시체를 발견하였고 그 감상을 노래한 것이다. 먼저, 挽歌의 초두에 사누
키의 생성발전에 대한 예찬으로 빼어난 경치를 칭송하였고, 다음으로,
죽은 자에 대한 감회를, 남편의 죽음도 모르고 귀가를 손꼽아 기다릴 사
랑하는 처를 떠올리면서 '처라도 여기에 있다면 따서 익혀 먹였을 텐데
(妻もあらば採てたげまし)'라고, 애달파하는 연민의 정을 표현해내
고 있다.

5. 雑歌의 韻律과 時間観念

過近江荒都**時**柿本朝臣人麻呂作歌

玉手次 畝火之山乃 橿原乃 日知之御世従 或云 自宮 阿礼座師 神之尽
樛木乃 弥継嗣爾 天下 所知食之乎 或云 食来 天爾満 倭乎置而 青丹吉
平山乎超 或云 虚見 倭乎置 青丹吉 平山越而 何方 御念食可 或云 所念
計米可 天離 夷者雖有 石走 淡海国乃 楽浪乃 大津宮爾 天下 所知食兼
天皇之 神之御言能 大宮者 此 間等雖聞 大殿者 此間等雖云 春草之 茂
生有 霞立 春日之霧流 或云 霞立 春日 香霧流 夏草香 繁成奴留 百磯城
之 大宮処 見者悲毛 或云 見者左夫思母

(巻1・二九)

(진무〈神武〉天皇 대 이래로 태어나신 모든 天皇님들이, 대를 이어 天
下를 다스리시게 된 야마토〈大和〉国을 버리고 나라〈奈良〉山을 넘어,
어떠한 생각을 하셨기에, 시골이기는 하지만 오우미〈近江〉의 오오츠
〈大津〉宮에 天下를 다스리셨다고 하는 텐지〈天智〉天皇의 皇居는, 여기
라고 듣고 있지만, 지금은 봄풀이 무성하게 자라있구나, 안개가 피어오
르는 봄 햇살에 희미하게 보이는 이 궁터자리를 보니 슬프도다.)

위의 노래는 작가 히토마로가 지금은 황폐해진 예전의 텐지(天智)천
황의 도읍지였던 오우미의 오오츠궁터를 지나칠 때에 왕년의 栄華를 회
상하면서 지은 노래이다. 특히 이 노래에서는 봄 안개가 피어오르는 계
절에서 지금은 여름풀이 무성하게 자란 풍경(霞立つ春日霧れる, 夏
草か繁くなりぬる)을 묘사함으로써, 예전 텐지 천황 때의 영화롭던
시절이 지나, 지금은 수풀이 무성한 황폐한 정경 묘사를 통하여 덧없이
지나간 시절의 변화한 모습을 詠歎하고 있다.

幸于吉野宮之**時**柿本朝臣人麻呂作歌

八隅知之 吾大王之 所聞食 天下爾 国者思毛 沢二雖有 山川之 清河内
跡 御心乎 吉野乃国之 花散相 秋津乃野邊爾 宮柱 太敷座波 百磯城乃

大宮人者 船並弖 旦川渡 船競 夕河渡 此川乃 絶事奈久 此山乃 弥高思
良珠 水激 滝之宮子波 見礼 跡不飽可問

(卷1・三六)

(우리 大君님께서 통치하시는 天下에 나라는 많이 있지만, (그 中에서
도)山川이 맑고 아름다운 가와치〈河内〉라는 곳과 마음을 두시는 요시
노〈吉野〉国이, 꽃이 끝없이 지는 아키즈〈秋津〉 들판에, 궁의 기둥을 튼
튼하게 세워서 御殿을 영위하시고 자, 궁중사람들은 배를 나열하여 강
을 건너고, 배를 다투어 저어 저녁 무렵의 강을 건너고 있다. 이 강과
같이 점점 높고 훌륭하게 다스리실 요시노의 폭포〈滝〉御殿은, 아무리
보아도 질리지 않는다.)

　反歌
雖見飽奴 吉野乃河之 **常滑**乃 **絶事**奈久 復還見牟

(卷1・三七)

　이 노래는 요시노궁에 행차하신 텐무(天武)天皇의 치적을 崇仰하여,
요시노강 물속의 이끼(常滑)처럼 끊김 없이 이어질 것을 祈念하고자 하
는 노래로 천황의 대가 영구히 번영할 것을 '이끼의 영원함(常滑)'같이
'끊임없기(絶事なく)를' 장구한 시간과 대조하여 칭송함으로서 간절한
마음을 표출해내고 있다.

安見知之 吾大王 神長柄 神佐備世須登 芳野川 多芸津河内爾 高殿乎 高
知座而 上立 国見乎為勢婆 畳有 青垣山 〃神乃 奉御調等 春部者 花挿頭
持 秋立者 黄 葉頭刺理 一云 黄葉加射之 逝副 川之神母 大御食爾 仕奉
等 上瀬爾 鵜川乎立 下瀬爾 小網刺渡 山川母 依弖奉流 神乃御代鴨

(卷1・三八)

(우리 大君님은 神이신 그대로 신으로 계시려고, 요시노〈吉野〉 강물이
세차게 비등하는 연못가에 높은 저택을 훌륭하게 지으시고, 높이 등정
하셔서 국망하시니, 몇 겹이나 중첩된 아오가키〈青垣〉山은, 山神이 바
치는 貢物로, 봄에는 꽃을 머리에 장식하고, 가을에는 단풍으로 꾸몄
네. 이 山을 따라 흐르는 강의 강물神도 天皇이 드실 신찬으로 바치려
고 上流의 개울에는 가마우지강을 개최하고, 下流의 여울에는 작은 거

물을 一面에 걸치었다. 山도 강도 서로 다가와 섬기어 드리니 神代가
성대하도다.)

反歌
山川毛 因而奉流 神長柄 多芸津河内爾 船出為加母

(卷1・三九)

(山川도 함께 섬기는 神으로 계시는 大君님은, 물이 용솟음쳐 흐르는
요시노강의 깊은 못에 뱃놀이 하시네.)

幸于伊勢国時留京柿本朝臣人麻呂作歌
嗚呼見乃浦爾 船乗為良武 嬬 嬬等之 珠裳乃須十二 **四宝三都良武**香

(卷1・四〇)

(지금쯤 아미의 포구에서 뱃놀이하는 젊은 여인의 아름다운 치맛자락
은 밀려오는 조수의 바닷물을 적시고 있을 터인데)

釼著 手節乃埼二 **今日**毛可母 大宮人之 玉藻苅良武

(卷1・四一)

(다후시 산부리에서 오늘도 궁중인〈大宮人〉들이 아름다운 바닷말을
따고 있을 것일까.)

潮左為二 五十等児乃嶋邊 榜船荷 妹乗良六鹿 荒嶋廻乎

(卷1・四二)

(조수가 철썩이며 파도 칠 지금쯤, 이라고 섬 주변을 노 젓고 있는 배
에, 사랑스런 그녀는 타고 있을 터일까. 저 거친 섬을 돌며.)

　위의 노래 세 首는, 이세国에 지토(持統)천황이 행차하였을 때 아스
카의 도회지에 머물면서 행선지(행차)에 참가하여 봉사하는 궁중인들 일
행의 모습을 상상하여 지은 노래이다. 첫 번째의 40번 노래는 '뱃놀이
하고 있을 처녀들의 아름다운 치맛자락이 만조의 바닷물에 젖고 있을까'
고 하여 포구에 작은 배를 타고 바다에 나가 있는 女官들의 인상적인
옷자락을 떠올려서 추량의 조동사로 감동적으로 묘사하고 있다.

　두 번째 노래는 행선지의 順路를 推理하여 해녀가 바닷말을 따는 다

후시의 生業하는 풍경을 떠올리며 '오늘도 궁녀들은 아름다운 바닷말을 따고 있을 것이다'고 묘사해, 자연과 人間事를 대치시켜가면서 시간적인 진행에 의한 행선지의 모습을 詩想하고 있는 것이다. 연속되는 세 번째 노래도 파도소리를 회상하여 '사랑하는 여인이 거친 섬을 배를 타고 돌고 있을 것이다'고 읊어, 거친 파도와 함께 바다의 情景을 시간의 흐름에 따라 聯想하고 있다는 것을 알 수 있다.

軽皇子宿于安騎野**時**柿本朝臣人麻呂作歌
八隅知之 吾大王 高照 日之皇子 神長柄 神佐備世須等 太敷為 京乎置
而 隠口乃 泊瀬山者 真木立 荒山道乎 石根 禁樹押靡 坂鳥乃 朝越座而
玉限 夕去来者 三 雪落 阿騎乃大野爾 旗須為寸 四能乎押靡 草枕 多日
夜取世須 古**昔**念而

(巻1・四五)

(우리 皇太子님, 태양의 왕자님은 神이신 대로 神으로 行動하시려고, 훌륭한 도회지를 뒤로하고, 하츠세〈泊瀬〉山의 노송나무가 서 있는 거친 산길이지만, 그것을 바위랑 禁樹를 눌러 휘어지게 하셔서 아침에 넘어 오시니, 저녁 무렵이 되면, 눈이 내리는 아키〈阿騎〉의 넓은 들에, 억새풀 조릿대를 눌러 업어서 풀을 베개로 여숙을 하신다. 돌아가신 부친〈父君〉인 쿠사카베 皇太子가 계신 옛날을 생각하여.)

短歌
阿騎乃野爾 宿旅人 打靡 寐毛宿良目八方 **古**部念爾

(巻1・四六)

(아키들에 지금 이렇게 기숙하고 있는 여행자들은, 몸을 쭉 펴고 누워 잠들고 있을까, 아니 자지는 못하리라. 쿠사카베 皇太子가 이 세상에 계셨던 옛 추억이 연이어 떠올라.)

真草苅 荒野者雖有 葉 **過去**君之 形見跡曾来師

(巻1・四七)

(풀베는 거친들 이긴 하지만, 돌아가신 쿠사카베 황태자님의 記念의 땅이라 온 것이다.)

東 野炎 立所見而 反見為者 **月西渡**

(卷1・四八)

(東方의 들에 曙光이 비춰 물들 때, 서쪽을 바라보니 달이 기울어 얕은 빛을 발하고 있다.)

　쿠사카베황태자의 둘째 아들인 가루황태자는 부친이 薨去한 이후 추모의 마음으로 살아 생전 수렵을 하시던 거울칠 아키들에 행차하였을 때 히토마로도 궁중인으로 수행 참가하게 되어 지은 노래이다. 먼저 45번 長歌는 아키노에 旅宿하면서 부친, 쿠사카베황태자의 혼이 어리어있는 옛 시절을 황태자 입장에서 회상하고 있다. 또한 45, 46, 47번 短歌는 위의 長歌와 대비하여, 옛 황태자가 수렵에 임하였던 때의 과거의 情況들을 '달이 서쪽으로 기울고(**月**かたぶきぬ<**西渡**>)', '**옛날을 생각해서(古**へ念ふに)', '돌아가신 님(**過**にし 君が)' 하나하나 追想하면서 행차에 참가한 신하들의 마음을 대변하여 읊조리고 있는 것이다.

　　雜歌 天皇御遊雷岳之**時**柿本朝臣人麻呂作歌一首
　皇者 神二四座者 天雲之 雷之上爾 廬為流鴨 王 神座者 雲隠 伊加土山
　爾 宮敷 座右或本云献忍壁皇子也 其歌日

(卷3・二三五)

(주군님은 神으로 계시니까 큰 하늘 우뢰 그 위에 초막 짓고 계시는 것이다.)

　　長皇子遊獦路池之**時**柿本朝臣人麻呂作歌一首 幷短歌
　八隅知之 吾大王 高光 吾日乃皇子乃 馬並而 三獦立流 弱薦乎 獦路乃
　小野爾 十六社者 伊波比目 鶉己曾 伊波比廻礼 四時自物 伊波比拝
　鶉成 伊波比毛等保理 恐等 仕奉而 久堅乃 天見如久 真十鏡 仰而雖見
　春草之 益目類四寸 吾於富吉美 可聞

(卷3・二三九)

(우리 나가노 皇太子님이 말을 나열하여 수렵에 나가 계시는 사냥 길인 작은 들에, 사냥감<산돼지나 사슴>이 엎드려 禮拜하고 있고, 메추리가 엎드려 배회하고 있는데 그 사냥감 같이 엎드려 절하고 메추리같이

포복하며 배회하니 황송하게 섬겨드리고 자 큰 하늘을 우러러보듯 아
무리 보아도 봄날 싹 돋아나는 풀이 그립고 사랑스러우니 더더욱 칭송
해야만할 우리 황태자님이시라.)

  反歌一首
久堅乃 天帰月乎 網爾刺 我大王者 盖爾為有

(巻3・二四〇)

(큰 하늘을 지나는 달을 거물 망으로 잡아두고 우리 황태자님은 덮개
로 하고 계신다.)

위는 텐무(天武)천황의 네 번째 아들인 나가노황태자가 수렵할 때 지
은 노래이다. 고대의 수렵은 겨울에서 봄에 걸쳐 행하여졌는데, 눈앞에
펼쳐지는 새싹이 돋아나는 신춘의 봄기운을 마쿠라고토바 '봄풀의(春草
の)'로 묘사하고 있다. 또한 反歌에서도 '하늘을 지나가는 달(天帰月)'
을 경물로 나가노황태자가 수렵에서 귀가하는 밤의 정경을 시간적인 진
행과 함께 기교적으로 詩情을 표현해내고 있다.

  柿本朝臣人麻呂従近江国上来時至宇治河邊作歌一首
物乃部能 八十氏河乃 阿白木爾 不知代経浪乃 去邊白不母

(巻3・二六四)

(우지 강을 어살의 말뚝으로 흘러와 머물러 停滞하는 강여울처럼 어디
를 가야 좋을지 모르겠는 것이라.)

그리고 위는 오우미의 皇都로부터 우지 강변에 이를 때 지은 노래로
'표류하는 파도의 행적을 알 수 없어라(いさよふ浪の去邊知らずも)'
하여, 세월의 흐름을 흘러가는 강여울에 비유하여 위업을 이룬 뒤 사라
저간 영웅 모모노베 씨족의 옛 영화를 그리며, 지금은 폐허로 흔적만 남
게 된 오오츠(大津)궁의 荒都를 역사의 흐름을 聯想하며 비애를 느끼
고 있는 것이다.

6. 結 論

　히토마로의 作歌와 歌集을 중심으로 시간적인 표현의 예를 열거하여 보니 먼저 七夕歌에서는 使者로서의 달 배가 경물로 등장하여, 칠석이 되기 전에 두별(견우와 직녀성)을 오가는 천상의 별세계를 마치 지상에서 이루어지는 戀愛譚과 같이 使者의 배 운행에 맞추어 시간의 흐름에 따라 이야기가 전개되고 있음을 알 수 있다.

　다음으로 '지나가는 물(行く水)'을 매체로 한 歌集歌(卷七의 一一〇〇番과 一二六九番歌, 卷九一七九七番歌, 卷十一의 二四三〇番歌, 卷十二의 二八六〇番歌, 卷七의 一一一九番歌)와 죠고토바(序詞)나 마쿠라고토바(二四〇番歌) '봄풀의(春草の)'를 사용하여 '하늘을 지나가는 달(天帰月)'의 경물과 함께 나가노황태자가 수렵에서 귀가하는 밤의 정경을 시간적인 진행상황에 따라 기교적으로 詩情을 재현해내고 있다.

　또한, 過去의 時間개념 '물 흐름에 따른(川の流れ)에 依託해서 지나가 버린 時間을 아쉬워하는 감회를 표출하려는 의식'을 재현하고 있는 것으로 卷七의 一二六八, 卷九의 一七九六, 卷十一의 二四五五 등의 예에서 보이는 '過'의 표현과 함께 空間的인 通過의 뜻인 時間経過의 의식이 담겨져 있음을 확인할 수 있다.

　위에 논술한 '지나가다, 過(卷九의 一七九六・一七九七)' 이외에도 눈으로 直接 보고서 그 감동을 표현한 **視覚的**인 表現句 '조릿대 잎 새(笹: 卷二의 一三三), 말굽소리(足掻: 一三六), 작년에 본 가을 달빛(去年見てし秋の月夜: 二一一번)'의 노래와 **空間的**인 意味를 시간認識으로 変容한 '배의 진행상황을 推理한(卷一의 四〇・四一・四二)' 노래의 例도 많이 발견할 수가 있다.

그 밖에도 '옮기다, 遷(うつろひ: 卷十의 二〇一八)', '표류하다, 淀む(卷一, 三一)', '기다리다, 待つ(卷十一, 二四二一・二四八四)', '오래되다, 久し(卷四의 五〇一, 卷十의 二〇二八, 卷十一의 二四一五)' 등에 時間의 흐름과 推移를 느끼게 하는 歌語가 많이 사용되어져 있고, 더욱이 '聴覚情報保存의 機能'을 詩的으로 変容하고자 한 표현기법의 예도 발견할 수가 있다.

예를 들면, '소리가 요란하다, 騒く(卷三의 二六二<말발굽소리>, 卷九의 一六九〇<파도소리>)' 副詞的의 用法도 그러하려니와 '아직도, 未だ(卷二의 一九九, 卷七의 一二九六)'와 副助詞인 '조차도, ダニ(卷二, 一九八)'와 같은 노래에서도 空間的 또는 視覚的인 감성을 自然物을 媒介로하여 인지능력에 호소하듯 활용하여 그 남겨진 여운으로 情報保存의 効果를 충분히 활용하고 있는 것이다.

이러한 것들 종합하여 結論을 말하면 히토마로는 자연의 매체를 인간사에 비유하여 時・空間的인 운율을 중심핵으로 内在律을 구축하여 탁월한 서정을 노래하고 있다는 것을 논증할 수가 있는 것이다.

參 考 文 獻

大野晋他, 『万葉集』, 岩波古典文学大系, 1957年.

能田忠亮, 『暦』－技術の上から時代の暦を見る－77P.

粂川光樹, 「試試・人麻呂の時間」, 『論集上代文学』第四冊万葉七曜会編

青木生子, 「柿本人麻呂の抒情と時間意識」, 『万葉集研究』 第八集, 塙書
　　　　　房, 昭和54年 11月 30日.

雨宮民雄, 『現代思想』Vol.121, 青土社, 1993年 3月.

伊原昭, 『万葉の色相』, 塙書房, 昭和39年 6月 28日.

山崎正一・市川浩 編, 『現代哲学事典』, 講談社, 1970年.

喜田とよこ, 「柿本人麻呂の空間・時間意識」, 『上代文学』42号, 昭和54年.

大山正・藤永保・吉田正昭 編, 『心理学小辞典』, 有斐閣双書.

中埜肇, 『時間と人間』, 講談社現代新書, 昭和51年 5月 20日.

田中元, 『古代日本人の時間意識－その構造と展開－』, 吉川弘文館, 昭和
　　　　　50年 12月 5日.

永藤靖, 『時間の思想－古代人の生活感情』, 教育者, 1979年.

吉本健吉, 『柿本人麻呂の』, 新潮社, 昭和37年.

身崎寿, 『万葉集を学ぶ』第一集, 有斐閣選書, 昭和52年.

神野志隆光, 「古代時間表現の一問題」, 『論集上代文学』, 古事記覚書.

森本治吉, 『人麿の世界』, 昭和社, 昭和18年.

益田勝実, 「人麻呂の抒情の構造」, 『日本文学』第六巻 第二号, 1957年.

三谷邦明, 「古代叙事文芸の時間と表現」, 『文学』.

後藤和彦, 「時間性と言語」, 『国語国文』第三十八巻 第十二号.

小松英雄, 「きしかた考」, 『日本語の起源と歴史を探る』第39巻 第24号.

山口佳紀, 「万葉集における時制と文の構造」, 『国文学・解釈と教材の研究』.

伊藤博, 「万葉集における<古>と<今>」, 『国語と国文学』, 昭和46年 12月号.

平野仁啓, 『続古代日本人の精神構造』, 未来社, 1976年.

鈴木日出男, 「万葉から古今へ」, 『国文学・解釈と教材の研究』第三十三巻
　　　　　十三号.

■ 집필자 소개 (집필순)

김 상 홍   단국대학교 교수
이 현 중   충남대학교 교수
김 영 수   단국대학교 교수
송 재 용   단국대학교 교수
윤 영 수   경기대학교 교수
남 이 숙   군산대학교 교수
고 용 환   경남정보대학교 교수

동아시아의 시간관

정가 : 10,000원

2008년 10월 13일 초판 인쇄
2008년 10월 20일 초판 발행

편   자 : 동아시아고대학회
발 행 인 : 한 정 희
편   집 : 김 하 림
발 행 처 : 경인문화사
            서울특별시 마포구 마포동 324-3
            전화 : 718-4831~2, 팩스 : 703-9711
            www.kyunginp.co.kr 한국학서적.kr
            E-mail : kyunginp@chol.com
등록번호 : 제10-18호(1973. 11. 8)

ⓒ 2008, Kyung-in Publishing Co, Printed in Korea
ISBN : 978-89-499-0594-5   93910
* 파본 및 훼손된 책은 교환해 드립니다.